大力汽修学院指定培训教材

汽车防盗技术
原理·应用·检测·匹配·案例

曹晶　编著

QICHE FANGDAO JISHU
YUANLI YINGYONG JIANCE PIPEI ANLI

化学工业出版社
·北京·

内容简介

本书集科学性、实用性和可操作性为一体,全面系统地介绍了汽车钥匙制作与匹配、汽车数据调校与修复以及国内外各种车型的防盗系统。并针对具体问题给出了具体的解决方法,对于一般问题也总结出了最优化的解决方案。书中列举了大量的真实案例,每一步操作都清楚明了,并配有大量插图,实用性极强。

本书可为从事汽车维修的技术人员提供帮助,有利于汽车防盗技术初学者快速入门和提高。可作为汽车维修培训用书,也可供大专院校相关专业的师生学习参考。

图书在版编目(CIP)数据

汽车防盗技术:原理·应用·检测·匹配·案例/曹晶编著.
—北京:化学工业出版社,2021.10
ISBN 978-7-122-39508-5

Ⅰ.①汽⋯ Ⅱ.①曹⋯ Ⅲ.①汽车-报警系统 Ⅳ.①U469

中国版本图书馆CIP数据核字(2021)第132453号

责任编辑:黄 滢 张燕文 黎秀芬　　文字编辑:陈小滔 温潇潇
责任校对:王 静　　装帧设计:王晓宇

出版发行:化学工业出版社(北京市东城区青年湖南街13号 邮政编码100011)
印　　装:涿州市般润文化传播有限公司
787mm×1092mm 1/16 印张26 字数589千字 2022年1月北京第1版第1次印刷

购书咨询:010-64518888　　售后服务:010-64518899
网　　址:http://www.cip.com.cn
凡购买本书,如有缺损质量问题,本社销售中心负责调换。

定　价:168.00元　　　　　　　　　　　　　　　　版权所有　违者必究

前 言

汽车防盗系统维修是汽车维修中较为复杂的一个项目，一般在汽车防盗系统出现故障或者因汽车钥匙丢失等原因需要增配钥匙时，都会涉及汽车防盗系统的检修、编程、调校及匹配等。

由于目前国内从事汽车防盗技术的维修人员还比较少，因此，汽车防盗技术人才紧缺，需求量较大。为此我公司（大力汽修学院）特开办了汽车防盗技术培训班，本书出版前已经开始培养汽车防盗技术人员。结合以往的培训经验，我们发现目前市面上专门介绍汽车防盗系统维修的书籍也还很少，且涉及实操的内容较少，不易于汽车防盗维修人员阅读。为此，我们编著了本书，力争将本书做成一本适合入门和初学者也能读懂的汽车防盗技术培训教材。

本书全面系统地介绍了汽车防盗技术的相关知识，内容涵盖汽车锁基本原理，汽车钥匙制作与匹配，汽车钥匙芯片的检测与拷贝、汽车电脑数据调校、克隆与修复等。并将市面上所有车型按区域分类，然后总结该类车型的防盗系统发展历程，并详细讲解了各类防盗系统的基本原理与钥匙匹配方法、步骤和匹配流程，最后结合一系列一线车间实战案例，介绍了目前市面上常用的编程设备使用与操作方法。

本书为全彩色印刷，图文并茂，图片精美丰富，内容由浅入深、循序渐进、通俗易懂。可为从事汽车维修的技术人员提供帮助，有利于汽车防盗技术初学者快速入门和提高。本书可作为汽车维修培训用书，也可供各类职业院校、培训学校汽车相关专业的师生学习参考，私家车主和汽车驾驶员也可参阅。

本书由大力汽修学院联合创始人兼首席培训讲师曹晶结合自身多年从事一线教学培训和汽车维修经验总结提炼后精心编写而成。限于笔者水平，书中疏漏之处在所难免，恳请广大读者批评指正。

编著者

目 录

第一章 汽车机械锁基本原理 / 1

第一节 汽车锁芯内部结构 /1
第二节 汽车锁开启原理 /2
第三节 开锁常用工具 /2

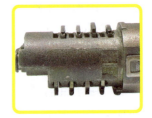

第二章 机械钥匙区分与做齿 / 4

第一节 机械钥匙区分 /4
第二节 钥匙开齿机介绍 /7
第三节 机械钥匙配制方法 /8
第四节 读齿技巧 /17

第三章 汽车遥控钥匙 / 23

第一节 汽车遥控的遥控原理 /23
第二节 遥控钥匙的匹配方法 /27
第三节 遥控器的采购 /31
第四节 通用型遥控器的使用方法 /32

目 录

第一节 芯片钥匙防盗原理 /35
第二节 防盗芯片的认识 /37
第三节 芯片的采购 /47
第四节 芯片的检测、生成和拷贝方法 /48
第五节 芯片钥匙的匹配方法与流程 /53

第四章 04
汽车芯片钥匙防盗系统

35

第一节 汽车电脑内部结构 /55
第二节 汽车电脑数据储存方式 /59
第三节 单片机与八脚码片的认识 /63
第四节 数据读取方法 /67

第五章 05
汽车电脑数据读取

55

第一节 仪表里程调校方法 /72
第二节 气囊电脑数据修复方法 /99

第六章 06
仪表里程调校和气囊数据修复方法

72

目 录

第七章 汽车电脑板数据克隆 / 106

第一节　更换防盗电脑如何匹配　/ 106
第二节　汽车电脑数据克隆　/ 123

第八章 国产车系防盗系统 / 124

第一节　国产车防盗系统分类　/ 124
第二节　交通实业防盗系统　/ 127
第三节　联创防盗系统　/ 130
第四节　联合电子防盗系统　/ 133
第五节　西门子防盗系统　/ 136
第六节　德尔福防盗系统　/ 139
第七节　重庆集诚防盗系统　/ 143
第八节　厦门同致防盗系统　/ 146
第九节　三菱防盗系统　/ 147
第十节　法雷奥防盗系统　/ 149

第九章 亚洲车系防盗系统 / 156

第一节　本田防盗系统　/ 156
第二节　丰田/雷克萨斯（凌志）防盗系统　/ 162
第三节　尼桑/英菲尼迪防盗系统　/ 179
第四节　现代/起亚防盗系统　/ 186
第五节　马自达防盗系统　/ 191

目录

第一节 别克/雪佛兰/凯迪拉克防盗系统 /194
第二节 福特防盗系统 /212

第十章
美洲车系防盗系统
/194

第一节 标致/雪铁龙/DS防盗系统 /218
第二节 大众/斯柯达/西雅特/奥迪防盗系统 /225
第三节 宝马防盗系统 /275
第四节 奔驰防盗系统 /332
第五节 路虎/捷豹防盗系统 /371
第六节 沃尔沃防盗系统 /383
第七节 保时捷防盗系统 /394

第十一章
欧洲车系防盗系统
/218

本书配套赠送12节视频课程

具体领取步骤：

第一步：扫码关注"汽车维修技术与知识"微信公众号

第二步：公众号对话框里输入关键词"防盗"

第一章
汽车机械锁基本原理

汽车防盗系统是指防止车辆被盗取而使用的防盗系统,早期的汽车上使用的是机械防盗系统,现代汽车基本使用电子防盗系统。我们首先以汽车机械钥匙来进入汽车防盗系统的学习。

第一节　汽车锁芯内部结构

汽车锁的结构如图 1-1-1 所示,一般由锁芯、锁芯外套、锁片、弹片弹簧、配件等组成。

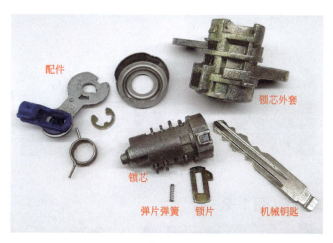

图 1-1-1

❶ 锁芯:就是锁的内胆,里面装有数量不等的弹片及弹片弹簧。
❷ 锁芯外套:就是锁芯的外壳。
❸ 锁片:用于锁止的弹片。
❹ 弹片弹簧:用于驱动弹片。

第二节 汽车锁开启原理

当钥匙没有插入锁芯时,由于弹簧的弹力把锁片往外顶出,这时锁芯就是一个不规则的圆柱体,那么锁芯在锁芯外套里就不能转动。当插入一把能开启的钥匙时,钥匙上的齿对应锁芯里的每个锁片,使锁片往回缩,缩到与锁芯平齐,这样锁芯就形成了一个规则的圆柱体,那么锁芯就可以在锁芯外套里自由转动,锁芯在一个特定的方向上旋转,就可以带动后面的机械结构或者电子开关,使锁块解锁(图1-2-1)。

(a) 锁芯没插钥匙时

(b) 锁芯插钥匙时

图 1-2-1

第三节 开锁常用工具

1. 气囊(图1-3-1)

图 1-3-1

2. 单钩、汽车波仔(图1-3-2)

图 1-3-2

3. 李氏二合一（图1-3-3）

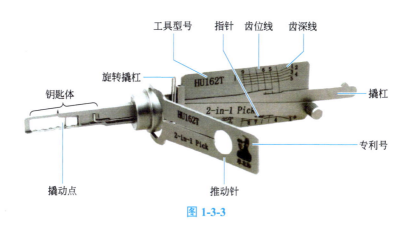

图1-3-3

李氏二合一工具是专门开启汽车门锁的，这款工具是按照门锁弹片数量、弹片位置、锁芯结构、钥匙坯子的形状精心制作的。可以说钥匙坯子的形状有多少种，二合一工具就有多少种，都是专车专用的。

每种二合一工具上面都有该车钥匙坯子编号对应的Silca代号（Silca为意大利钥匙厂的品牌）。例如大众二合一工具，上面印有HU66字样，HU66是Silca代号，可代表大众钥匙坯子编号31。

李氏二合一工具携带方便、使用快捷、方法易懂、容易上手，主要功能是无损开启汽车锁芯，还可以读出齿形号，再把齿形号输入数控钥匙机就可以做出钥匙。因有这两种功能，所以取名为二合一，锁匠界称之为开锁利器。

第二章 机械钥匙区分与做齿

第一节 机械钥匙区分

如今汽车种类越来越多,当然汽车机械钥匙种类也越来越多,如果想要配制好一把机械钥匙,那么必须要先对机械钥匙进行外观形状区分。目前为止汽车上的机械钥匙大概有150种,每种机械钥匙坯的形状都是不一样的。为了方便区分,制作钥匙坯的厂家将每种形状的机械钥匙坯都做了相应的编号,而编号跟意大利Silca钥匙厂的代号相对应。例如大众钥匙坯的编号是31,其Silca代号是HU66(图2-1-1)。

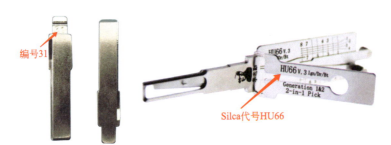

图 2-1-1

由于各种车型锁芯的结构不同,其中弹片的数量和形状也不同,那么我们将常用汽车锁的机械钥匙分为三大类,分别是平铣钥匙、内铣钥匙和侧铣钥匙,如图2-1-2所示。

(a) 平铣钥匙　　(b) 内铣钥匙　　(c) 侧铣钥匙

图 2-1-2

❶ 平铣钥匙是在钥匙的两边铣齿，是加工钥匙的一种方式，用这种方式加工的钥匙呈锯齿状。

❷ 内铣钥匙是在钥匙的中间铣齿，也是加工钥匙的一种方式，用这种方式加工的钥匙，中间是浮雕状牙花，但是在钥匙的边缘处没有牙花。

❸ 侧铣钥匙是在钥匙的边缘铣齿，此种钥匙加工的方法与内铣钥匙加工的方法类似，不同的是侧铣钥匙的牙花是"开放的"，内铣钥匙的牙花是"内敛的"。

当一把钥匙插入锁芯时，钥匙插入到一定的位置而不能继续向前移动，这是因为钥匙是有定位的，有些钥匙在其头部定位，有些钥匙在其肩膀处定位。

平铣钥匙还分为左手带肩、右手带肩、左手不带肩、右手不带肩等类型。我们在加工新钥匙时，带肩的钥匙需要在肩膀处定位，不带肩的钥匙需要在钥匙头部定位，如图 2-1-3 所示。

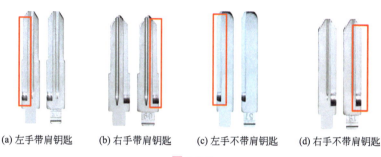

(a) 左手带肩钥匙　　(b) 右手带肩钥匙　　(c) 左手不带肩钥匙　　(d) 右手不带肩钥匙

图 2-1-3

内铣钥匙也分带肩钥匙和不带肩钥匙，同样都是在加工新钥匙时，带肩的钥匙需要在肩膀处定位，不带肩的钥匙需要在钥匙头部定位，如图 2-1-4 所示。

而侧铣钥匙在加工时，一般都是以钥匙的头部定位（图 2-1-5）。

(a) 内铣带肩钥匙　　(b) 内铣不带肩钥匙

图 2-1-4　　　　　　　　　　　　图 2-1-5

> **专业术语释义**

❶ 轨迹：钥匙的轨迹是由不同尺寸、不同高低的工作点连接而成的曲线，针对一把钥匙来说，有几条这样的曲线，我们就称之为几条轨迹。钥匙的每条工作轨迹所对应

的各个工作点即代表正在此处托举弹片，而各工作点之间又以斜线相连，最终形成一条光滑曲线，所以钥匙能够顺利地插入、拔出。

❷ 平铣钥匙两轨迹：指的是一种锯齿形的钥匙，这种钥匙上下两面形状相同，在使用过程中钥匙的上下两面是不分方向的，如图 2-1-6 所示（红线为钥匙的工作点，绿色斜线用以连接各工作点）。

图 2-1-6

❸ 内铣钥匙两轨迹：两轨迹的内铣钥匙就是有两条由工作点连接成的曲线，这种钥匙是两面的，在使用过程中不分正反，两面相同，如图 2-1-7 所示。

图 2-1-7

❹ 内铣钥匙四轨迹：四轨迹的内铣钥匙就是有四条由工作点连接成的曲线，这种钥匙是两面的，在使用过程中不分正反，两面相同，如图 2-1-8 所示。

图 2-1-8

❺ 侧铣钥匙两轨迹：两轨迹的侧铣钥匙就是有两条由工作点连接成的曲线，这种钥匙是两面的，在使用过程中不分正反，两面相同，如图 2-1-9 所示。

图 2-1-9

❻ 侧铣钥匙四轨迹：四轨迹的侧铣钥匙就是有四条由工作点连接成的曲线，这种钥匙是两面的，在使用过程中不分正反，两面相同，如图 2-1-10 所示。

图 2-1-10

❼ 齿位：在现代化工业基础上，标准化生产的任何一把锁，它的钥匙都是在其固定点位上，由若干高度不同的牙花进行排列组合。针对某一种钥匙来说，它总是在固定点位开出牙花，这些牙花所在位置就是齿位。不同的锁对应钥匙齿位的数量和间距有差异。

❽ 齿深号：齿深号就是钥匙齿位上开齿或打孔深度的代号，后面简称"齿号"。

如图 2-1-11 所示，绿色数字代表钥匙上的齿位，红色数字代表钥匙上的齿深号，红线代表钥匙上的工作点。

图 2-1-11

❾ 锁片：如前所述，是用于在汽车锁芯中锁止的弹片。在汽车锁中，常见于整片和半片的锁芯结构中，半片的设计是为了提高开锁的技术难度。每个锁片在锁芯中都有它单独的工作点与弹簧压点。

半片是指锁芯的弹片形状近似于整片的一半，整片是弹片结构的汽车锁中使用最多的一种，其形状为封闭的圈形，整体为长方形，如图 2-1-12 所示。

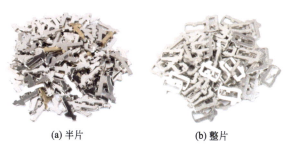

(a) 半片　　　　(b) 整片

图 2-1-12

第二节　钥匙开齿机介绍

接下来，我们认识下加工机械钥匙的机器。在早期时候，都是用手动钥匙机器来加工新钥匙。由于现代科技发达，设备先进，我们大多数都是用全自动数控钥匙机器加工新钥匙。只需将要加工钥匙的编码输入到全自动数控钥匙机软件里，然后在机器上夹好一把钥匙坯，全自动数控钥匙机就会根据软件设定好的程序，加工出新的机械钥匙。但是这种全自动数控钥匙机有些缺陷，部分车型的钥匙无法加工，原因是全自动数控钥匙机软件里没有该钥匙的数据库，所以有些车型的机械钥匙我们还是只能使用手动钥匙机器来加工。手动平铣钥匙机和内铣/侧铣通用的手动钥匙机如图 2-2-1 所示。

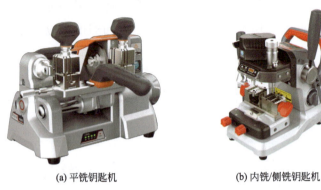

(a) 平铣钥匙机　　　　　　　　(b) 内铣/侧铣钥匙机

图 2-2-1

图 2-2-2 是几款全自动数控钥匙机器，机器价格高低不等，每款机器的功能特点也不一样，且支持加工钥匙的车型数量也是不一样的，它们的共同点是都可以做平铣钥匙、内铣钥匙和侧铣钥匙。

图 2-2-2

第三节　机械钥匙配制方法

一般我们都选择手动钥匙机或者全自动数控钥匙机做新钥匙。当有机械钥匙配新钥匙时，新钥匙是根据原车钥匙的齿做出来的。在使用全自动数控钥匙机时，只需将钥匙的齿深号输入到全自动数控钥匙机软件里，在机器上夹好新的钥匙坯子，全自动数控钥匙机就可以做出新钥匙的齿了。那么钥匙全丢了，我们就没法按此方法配制新钥匙。所以在这里我们要讲机械钥匙全丢，如何配制新的钥匙！

首先，我们要获取原钥匙的齿号，获取到齿号后，将齿号输入到全自动数控钥匙机软件里，全自动数控钥匙机就可以给我们做出新钥匙的齿了。那么问题来了，原钥匙丢失了，齿号怎么找到呢？

齿号就是钥匙齿位上开齿的深度代号，对于某车型来说，锁芯内弹片的大小决定该钥匙齿深的大小。厂家在生产锁时，就已用数字或字母来代表深度了，并将深度的代号刻印在每个弹片上。

那么用下面几种方法就可以获取到钥匙齿号做新钥匙：

方法一： 利用李氏二合一工具的读齿功能，将锁打开后读出锁的齿号，按顺序将齿号输入到全自动数控钥匙机中加工新钥匙。

方法二： 拆锁分解，看锁芯弹片齿号，按顺序将齿号输入到全自动数控钥匙机中加工新钥匙，如图 2-3-1 所示。

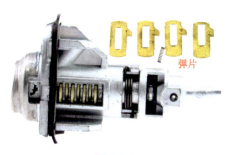

图 2-3-1

方法三： 拆锁看齿代码，将齿代码输入到全自动数控钥匙机里查出齿号，做新钥匙。部分车型的锁芯上刻印有齿代码，齿代码就是钥匙齿码，需要在钥匙数据库里面查询出齿号，一般全自动数控钥匙机里面就有钥匙数据查询功能，如图 2-3-2 所示。

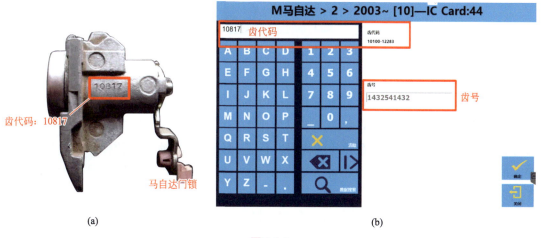

(a)   (b)

图 2-3-2

方法四：通过钥匙码吊牌查看齿代码，将齿代码输入到全自动数控钥匙机里查出齿号，部分车型是直接显示钥匙齿号的，例如标致、雪铁龙，如图2-3-3所示。

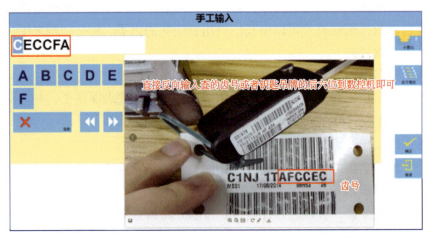

图2-3-3

方法五：通过车架号找第三方查询齿代码，将齿代码输入到全自动数控钥匙机里就可查出齿号，做新钥匙，如图2-3-4所示。此种方式只支持部分车型：现代、起亚、标致、雪铁龙、DS、别克、雪佛兰、凯迪拉克、克莱斯勒、JEEP、道奇。

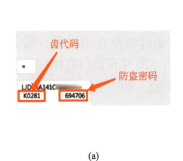

(a)

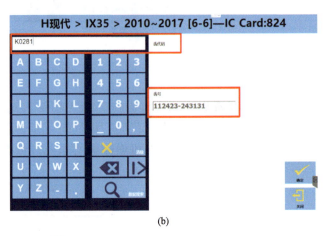

(b)

图2-3-4

以上几种方法在钥匙全丢的情况下都可以查出齿号做新钥匙。一般来说，钥匙全丢了我们都是按照门锁做的。通常情况下是使用李氏二合一工具的读齿功能来获取门锁的齿号，或拆下门锁分解锁芯看弹片的齿号。但是部分车型门锁锁芯的弹片数量与点火锁锁芯的弹片数量不相等，它们之间相差几个齿位，导致我们按照门锁齿号做的钥匙打不开点火锁。

下面以常见的几款品牌车为例，介绍怎样将门锁与点火锁差的齿位上的号做出来（以使用二合一工具为例）。

1. 大众车系（HU66）

钥匙坯编号是 31，内铣两轨迹钥匙，使用型号为 HU66 的李氏二合一工具开启门锁，往车头方向为开锁，开启后正读齿（图 2-1-1）。适用车型有大众、奥迪、斯柯达、西雅特、保时捷、宾利、兰博基尼、布加迪、荣威 550、长城 C30、中华 V5 等。

车锁简介：

此款车，门锁和点火锁共 8 个锁片，4 个齿深号（1、2、3、4），即钥匙上是 8 个齿位，4 个齿深，齿号中最深的为 4 号，最浅的为 1 号。门锁锁芯和点火锁锁芯里面的弹片数量相等，按门锁锁芯读的齿做钥匙即可打开点火锁，如图 2-3-5 所示。

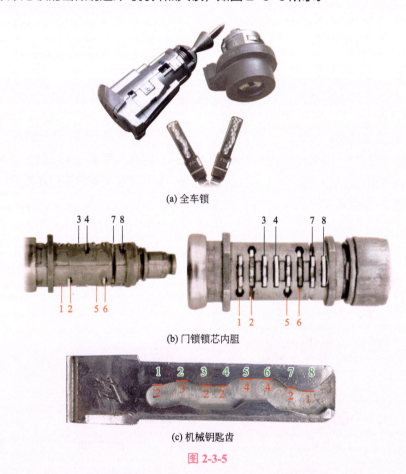

(a) 全车锁

(b) 门锁锁芯内胆

(c) 机械钥匙齿

图 2-3-5

2. 尼桑车系（NSN14）

钥匙坯编号是 22（图 2-3-6），平铣双轨迹钥匙，使用型号为 NSN14 的李氏二合一工具开启门锁（图 2-3-7），往车尾方向为开锁，开启后正读齿。适用车型有尼桑、英菲尼迪等。

图 2-3-6

图 2-3-7

 车锁简介：

  此款车钥匙上共 10 个齿位，4 个齿深（1、2、3、4），1 号最浅，4 号最深。车门锁 8 个锁片，钥匙上是 3～10 齿位，点火锁是 10 个锁片，钥匙上是 1～10 齿位，如图 2-3-8 所示。按门锁做钥匙差点火锁的第 1、2 齿位上的号，差的齿位号可在全自动数控钥匙机里面查出来，如图 2-3-9 所示。

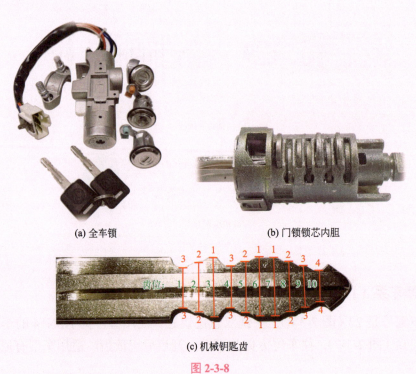

(a) 全车锁　　(b) 门锁锁芯内胆

(c) 机械钥匙齿

图 2-3-8

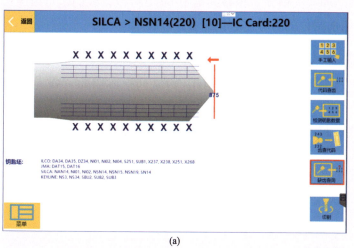

(a)

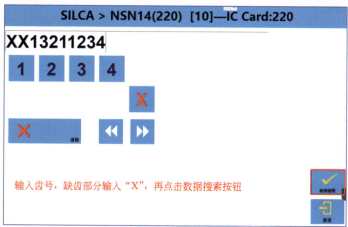

(b)

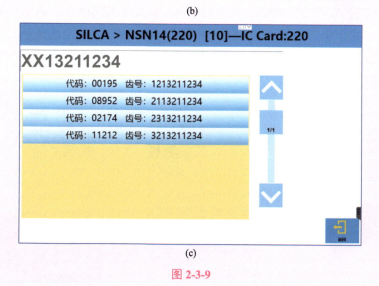

(c)

图 2-3-9

通过全自动数控钥匙机软件里面缺齿查询功能查出的齿号，可按顺序一个一个做，其中有一组齿号就可以打开点火锁。

关于门锁锁芯和点火锁锁芯相差的第1、第2齿位，我们也可以通过（1 2）、（2 1）、（2 3）、（3 2）这四组前两位的齿号排查出来。

3. 现代、起亚（HY22）

该车钥匙坯编号是77号（图2-3-10），内铣四轨迹钥匙，分A、B组。使用型号为HY22的李氏二合一工具开启门锁（图2-3-11），往车尾的方向为开锁，开启后正读齿，适用车系有现代、起亚等。

图 2-3-10

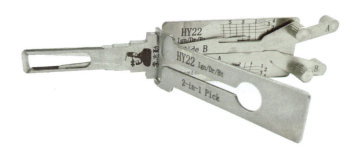

图 2-3-11

 车锁简介：

此款车锁芯分A、B组，锁芯上是6对半片，总共是12个半片，A组有6个半片，B组有6个半片。共计6个齿位，每排齿位上由两个半片组成。共4个齿深号（1、2、3、4），齿号中1号最深、4号最浅。在门锁、后备箱锁和点火锁上都有12个锁片，可按任意锁芯的齿号做钥匙（图2-3-12）。

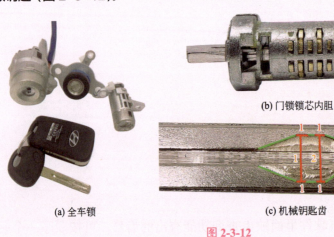

(a) 全车锁　　(b) 门锁锁芯内胆

(c) 机械钥匙齿

图 2-3-12

4. 丰田车系（TOY43AT）

钥匙坯编号是 02（图 2-3-13），平铣双轨迹钥匙，使用型号为 TOY43AT 的李氏二合一工具开启门锁（图 2-3-14），往车尾的方向是开锁，开启后正读齿，适用车型有丰田系列。

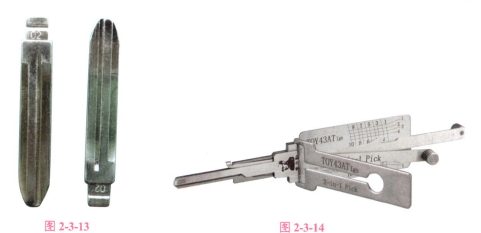

图 2-3-13　　　　　　　　　图 2-3-14

 车锁简介：

此款车钥匙上共 10 个齿位，4 个齿深（1、2、3、4），1 号最浅、4 号最深。门锁和后备厢锁锁芯有 8 个锁片，在钥匙上是 3～10 齿位；点火锁锁芯共 10 个锁片，在钥匙上是 1～10 齿位；杂物箱锁芯上有 4 个锁片，在钥匙上是 7～10 齿位，如图 2-3-15 所示。按门锁做钥匙差点火锁的第 1、2 齿位上的号，差的齿位号可在全自动数控钥匙机里面查出来，如图 2-3-16 所示。

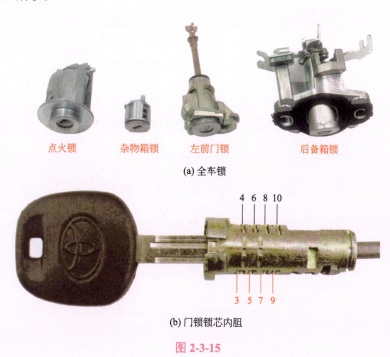

点火锁　　杂物箱锁　　左前门锁　　后备箱锁

(a) 全车锁

(b) 门锁锁芯内胆

图 2-3-15

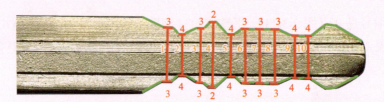

(c) 机械钥匙齿

图 2-3-15

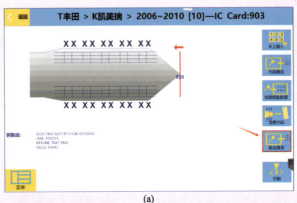

(a)

(b)

(c)

图 2-3-16

通过全自动数控钥匙机里面缺齿查询功能查出的齿号，可按顺序一个一个做，其中有一组齿号就可以打开点火锁。

关于门锁锁芯和点火锁锁芯相差的第1、第2齿位，我们还有一种方法将差的齿位做出，就是看点火锁锁孔的弹片，首先找到1号齿位上的弹片，因为该锁的弹片从锁眼看是一上一下排列的，如果看到两个弹片都是高的，那么它就是（33）（34）（43），就先做到（33），如果不开，就把一面做到4，也就是（34）（43），如果还不开，就做到（44）。如果两个是矮的，那么它就是（11）（12）（21）（22）。如果是一高一矮，那就肯定是（32）。

第四节 读齿技巧

读齿是指读机械钥匙上每个齿位的齿深号，学会读齿技巧后，我们可以远程给别人开齿、读齿号或配新钥匙齿。比如客户丢失全部钥匙，如果他以前保存有原机械钥匙的照片，那我们就可以通过照片上的机械钥匙看出齿号，将齿号输入到全自动数控钥匙机做出新钥匙。

要想快速掌握这门技巧，我们就必须知道这把钥匙上有几个齿位，几个齿深，是几轨迹的。我们知道这些信息以后，才能快速读出正确的钥匙齿。

接下来，以常见的几种钥匙类型为例教大家快速读出正确的钥匙齿。

1. 尼桑平铣不带肩两轨迹钥匙（22号钥匙坯，Silca代号NSN14）

尼桑平铣不带肩两轨迹的钥匙是10齿位，4齿深的，齿号中1号最浅（小），4号最深（大）。我们先从图2-4-1原车钥匙中划分出10个有效位置的工作点，如图2-4-2所示。图中红色横线为钥匙上的工作点，绿色斜线是为了连接各个工作点，把它们连接到一起就是一条便于钥匙顺利插入、拔出的一条圆滑曲线。

图2-4-1

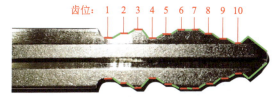

图2-4-2

通过图2-4-2所示的标记，我们可直观地看出钥匙上每个有效的工作点位，接下来，再标记出齿深线。钥匙是4齿深的，就是4条齿深线，1号齿深线最小，4号齿深线最大。平铣钥匙是锯齿形状，上下两边是一样的，画出的齿深线如图2-4-3所示。

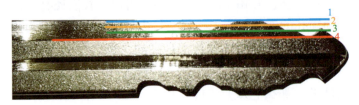

图 2-4-3

我们以图2-4-3中红色线的位置为参照，与红线平齐或很接近红线位置的齿，那么它就是最大的号；与红线离得最远的齿，那么它就是最小的号。在平铣钥匙中，我们可以通过观察有效齿位两边之间的宽窄来判断齿号的大小。钥匙的有效齿位两边越宽，齿号就越小；钥匙的有效齿位两边越窄，齿号就越大。有效齿位指钥匙的工作点位置，平铣钥匙的两边都是有效齿位，且同齿位同齿深。

一般读平铣钥匙的齿，可按照图2-4-4中参考线位置看齿深大小，找到一个参考点，就很容易看出钥匙上各齿位的齿深大小了。

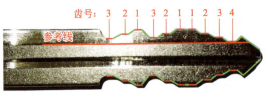

图 2-4-4

请读出图2-4-5中平铣带肩钥匙的齿号。

图 2-4-5

2. 大众内铣两轨迹钥匙（31号钥匙坯，Silca代号HU66）

大众内铣两轨迹的钥匙是8齿位，4齿深的，齿号中1号最浅（小），4号最深（大）。我们先从图2-4-6原车钥匙中划分出8个有效位置的工作点，如图2-4-7所示。

图 2-4-6

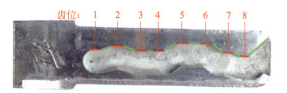

图 2-4-7

通过图 2-4-7 我们很直观地看出钥匙上每个有效的工作点位，然后我们再标记出齿深线，一共是 4 齿深，也就是 4 条齿深线，1 号齿深线最小，4 号齿深线最大，如图 2-4-8 所示。

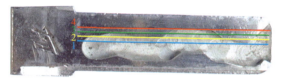

图 2-4-8

相信到这里，你应该能看出每个工作点位的齿深号了！接下来，用箭头在每个齿深线处标记上工作点位，如图 2-4-9 所示。

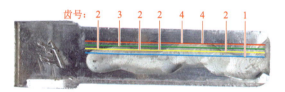

图 2-4-9

按这种方法，我们就能看出钥匙上每个工作点的齿号。当然还有一种方法，在读内铣两轨迹钥匙的时候，先看无效齿位，也就是无工作点的位置。如图 2-4-10 所示，以图中红线处为参考点，参考点选择在无效工作点的位置，与参考线平齐或很接近参考线的位置，在该位置上的齿深是最小的齿号；离参考线最远的位置就是齿深最大的齿号。

图 2-4-10

3. 现代、起亚内铣四轨迹钥匙（77 号钥匙坯，Silca 代号 HY22）

现代、起亚内铣四轨迹的钥匙是 6-6 齿位，分 A、B 组。4 齿深的，齿号中 4 号最浅（小），1 号最深（大）。我们先从图 2-4-11 原车钥匙中划分出 6-6 个有效位置的工作点，如图 2-4-12 所示。

图 2-4-11

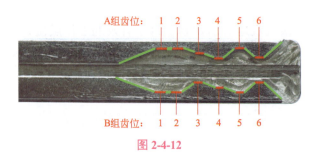

图 2-4-12

通过图 2-4-12 可以看出每个位置上的工作点，然后我们再标记出齿位线，如图 2-4-13 所示。

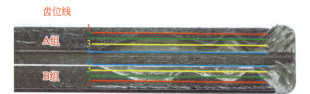

图 2-4-13

从图 2-4-11 原车钥匙中，我们已经区分出每个齿位和齿深线了，接下来我们还需要在钥匙中找到参考线。如图 2-4-14 所示，红线为 A 组和 B 组的参考线，与参考线平齐或很接近参考线的工作点位是最小的齿号，离参考线很远的工作点位是最大的齿号。

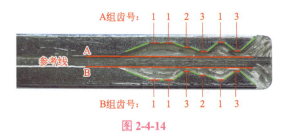

图 2-4-14

4. 本田侧铣四轨迹钥匙（25 号钥匙坯，Silca 代号是 HON66）

本田侧铣四轨迹的钥匙是 6-6 齿位，分 A、B 组。6 齿深的，齿号中 1 号最浅（小），6 号最深（大）。我们先从图 2-4-15 原车钥匙中划分出 6-6 个有效位置的工作点，如图 2-4-16 所示。

图 2-4-15

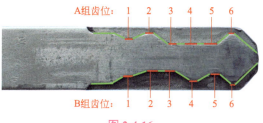

图 2-4-16

通过图 2-4-16 可以看出每个位置上的工作点，然后我们再标记出齿位线，如图 2-4-17 所示。

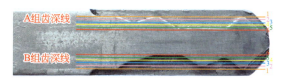

图 2-4-17

从图 2-4-15 原车钥匙中，我们已经区分出钥匙上每个齿位和齿深线，接下来我们还要在钥匙中找参考线来读齿。一般来说，在本田的钥匙中，A 组第 5 齿位永远是 5 号齿深，B 组第 5 齿位是 3 号或 5 号齿深，A 组和 B 组的第 6 齿位永远是 1 号齿深。我们按照这种理论，参考这几个工作点位来比较其他位置上的齿深，就可以读出齿了，如图 2-4-18 所示。

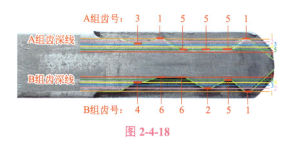

图 2-4-18

5. 标致内铣四轨迹钥匙（58 号钥匙坯，Silca 代号是 VA2T）

标致内铣四轨迹的钥匙是 6 齿位 6 齿深的，齿号分别是 ABCDEF，A 是最深（大）的齿号，F 是最浅（小）的齿号。我们先从图 2-4-19 原车钥匙中划分出 6 个有效位置的工作点，如图 2-4-20 所示。

图 2-4-19

图 2-4-20

通过图 2-4-20 可以看出每个位置上的工作点，然后我们再标记出齿位线，如图 2-4-21 所示。

图 2-4-21

从图 2-4-19 原车钥匙中，我们已经区分出钥匙上每个齿位和齿深线，接下来我们还要在钥匙中找参考线来读齿。以图 2-4-22 所示的红线为参考线，离参考线最近的齿位是最深的齿号 A，离参考线最远的齿位是最浅的齿号 F，如图 2-4-22 所示。

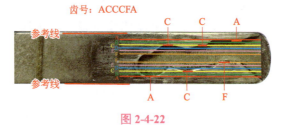

图 2-4-22

第三章
汽车遥控钥匙

第一节　汽车遥控的遥控原理

汽车的遥控器是大家经常见的，现代车型都配有无线遥控系统，我们在设定的距离按下遥控器上的按钮，车门就会上锁或者打开，这种操作很方便。在没有遥控器之前，大家也许都见过，使用机械钥匙锁或开一个车门，那么其他车门就全部同步上锁或者打开。这样操作比较烦琐，所以就有了电子遥控器。

汽车的遥控钥匙在外观上可分为这几种类型：分体遥控钥匙、直柄遥控钥匙、折叠遥控钥匙、智能遥控钥匙。

分体遥控钥匙的遥控器和机械钥匙是单独的，是分开着的，早期的车型大部分是这种类型，如图 3-1-1 所示。

图 3-1-1

直柄遥控钥匙是遥控器和机械钥匙是直柄一体的，这种的外观设计一般在日系车中比较常见，比如丰田、本田、尼桑、铃木、斯巴鲁等，如图 3-1-2 所示。

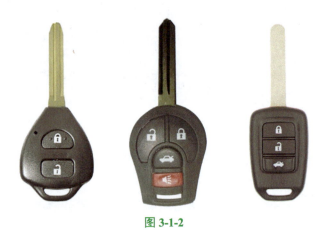

图 3-1-2

折叠遥控钥匙是遥控器和机械钥匙在一个可折叠的壳子里,遥控器在壳子里面,机械钥匙在壳子外面,机械钥匙可以在壳子上来回折叠,这样设计是为了携带方便、外观好看,现在好多都是这种钥匙,如图 3-1-3 所示。

图 3-1-3

智能遥控钥匙是钥匙带智能,当我们要进入车内时,不用掏出遥控器按开门,而是靠近车辆触摸门把手,或者按下门把手上的按钮,车门就能打开。如果下车后要锁车门,你只需触摸门把手,或者按下门把手上的按钮,车门就自动上锁。像这种智能的遥控钥匙,我们现在已经很常见了,大多数用在高端车或高配的普通车型上,比如奔驰、宝马、大众、丰田、本田等,如图 3-1-4 所示。

图 3-1-4

接下来，我们了解下汽车遥控的遥控原理。车主按下钥匙上的按钮，钥匙端发出无线电波信号，信号中包含相应的命令信息，然后通过信号调制将信号加载到无线电波上。我们车上有一个无线电接收装置，车上的无线电接收器接收到了频率信号以后，再解调，经过车身控制模块 BCM 认证后，将信号分离出来，由执行器执行启/闭锁的动作。该系统主要由发射机和接收机两部分组成（图 3-1-5）。

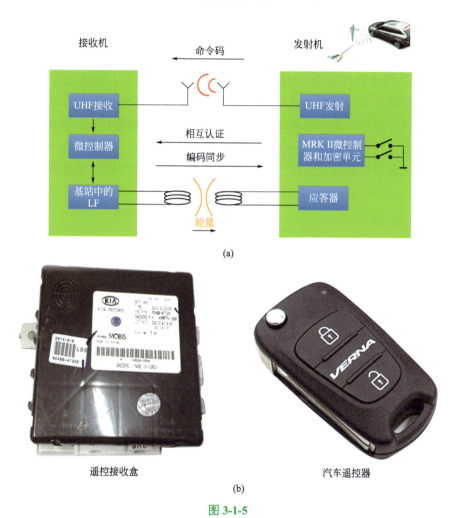

图 3-1-5

一、发射机（汽车遥控器）

发射机由发射开关、发射天线（键板）、集成电路等组成。在键板上与信号发送电路组成一体。从识别代码存储回路到 FSK 调制回路（或 ASK 调制模式），由于采用单芯片集成电路而使回路小型化，在电路的相反一侧装有揿钮型的锂电池。发射频率按照使用方的电波善进行选择，一般可使用 27MHz、40MHz、62MHz 频带。发射开关每按揿钮一次进行一次信号发送。

二、接收机（遥控接收盒）

发射机利用 FM 调制发出识别代码，通过汽车的 FM 天线进行接收，并利用分配器进入接收机 ECU 的 FM 高频增幅处理器进行解调，与被解调节器的识别代码进行比较。如果是正确的代码，则输入控制电路并使执行器工作。

在这里，我们要研究以下几个问题：

（1）无线电频率

我们汽车的遥控信号是通过无线电发出来的。无线电有一定的频率，在国内，我们常见遥控器的无线电频率有 315MHz、433MHz、434MHz 等。频率确定了，接下来我们再学习下遥控器加载的数据。我们遥控器载波的数据有各种加密的方法或者也可以不加密，这样的话，就有了固定码和滚动码。码就是加载在无线电波上面的信号（开锁、闭锁、开后备箱、报警、寻车），每个功能都有一个功能码，当然不是一个功能码就能搞定的，为了确保信号的稳定传输，在功能码的前面还有前寻码、系统码，最后还会有一个功能反码。

（2）固定码的原理

所谓的固定码就是遥控器发出的地址编码数据是固定不变的。编码芯片类型有 2262、2260、5026-1、5026-2、5062-3、5062-4、FP527、SMC918、PT2240、PT2262 EV1527 等。例如开门的固定码为 11001100（厂家自定义的），那么每一次开门遥控器都会发出这样一个功能码，车载遥控器接收盒接收到后就会执行。当然这一种方式比较容易破解，被复制。所以现在使用固定码去做汽车遥控器的很少了，一般只有加装的遥控器套件才会使用，也有少数的车型遥控器使用的是固定码。

（3）滚动码的原理

滚动码就是可变码，可变码的功能码每次都会按照内置的公式，这一次发送完功能码过后就计算下一次的功能码。所以每一次发送的功能码都不相同，即每按一次遥控器，码都会有所变化。滚动码遥控器保密性比较好，目前应用越来越广泛，特别是用于汽车防盗器、电动车库门、安防等。编码芯片类型以 HCS 开头，如 HCS200、HCS201、HCS300、HCS301 等。

（4）智能遥控钥匙的功能

当然以上理论是普通遥控器的工作原理，其实使用智能遥控钥匙的车辆也有这套装置，也有这个结构。通过遥控器发射无线电，把开门的信号、锁车的信号发射出去，只不过智能钥匙发射信号有两种方式：按键可以发射信号；自己也可以发射信号。

智能遥控钥匙比普通遥控钥匙多了一套装置，叫低频信号接收装置。比如说遥控器发信号的时候，它的无线电发射频率大概在 315～433MHz 之间，这种频率信号我们叫高频信号，也就是说我们发送信号的时候，是通过高频信号发送出去的。那什么叫低频信号呢？低频信号是车辆发出来的，一般频率为 125MHz，125MHz 的频率是车辆发出来的，所以智能遥控钥匙里面有个低频信号接收装置。另外在钥匙的中间还有个东西叫射频芯片，这个射频芯片就是防盗芯片，它的作用是应急启动，也就是说当智能遥控钥匙没电了，发射不了无线电，车门打不开，同时也打不着车的时候，可以用来应急启动。当智能遥控钥匙没电的时候，可以把钥匙放在应急感应区，把车辆打着火，然后开着去售后维修。至于开启后备箱、远程启动这些功能，只是在发射无线电信号的时候，多了一种信号而已，它整个流程是没有区别的，比如说远程启动，按了启动按键和按了开锁键是没有什么区别的，只不过一个发了开锁信号，一个发了启动信号。

所以我们要知道一个配备有无钥匙进入的车辆，它的钥匙既能发射高频信号，用于开门和发送密钥信息，内部又有无线电接收装置，接收由车辆发出来的低频信号，内部还会集成一个射频芯片，用于应急启动用。这是智能遥控钥匙的几大区域功能。

第二节　遥控钥匙的匹配方法

了解了汽车遥控器的工作原理后，下面我们来学习下汽车遥控器的匹配方法。汽车的遥控器可用这三种方法来匹配：设备匹配、手工匹配、遥控拷贝。

1. 设备匹配

使用设备匹配的方法很简单，只需要将专用的设备连接好车辆的 OBD，然后在设备里选择车型进入，进去后再点击遥控器匹配的选项，然后再根据设备的要求提示操作即可。匹配现代悦动的遥控器的操作过程如下：

第一步：将设备与汽车连接好后，在设备里面选择现代车型点击进去，进去后再点击【遥控器匹配】（图 3-2-1）。

图 3-2-1

第二步：进去后按设备提示，钥匙不要插入点火开关（图 3-2-2）。

图 3-2-2

> **第三步：** 按设备提示，依次按遥控器的开锁键或锁车键 1 秒以上，匹配结束（图 3-2-3）。

图 3-2-3

2. 手工匹配

因部分车型是不能用设备直接匹配的，我们可以使用手工操作的方法打开车辆的遥控学习模式。手工操作时，我们需要查找该车型的维修手册，或通过资料查询出该车的遥控器匹配方法。根据说明，来操作相应的指令。

比如匹配一个奔腾 B70 的遥控器，通过查找资料得知该车型遥控器的匹配方法如下：

① 打开驾驶位车门，点火钥匙开关 3 次，停在 OFF 挡，不要拔出；
② 驾驶位车门关开 3 次，最后处于开的状态，中控动作；
③ 按需要匹配的遥控器任意键 2 次，中控动作，匹配完成。

我们只需按匹配的方法操作即可。方法中让我们打开主驾驶位车门，当然其他门必须是关闭状态。然后用机械钥匙打开点火开关 3 次，即开关—开关—开关，最后点火开关的状态是在关的位置。接着，操作驾驶位的车门，关开 3 次，即主驾驶门关开—关开—关开，最后主驾驶门的状态是在打开的位置。

车上的 BCM 是接收点火开关状态和门的状态的，当我们按照这样的步骤正确操作后，BCM 就会打开遥控器的学习模式，车上就会出现中控动作，有的车型会闪应急灯，有的车型喇叭会叫几声，这都表明你成功通过手工方式打开了遥控器的学习模式。接下来只需要按步骤操作，依次按遥控器的任意按键 2 次，车上出现中控动作，即可说明这把遥控器已经匹配成功了。

如果已经按照步骤操作，但是车上没有反应，这表明遥控器的学习模式没有打开。在这里考虑几个可能原因：操作方法不对、操作得太慢、车上中控锁有问题、门开关状态有问题、点火锁上的钥匙检测开关有问题、车辆电压不稳亏电或 BCM 有问题等。如果这些可能原因均排除，但还是打不开学习模式，一般我们只需要将车断电几分钟，再尝试即可。

3. 遥控拷贝

拷贝就等于复制，复制就等于克隆，克隆出来的东西就是一模一样的。遥控拷贝也就是我们通过设备复制一个新的遥控器，那这个新的遥控器就可以直接使用。具体方法是用设备检测被复制遥控器的发射信息，识别出遥控器上所有的按键信息，然后计算数据，计算出的数据信息，就可以拷贝到新遥控器上去了（图 3-2-4）。

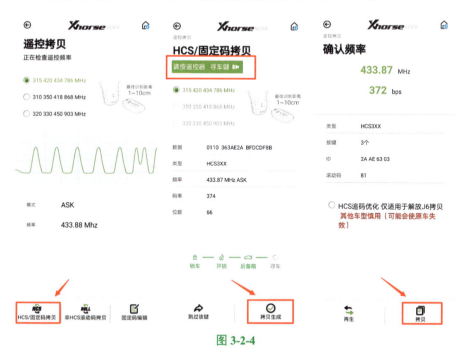

图 3-2-4

因现代大多数车型都配有厂家原装遥控系统，原车遥控的发射信息都是做加密处理的，设备计算不出数据，所以大部分车型都是无法用设备仪器来拷贝原车遥控器的。一般我们拷贝车辆后加装改装的遥控器，比如有些车型生产时就不带遥控器，然后车主在其他地方加装改装，比如加装了一套铁将军遥控套件。像这种套件里的遥控器我们就可以直接用设备仪器来复制（图 3-2-5）。

图 3-2-5

复制遥控器的时候，我们要区分被复制遥控器的数据类型，一般遥控数据的类型有两种，一种是固定码数据，另一种就是滚动码数据（图 3-2-6）。

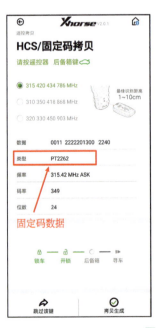 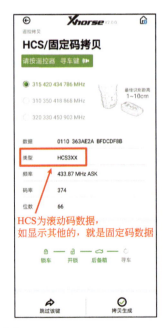

图 3-2-6

复制固定码的数据时，我们只需按设备提示，依次将每个遥控器按键信息让设备识别，接着设备自动计算出遥控数据，然后我们就可以将数据信息和频率信号用设备写入到新遥控器里面，新遥控器就可以直接使用了。

复制滚动码的数据时，同样是需要将每个遥控器按键信息让设备识别，接着设备自动计算出遥控数据，然后我们就可以将数据信息和频率信号用设备写入到新遥控里面。和复制固定码数据相比，不同的是在写滚动码数据时，要选择再生写入，写入成功以后，还需要在车上学习。学习方法是找到车上安装的遥控主机盒，盒子上有学习按键，按住学习按键就打开了学习模式，然后依次按所有的遥控器按键即可（不同厂家的主机盒学习方法差不多，可查看说明书操作）。

第三节　遥控器的采购

接下来，我们了解下汽车遥控器的采购问题。目前主流的是一种叫作子机的通用型遥控器，或者采购原车专用遥控器。

通用型遥控器是指，购买回来的是一个空白的遥控器，里面没有任何车型遥控数据。在使用时，要配套使用该子机的主机，来进行数据的生成和写入，例如 Xhorse 的产品（云雀、大手持机、VVDI2、平板电脑）、KEYDIY 的产品（KD-X1）等手持机之类的设备（图 3-3-1）。

(a) VVDI云雀　　　　　(b) KD-X1

图 3-3-1

这种通用型遥控器可以生成各种车型的遥控器，这样就不用购买原车的遥控器，降低成本，减轻大家备货的负担。而且该主机配套的子机都会有各式各样好看的遥控器外观，也有部分和原车遥控器外观一样，如图 3-3-2 所示。

原车的遥控器都是专车专用的，购买回来以后直接上车匹配。遥控器就是我们的耗材，外面卖的有原厂和副厂遥控器。副厂遥控器做工稍微比原厂的差点，用起来还是和原车一样。现在车型种类很多，我们购买存货量大，部分车型原厂遥控难以采购，所以通用型遥控器是我们的最佳选择，方便实惠。但是有部分车型原厂遥控器目前不支持设备进行数据写入，一般都是一些高档车型，当然设备也在不断升级更新遥控数据。

图 3-3-2

第四节　通用型遥控器的使用方法

接下来,我们学习下叫作子机的通用型遥控器的使用方法。这种叫子机的遥控器它是空白的,里面没有任何车型的数据。在使用时,需要配套使用该子机的主机来生成和写入数据。

我们以 Xhorse 的子机为例,子机遥控分为普通子机、电子子机、超模子机、智能卡子机,一般都是折叠钥匙和智能卡钥匙(图 3-4-1)。

图 3-4-1

1. 普通子机

普通子机是指该子机里没有防盗芯片,只是一个遥控器。生成遥控数据后,可用在不带防盗芯片的车型上,或者装一个芯片用在带防盗芯片的车上。在使用的时候,需要将子机的电路板通过烧录线连接上主机设备，来生成和写入数据。通过这种方式写入数据的子机，我们又叫有线子机（图 3-4-2）。

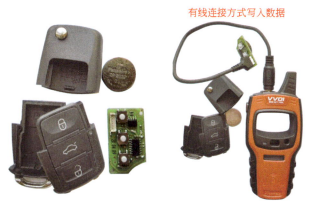

图 3-4-2

2. 电子子机

电子子机是指该子机有防盗芯片，芯片集成于电路板，像这种的我们都叫它为电子芯片的钥匙，而在通用型遥控里我们称为电子子机。这种带电子芯片的子机，里面的芯片支持46、47等芯片型号的车型。在使用的时候，需要给电子子机装上电池，然后写数据时，将电子子机放入设备线圈，通过无线电的通信方式将数据写入子机。通过这种方式写入数据的子机，我们又叫无线子机（图 3-4-3）。

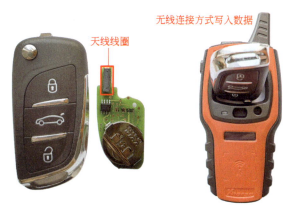

图 3-4-3

3. 超模子机

超模子机和电子子机是一样的，子机里也有防盗芯片，芯片集成于电路板。不一样的是超模子机里面的芯片叫超模芯片，而这种子机支持的车型很多，几乎带芯片的车型都支持。外观及内部电路板和电子子机一样。

4. 智能卡子机

智能卡子机是智能卡钥匙专用的，该子机有芯片，属于电子芯片（芯片集成电路板）。子机的芯片支持 46、47 等芯片的车型。在使用时，需要给子机装上电池，然后写数据时，将子机放入设备线圈，通过无线电的通信方式将数据写入子机（图 3-4-4）。

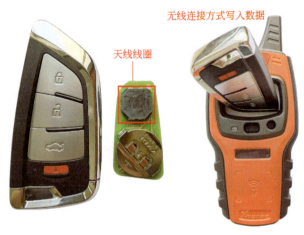

图 3-4-4

第四章
汽车芯片钥匙防盗系统

第一节 芯片钥匙防盗原理

汽车钥匙上的防盗芯片是一种射频芯片，芯片都是安装在钥匙里的微小集成电路，也叫转发器。它可以储存数据密码，并可以对数据进行运算比对及信号转发。钥匙里的射频芯片都是不带电源的，靠识读线圈发射的无线电获得电能来驱动芯片的内部电路，所以芯片会非常稳定，不会轻易丢失数据（除非磁场干扰）（图 4-1-1）。

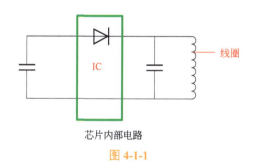

图 4-1-1

芯片是防盗系统的组成部分，防盗系统由发动机电脑、防盗电脑、识读线圈（也称天线）、芯片钥匙和防盗指示灯组成。在用芯片钥匙打开点火开关时，防盗电脑会驱动识读线圈，使识读线圈往外产生一个无线交流电（该无线交流电是持续性的），这时芯片就获得了电能，开始往外发送自身储存的 ID 及密钥信息，该信息再由识读线圈接收并发送给防盗电脑，防盗电脑对该信息进行运算或比对，如果该密钥信息正确（此时不再驱动识读线圈往外产生无线交流电），就发送一个信号给发动机电脑，发动机电脑核对正确就关闭防盗指示灯，这时可以合法启动车辆了，反之就启动不了，这个比对运算的过程是在一瞬间完成的（图 4-1-2）。注意，芯片和识读线圈的最远距离不得超过 2cm。

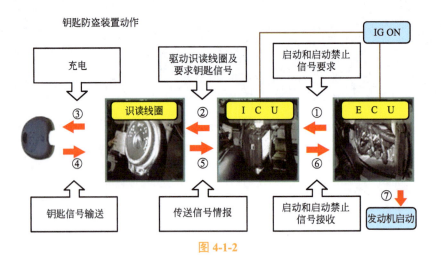

图 4-1-2

那么我们如何区分车辆或者钥匙里有没有芯片呢？其实有两种方法可以直接看出来。

1. 从钥匙外观区分

对于一些直板塑料胶柄钥匙来说，钥匙柄厚重的是带芯片的，钥匙柄比较薄的都是不带芯片的，如图 4-1-3 所示。

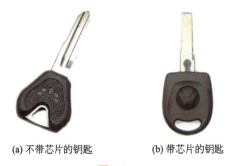

(a) 不带芯片的钥匙　　(b) 带芯片的钥匙

图 4-1-3

2. 从点火锁位置区分

点火锁周围有一圈黑色的感应线圈，就证明该车有芯片；如果点火锁周围是金属的，那么就一定没有芯片，如图 4-1-4 所示。

图 4-1-4

第二节　防盗芯片的认识

汽车钥匙内的防盗芯片一般有三种封装方式，分别是玻璃管芯片、陶瓷芯片、电子芯片（图 4-2-1）。

(a) 玻璃管芯片　　(b) 陶瓷芯片　　(c) 电子芯片

图 4-2-1

虽然从封装方式上可以将芯片分为三种类型，但实际上芯片的种类有几十种。芯片的型号无法从外观上识别，我们需要用专用的芯片检测仪检测才能识别具体型号。如图 4-2-2 所示的几款设备都可以检测芯片的具体型号。

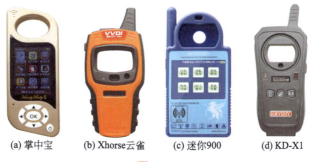

(a) 掌中宝　　(b) Xhorse云雀　　(c) 迷你900　　(d) KD-X1

图 4-2-2

防盗芯片是我们在匹配钥匙、增加钥匙中常接触的，所以认识芯片，知道芯片的种类，适用于哪种车型，以及每种芯片的复制匹配方法是十分必要的。笔者从自己工作中总结了一些知识，希望对大家有所帮助。

我们现在经常接触的芯片型号从数值低到高分别是：

11、12、13、33、40、41、42、44、45、46、47、48、49、4A、4C、4D、4E、5C、60、61、62、63、64、65、66、67、68、69、6A、6B、70、71、72、73、74、7A、82、83、8A、8C、8E 等。

接下来，我们将这些芯片做个分类，可分类为 T5 类型、7935 类型、7936 类型、48 类型、4D 类型等。

一、T5 类型芯片

T5 类型芯片有：11、12、13、33。T5 芯片是 20-T5 空白的芯片，是一种可拷贝可生成的芯片，支持 11、12、13、33 芯片的拷贝/生成，T5 类型的芯片都是玻璃管封装的（图 4-2-3）。

(a) T5类型芯片外观

(b) T5芯片ID数据

图 4-2-3

1. 11 芯片

使用 11 芯片的车型现在已经很少了，一般在 2006 年以前的中华尊驰车上使用，防盗盒和发动机电脑使用的是马瑞利的防盗系统（防盗盒上字母是：MAGNET ARELL）（图 4-2-4）。

(a) 防盗盒

(b) 发动机电脑

图 4-2-4

11 芯片的中华车有钥匙增加可以使用 T5 芯片直接复制，复制成功后即可着车。全丢一般有两种办法，第一种是对发动机电脑和防盗分别进行初始化，然后认钥匙，钥匙芯片可以使用 T5 生成。第二种是取消防盗，对发动机电脑进行初始化，拆掉防盗盒即可。由于防盗盒数据不好读，我们一般采用第二种方法。

取消防盗的步骤如下：

第一步： 拆发动机电脑，在发动机舱内（图 4-2-5）。

图 4-2-5

第二步：拆防盗盒，在方向盘护板下方（图 4-2-6）。

图 4-2-6

第三步：打开发动机电脑，找到八脚码片 95040，用 XP、数码大师、VVDI 超编或 CG100 等读出数据，改写数据写入即可（图 4-2-7）。

(a) 发动机电脑八脚码片95040位置

```
00000000  0202 FF00 1617 3030 312E 3037 FFFF 2516  ......001.07..%.
00000010  1730 3031 2E30 37FF FFFF FFFF FFFF FFFF  .001.07.........
00000020  FFFF FFFF FFFF FFFF FFFF FFFF FFFF FFFF  ................
00000030  FFFF FFFF FF20 1001 07FF AAFF 0323        ..... .......#
00000040  5D08 0800 0428 0600 007D 0022 00CB 0000  ]....(...}."....
00000050  8B00 2200 CB1A 4408 0800 0428 0100 7D1F  ."....D....(..}.
00000060  0C4A 00CB 007D 1F0C 4A00 CB1C 4408 0800  .J...}..J...D...
00000070  0428 0100 7D46 4F48 00CB 007D 464F 4800  .(..}FOH...}FOH.
00000080  CB3F 4408 0800 0428 0100 7D1F 0C0C 00CB  .?D....(..}.....
00000090  007D 1F0C 0C00 CB3D 4C08 0800 0428 0600  .}.....=L....(..    红框内全改为0
000000A0  0000 0000 00CB 0000 0000 0000 CB28 44C0  .............(D.    绿框内全改为F
000000B0  C000 0428 0100 007D 0088 00CB 0000 7D00  ...(...}......}.
000000C0  8800 CBFF FFFF FFFF FFFF FFFF FFFF FFFF  ................
000000D0  FFFF FFFF FF23 0800 0800 2C62 0000 0000  .....#....,b....
000000E0  3A00 0000 2C62 0000 3A00 0000 2C62 00FF  :...,b..:...,b..
000000F0  FFFF FFFF FFFF FFFF FFFF FFFF FFFF FF00  ................
00000100  FFFF FFFF FFFF FFFF FFFF FFFF FFFF FF00  ................
00000110  00BA FF10 2789 FF00 00B2 FF00 2781 FF00  ....'.......'...
00000120  008A FF81 0601 FFFF FFFF FF1B 0000 0000  ................
00000130  0000 0000 0000 0000 0000 0000 0000 0000  ................
00000140  0000 0000 0000 0000 0000 0000 0000 0000  ................
00000150  0000 FF00 0000 0000 0000 0000 0000 0000  ................
```

(b) 读出和改写数据

图 4-2-7

第四步： 装回发动机电脑，把防盗盒收走或者不接插头按回车上，即可着车。

2. 12芯片

12芯片用于老款的SAAB（萨博）、老款的奔驰ML系列。有钥匙增加可以用T5芯片拷贝，钥匙全丢可以通过加载防盗盒的数据来写启动芯片（图4-2-8）。

(a) 萨博防盗电脑　　　　　　　　　　　　(b) 老款奔驰防盗电脑

图 4-2-8

3. 13芯片

13芯片的车型我们常见的有中华金杯、六代雅阁、老款奥迪、别克等（图4-2-9）。

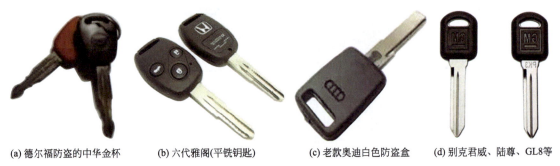

(a) 德尔福防盗的中华金杯　(b) 六代雅阁(平铣钥匙)　(c) 老款奥迪白色防盗盒　(d) 别克君威、陆尊、GL8等

图 4-2-9

（1）有钥匙增加匹配方法

别克车型可以用手工方法增加，不需要解码器匹配。其他车型可以用VVDI云雀之类的设备用T5芯片拷贝，别克的13芯片不能使用T5芯片拷贝，拷贝出来的芯片部分不可以使用。

（2）钥匙全丢匹配方法

❶ 中华金杯的13芯片可以通过加载防盗盒的数据来写启动芯片，也可以通过修改发动机电脑数据来取消防盗。

❷ 雅阁的13芯片可以用解码器匹配，无需密码，按设备提示操作。

❸ 老款奥迪13芯片可以用解码器匹配，也可以加载防盗盒数据写启动芯片（图4-2-10）。

❹ 别克君威、陆尊、GL8属于PK3防盗系统，钥匙全丢可以采用3个十分钟学习方法来匹配钥匙，具体步骤在后面的课程学习。

图 4-2-10

4. 33 芯片

使用 33 芯片的车型，现在常见的是 2013 年以前的爱丽舍、东风 H30/S30，钥匙外观如图 4-2-11 所示。

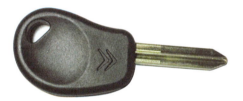

图 4-2-11

有钥匙增加可以用 T5 芯片拷贝，钥匙全丢可以通过加载防盗盒的数据来写启动芯片。写启动芯片钥匙格式（图 4-2-12）：

```
00 00 F0 xx xx xx 00 F0
xx xx xx 00 F0 xx xx xx
```

```
00000000  0E20 0000 0000 0000 00A6 1003 0563 9534   . ........... c.4
00000010  253F 322A 4115 3B2E C502 A5FF FFFF FFFF   %?2*A.;.........
00000020  FFFF 20FF 64F2 5965 1276 2400 7909 0500   .. .d.Ye.v$.y...
00000030  0000 0000 0000 0000 0000 0000 FFFF FFFF   ................
00000040  FFFF FFFF FFFF FFFF FFFF FFFF FFFF FFFF   ................
00000050  FFFF FFFF FFFF FFFF FFFF FFFF FFFF FFFF   ................
00000060  FFFF FFFF FFFF FFFF FFFF FFFF FFFF FFFF   ................
00000070  FFFF FFFF FFFF FFFF FFFF FFFF FFFF FFFF   ................
00000080
```

红线位置换位：15412E 填入固定格式

0000F015412E00F0
15412E00F015412E

图 4-2-12

二、7935 类型芯片

7935 类型芯片有：33、40、41、42、普通 44（PCF7935）、专用 44、45、73。其中

普通 44 芯片就是 7935 芯片（图 4-2-13）。

(a) 7935芯片外观

(b) 普通44芯片ID数据

图 4-2-13

三、7936 类型芯片

7936 类型芯片有：普通 46、专用 46。普通 46 芯片就是 7936，专用 46 芯片是由 7936 芯片演变而来的。

46 芯片使用的范围非常广，从早期的钥匙芯片防盗到现在的遥控智能卡，都属于 46 芯片，这其中芯片形式包含两种情况。

1. 独立陶瓷封装的 NXP7936 芯片

常见使用的车辆有现代、起亚、本田、尼桑等。都可以进行芯片复制，可以用掌中宝、VVDI-Key Tool、KD 等设备复制芯片做钥匙（图 4-2-14）。

图 4-2-14

2. NXP 系列的 7941、7942、7945……7961 等众多的电子芯片

这种芯片是由电路板、电子 IC、电感组成，我们叫它电子集成的防盗芯片，防盗芯片和遥控电路板集成为一体。例如标致、雪铁龙的折叠遥控钥匙，本田的直柄遥控钥匙，现代、起亚的智能卡钥匙，等等。这种芯片钥匙多数都是匹配好防盗芯片后，遥控器自动同步，直接使用。在电路板上，芯片信息和遥控信息都储存在电子 IC 中，电感只起到发射和接收信号的作用（图 4-2-15）。

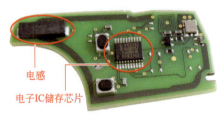

图 4-2-15

46芯片在匹配中的状态有三种：

1. 匹配前是空白未使用状态，匹配后是加锁状态

也就是说匹配前可以用全新7936芯片（普通46），匹配到车辆上后芯片加锁，不能再匹配到其他车辆上。常见车型有本田、尼桑、现代、起亚（部分车型可以匹配到相同车辆上）。

图 4-2-16

2. 匹配前是加密状态，匹配后是加密加锁状态

这种车辆上使用的芯片，在匹配前掌中宝等芯片检测设备上会显示"加密模式全新未使用"。匹配到车辆上后显示"加密模式已锁定"。这种芯片的常见车型有克莱斯勒、道奇、JEEP、公羊等，还有部分智能卡也是这样显示的。这种类型的芯片，就不能用普通芯片来进行匹配，必须是专用芯片或者是专用设备写好的芯片来进行匹配。匹配到车辆上后，就不能再匹配到其他车辆上（图4-2-17）。

图 4-2-17

3. 匹配前是加密加锁状态，匹配后也是加密加锁状态

这种状态芯片是可以重复使用的，不会锁定到车辆上，同样不能用普通芯片来进行

匹配，必须是专用芯片或者是专用设备写好的芯片来进行匹配。匹配到车辆上后，还可以匹配到相同车辆上（图 4-2-18）。例如国产交通实业防盗系统的 46 芯片：吉利、海马、奇瑞等。

图 4-2-18

部分遥控钥匙或者智能卡里装的是 7936 芯片，而不是电子 IC 的 7941、7942、7945……7961 等芯片，但是芯片和遥控钥匙或者智能卡是绑定的。例如老款的标致、雪铁龙遥控钥匙（206、207、307 等），迈腾/CC 的 46 智能卡钥匙，纳智捷的 46 智能卡钥匙，等等，虽然芯片和电路板不是一体的，但是我们匹配好芯片后，遥控钥匙或者智能卡会自动生效，无需再匹配，因为它们的 ID 是一致的，所以我们不能随意更换钥匙里面的 7936 芯片进行匹配，否则钥匙能启动却没有遥控或智能功能。

四、48 类型芯片

48 类型芯片有：普通 48、专用 48。48 芯片在我们工作中接触较多，从外观上区分有三种：

1. 玻璃管封装（图 4-2-19）

这种 48 芯片一般用在大众、奥迪、斯柯达、菲亚特、中华、凯迪拉克等原装钥匙上。

图 4-2-19

2. 陶瓷封装（图 4-2-20）

这种陶瓷封装的 48 芯片很少见，只在莲花车钥匙上见过，只是芯片的外观不一样，使用上没区别，都是一样的。

图 4-2-20

3. 电子 48 芯片（图 4-2-21）

这种电子 48 芯片的钥匙，芯片与电路板是一体的，常见于大众四代防盗系统的钥匙，比如大众 202AD 型号的普通钥匙和大众 202AJ 型号的智能钥匙。还有一种电子 48 芯片是用在大众 MQB 防盗系统的钥匙，这种的叫 MQB 48 芯片。

(a) 202AD/202AJ 钥匙　　(b) MQB 钥匙

图 4-2-21

48 芯片在匹配前的状态有两种：普通 48 芯片、专用 48 芯片。

4. 普通 48 芯片（图 4-2-22）

普通 48 芯片一般用在大众三代以下的防盗系统，还有长城、奇瑞、本田、别克等车上。使用普通 48 的芯片，上车即可匹配。

 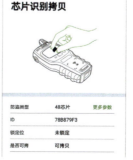

图 4-2-22

5. 专用 48 芯片（图 4-2-23）

专用 48 芯片是在普通 48 芯片中写入特定的数据才能匹配到车辆上，比如中华、凯迪拉克、菲亚特、大众、奥迪、斯柯达三代半以上的车辆。这些芯片都可以使用 VVDI 云雀、KEYDIY 等设备生成，例如大众 TP23、斯柯达 TP24、奥迪 TP25 等。

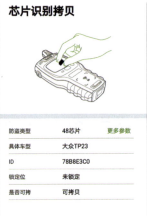

图 4-2-23

五、4C 芯片

4C 芯片用在早期的车型上，例如丰田、林肯、福特、东南车系、一汽威志等。其芯片的外观分玻璃管封装和陶瓷封装的，如图 4-2-24 所示。

(a) 大玻璃管4C芯片　　(b) 陶瓷4C芯片

图 4-2-24

六、4D 类型芯片

4D 类型芯片有：60、61、62、63、64、65、66、67、68、69、6A、6B、70、71、72、74、7A、82、83。

4D 芯片是一类芯片的统称。以上类型中，在实际工作中我们常接触的芯片有：

60 芯片：普通 60 芯片、专用 60 芯片。普通 60 芯片常用车型有凯越、奔腾、双龙、长安奔奔等，专用 60 芯片使用车型有 2012 年前的景程。

61 芯片：三菱专用。

62 芯片：用于铃木摩托车、川崎摩托车、三菱、斯巴鲁。

63 芯片：福特、马自达专用。

64 芯片：也叫 4E 芯片（本不属于 4D 类型），使用车型有克莱斯勒、斯巴鲁等。

65 芯片：用于铃木、斯巴鲁。

66 芯片：部分铃木专用。

67 芯片：用于 2010 年前的平铣钥匙的丰田、凌志。

68 芯片：用于 2010 年前的内铣钥匙的丰田、凌志。

69 芯片：雅马哈摩托车专用。

6A 芯片：川崎摩托车专用。

6B 芯片：铃木摩托车专用。

70 芯片：70 芯片是大容量的 60 芯片，可以代替普通 60 芯片，使用普通 70 芯片的车型有现代、起亚等，使用专用 70 芯片的车型有 2012 年后的景程、2012 年后的凯越、2015 年后的英朗、科沃兹等。也有部分车型使用的是电子 70 芯片，即芯片集成于电路板。

71 芯片：用于部分丰田的智能卡钥匙。

72 芯片：2010 年后的丰田专用，又名丰田 G 芯片，大发也使用这种芯片。

74 芯片：用于部分丰田的智能卡钥匙。

7A 芯片：用于 2018 年以后的部分丰田智能卡。

82 芯片：斯巴鲁专用，又名斯巴鲁 G 芯片。

83 芯片：是大容量的 63 芯片，可以代替 63 芯片使用，用于新款福特、马自达。

8A 芯片：这种芯片使用在较新的车型上，而且 8A 芯片都是专车专用的，常见车型有智能卡钥匙的现代、起亚，丰田车型钥匙，长安，等等。在丰田车上，8A 芯片又名丰田 H 芯片。机械钥匙的卡罗拉是专用的 8A 芯片，其他车型如凯美瑞、雷凌、锐志、RAV4 等是通用的。

8C 芯片：用于老款海马车型，如福美来、323 等车型，现在这款芯片使用 VVDI 云雀等设备可以生成及拷贝。

8E 芯片：8E 芯片分两种，一种是玻璃管封装的普通 8E 芯片，使用在本田车上；另一种是电子 8E 的芯片钥匙，使用在奥迪四代防盗的 A6L 和 Q7 车钥匙上。

以上芯片型号都是平时工作中，在原车钥匙里经常见到的。芯片分普通芯片和专用芯片，普通芯片指空白芯片，这种芯片可以用在不同的车上，比如普通 48 芯片可以用在大众车上，也可以用在本田车上，专用芯片只能用在同一类车上，比如长城 46 芯片只能用在使用 46 芯片的长城车上，即专车专用。

第三节　芯片的采购

接下来，我们了解下钥匙里芯片采购的问题。

钥匙里的芯片是防盗系统中最重要的部分，每个车型芯片的型号都是固定的，必须要专车专用的芯片才能匹配到车上。这样的话，我们手上必须要有每种车常见的芯片，而且有些车型专用芯片使用过后就锁定，不能再次使用了。因车型种类太多，每次使用都要找专用芯片，部分车型专用芯片价格昂贵，不好买。

目前我们使用的一种芯片叫超模芯片，这种芯片是Xhorse厂家生产的，价格便宜，功能强大，一芯多用，且可重复使用。在使用该芯片时，需要配套Xhorse厂家的设备才能生成或拷贝芯片，如MINI KEYTOOL（VVDI云雀）、KEYTOOL MAX（大手持机）、VVDI2、KEYTOOL PLUS（平板电脑）等。该芯片采用陶瓷封装，并有型号"XT27C75"，如图4-3-1所示。

(a) 超模芯片

(b) MINI KEYTOOL(VVDI云雀)

图 4-3-1

超模芯片不仅可重复使用，还有生成和拷贝其他芯片的功能。生成芯片指将超模芯片转换成其他型号的专用芯片，在设备上操作的过程就叫生成。拷贝芯片指复制原车的钥匙芯片，需要在设备上操作。

支持转换的车型芯片有：T5（11、12、13、33）、7935（33、40、41、42、44）、7936（46）、47、48、49、4C、4D类型、8A、8C、8E等。这些常见的芯片几乎全都可以用超模芯片代替，所以就有了"一芯多用"。这样就给我们减少了找芯片，备芯片的麻烦，并且超模芯片很稳定，价格也很便宜。

第四节　芯片的检测、生成和拷贝方法

我们需要使用专用的设备才能检测、生成或拷贝汽车芯片钥匙。行业内使用最多、最稳定、性价比最好的设备就是Xhorse的产品，如MINI KEYTOOL（VVDI云雀）。接下来，笔者以该设备为例为大家演示如何检测、生成和拷贝芯片。

VVDI云雀是一款手持设备，没有大屏幕显示，要在Xhorse APP软件里操作。在使用时，需要在手机里下载该款APP软件，然后在手机软件里面蓝牙连接云雀设备，连接上设备后，就可以操作了。

1. 芯片检测方法

首先将软件界面切换到MINI KEYTOOL的界面（图4-4-1）。

图 4-4-1

然后点击【芯片识别拷贝】，进去后按图片显示将芯片放入设备，再点击【芯片识别】，设备就自动识别出芯片型号了（图 4-4-2）。

图 4-4-2

2. 芯片生成方法

芯片生成是指将一个普通芯片或超模芯片写入一个车型特定的数据，这个写入的过程叫生成。生成成功后还需要在车上学习才能启动车辆。例如生成一个长城专用46芯片。

首先，将设备与手机软件连接好，打开软件选择云雀界面，点击【芯片生成】，然后点击【ID46（PCF7936）】，进去后点击【ID46-国产车】（图4-4-3）。

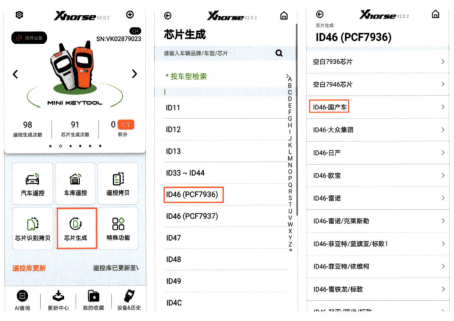

图 4-4-3

然后找到ID46-长城，点进去后，按软件界面提示，将一个超模芯片或者一个7936芯片放入设备，点击【生成】即可（图4-4-4）。

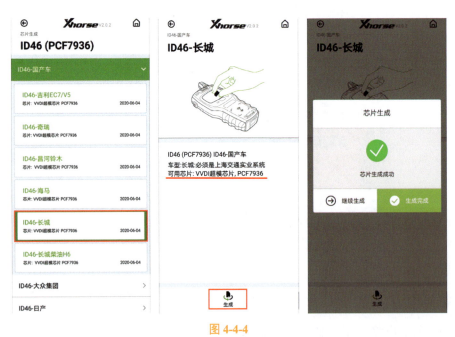

图 4-4-4

3. 芯片拷贝方法

芯片拷贝等于复制芯片，复制芯片等于克隆芯片，复制出来的芯片是和原车钥匙相匹配的，可以直接启动车辆，例如复制荣威46芯片钥匙。

首先将设备与手机软件连接好，然后在软件里面点击【芯片识别拷贝】，按提示操作后点击【芯片识别】，识别出芯片后，点击【拷贝】（图4-4-5）。

图 4-4-5

出现46在线计算界面，看清界面的内容提示，然后点击【开始拷贝】，接着按设备提示操作即可（图4-4-6）。

图 4-4-6

接下来，要在车上采集相关数据，只需按设备提示操作。采集时需要将云雀的天线靠近汽车上的识读线圈，然后再用原车钥匙打开仪表，直到手机软件界面提示数据采集完成（图4-4-7和图4-4-8）。

图 4-4-7

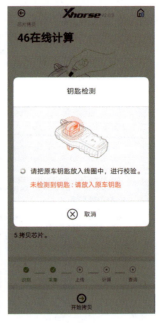

图 4-4-8

接着按设备提示，放入 VVDI 超模芯片或者 VVDI 的电子子机，数据写入成功，芯片就拷贝完成，可以此芯片钥匙启动车辆（图 4-4-9）。

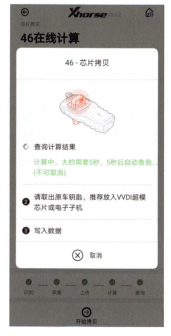 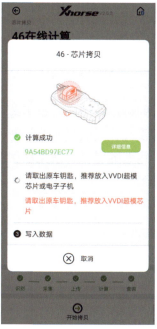 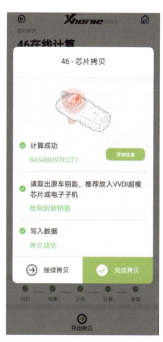

图 4-4-9

第五节　芯片钥匙的匹配方法与流程

我们已经对汽车防盗芯片有了大概的了解，那这些芯片到底怎么匹配到车上去呢，一般来说，常用的匹配方法有三种：设备匹配法、数据写启动法、芯片拷贝法。

1. 设备匹配法

通过车身 OBD 等通信接口，实现匹配仪和车辆的数据通信，验证后可以发出指令让汽车防盗系统重新学习钥匙。

2. 数据写启动法

拆下车身防盗电脑，通过编程器等设备，读出车辆防盗数据，然后把新的芯片钥匙信息直接写到防盗系统里面。写完数据后，直接可以写启动，无需在车上匹配钥匙。

3. 芯片拷贝法

通过芯片拷贝机读取原车的钥匙芯片数据，然后把数据复制到另一个空白芯片里面，相当于克隆了一个钥匙芯片。复制完成后，直接可以着车，同样无需再上车匹配。

以上这三种匹配方法，根据不同环境和情况采用。一般来说使用最多的是第三种芯片拷贝法，设备匹配法和加载数据写启动法次之。

有些车型，我们三种方法都可以用。但有些车型，只能用其中一种方法。例如丰田车，用以上三种方法都可以匹配钥匙，可以将钥匙匹配仪插到车上 OBD 接口，插入钥匙学习。也可以拆防盗盒，读数据写启动钥匙。也可用芯片拷贝机直接拷贝原车芯片。

三种方法，根据自己的情况去运用。一般我们肯定选最方便快捷的方法，就是芯片拷贝法和设备匹配法，5 分钟不到就匹配好了。加载数据写启动法比较麻烦，需要拆电脑才行，要花费的时间比较多。

但是，这三种方法也有各自的特点。例如，车钥匙全部丢失了，你就不能用芯片拷贝法，因为原车一把着车钥匙都没有，无法复制，只能用设备匹配法或者加载数据写启动法。而有些车型，没有了着车钥匙的引导，就无法用匹配仪制作新钥匙，只能用加载数据写启动法，或者写初始化数据。

汽车钥匙匹配流程图如图 4-5-1 所示。

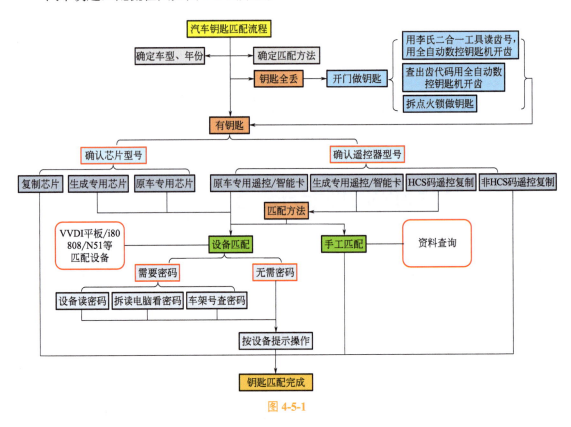

图 4-5-1

不管是什么车型，按照图 4-5-1 所示流程的先后顺序操作，操作的过程中，一定要确认好芯片的型号和遥控器的型号，主要的地方就在这里，其实匹配的方法和步骤并不难，希望大家能够通过这个流程图直观地学习整个匹配钥匙的过程以及具体需要注意的知识点。

第五章
汽车电脑数据读取

第一节　汽车电脑内部结构

首先，我们对汽车电脑内部结构（图 5-1-1）做个大致了解，汽车电脑由中央处理器、存储器、电源部分、驱动部分、信号输入/输出接口、晶振、通信等部分构成。

图 5-1-1

一、中央处理器（CPU）

中央处理器是一块超大规模的集成电路，是运算器和控制器的总称，负责整个汽车电脑的工作，是汽车电脑的控制指挥中心，它对汽车传感器输入的各种信息进行处理、计算和判断，然后输出指令，控制执行器去工作。比如电源驱动芯片，将处理过的信号给 CPU，CPU 再进行分析计算，然后控制外围电路去工作（图 5-1-2）。

图 5-1-2

二、存储器——八脚码片

存储器外观上有八个引脚，我们叫它八脚码片，用来存放数据和程序的部件，它在汽车电脑中起记忆作用，比如储存一些故障码或临时存放数据。现在汽车电脑上的存储器都是 EEPROM，叫电可擦除可编程只读存储器，意思是存储器里面的数据可随意更改擦除（图 5-1-3）。

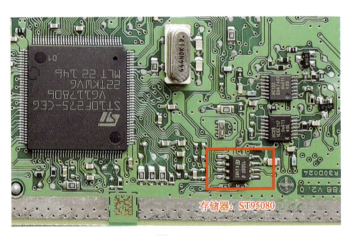

图 5-1-3

三、电源部分

电源部分用来对汽车所提供的电源进行滤波和稳压，以供给电脑板内部稳定的直流电源。

我们知道汽车会给电脑板送入一个 12V 电源，那 12V 电源送进去后是直接用吗？不是的！电脑板会输出一个 5V 基准电压，那这个 5V 基准电压是谁给的？在汽车电脑板内部有个电源管理模块驱动芯片，由它来接收电脑板外界送过来的 12V 电源，然后进行稳压、降压，再输送给电脑内部各个部分。这个电源芯片不仅仅是给电脑板内部供电，同时还会给电脑板外部供电，而且还是个信号处理器，有信号输入处理功能，什么水温传感器、曲轴信号全部都是由它处理。并且它还是个 K 线、CAN 通信模块，集成了很多功能，非常强大。

那如何快速找到电脑板的电源部分呢？这个很简单，但凡是电源这一块，肯定会有个电解电容，还有黄色的钽电容，在它边上就是电源芯片（图 5-1-4）。如果不确定，可以把这个芯片型号（L05713）输到网上进行查询，你会发现这个就是小乌龟电脑板的电源芯片。

图 5-1-4

四、驱动部分

我们都知道如果往一台笔记本电脑里面安装一个新的设备软件，是需要安装这个设备驱动的，就是 USB 的接口驱动。安装好驱动后，这个设备才能正常使用。而我们的汽车电脑也是这样的，也是需要驱动才能正常工作。哪些是电脑驱动呢？喷油器、点火线圈、碳罐电磁阀、节气门等，这些外围电路就是驱动，喷油驱动、点火驱动等，是由 CPU 来驱动工作的，所以说电脑需要驱动模块去驱动外围电路工作（图 5-1-5）。

图 5-1-5

五、信号输入/输出接口

1. 输入部分

将传感器传来的模拟信号进行滤波、放大、数\模转换，将输入的信号转换成 CPU 能够进行分析处理的信号。例如爆震信号处理模块，负责将爆震传感器检测到的爆震信号转化成 CPU 能够识别的数字信号，即模/数转换。

2. 输出部分

CPU 在接收到各种传感器传来的各种信号后，经过处理，再发出相应的控制信号，由于控制信号是数字信号，要先经过转换变成模拟信号，然后再经放大器进行功率放大，才可驱动执行装置动作。

信号输入、输出及放大部分见图 5-1-6。

图 5-1-6

六、晶振

晶振的全称为晶体振荡器，其作用是产生原始的时钟频率，即产生一个振荡脉冲信号，CPU 采集这个信号来工作。晶振坏了，CPU 就无法工作；CPU 坏了，晶振就无法振荡出脉冲信号。

晶振还分为有源晶振和无源晶振，有源晶振指的是它需要电源来供电，正负电源供电，才会起振，产生振荡脉冲。无源晶振不需要电源，它是配合 CPU 内部振荡，振荡电路在 CPU 内部，它只起到一个定频的作用，就是说频率定在多少，是在 12MHz 还是在 14MHz，这个取决于晶振。无源晶振是没有电的，起振全靠 CPU 自身振荡。而有源晶振是将外面的振荡输送给 CPU，这时 CPU 才能工作。晶振我们只能用示波器来检测，它的两个引脚是直接接到 CPU 的，示波器能测出波形即可说明 CPU 工作。一般晶振都在 CPU 附近，如图 5-1-7 所示。

图 5-1-7

七、通信

汽车上，有许多模块，每个模块都相当于一个小型电脑，当然它们之间有时是需要相互传递信息，相互通信的，它们多数都是通过总线通信，比如 CAN 线、K 线、LIN 线等。在汽车电脑板上有个总线通信芯片，来接收和发送数据。由它接收其他模块传递来的数据，然后再转达给 CPU。那么 CPU 要想给其他模块传递信息，也是把要传递的数据信息先转达给这个通信芯片，然后再发给其他模块（图 5-1-8）。

图 5-1-8

第二节　汽车电脑数据储存方式

现在我们已经大致了解了电脑板内部的结构，接下来我们看下汽车电脑是如何储存数据的。

一、进制转换

我们都知道汽车电脑之间互相传递的都是数字信号，数字信号都是以二进制数表达的，即 1 和 0 的组合。当然电脑中储存的数据也是以二进制数储存的，假如往电脑里面储存 10 这个数值，它并不是直接把 10 这个数值记录到内存里的，而是通过换算，变为二进制数记录到里面。那么我们想要获取电脑里面储存的数据，得用专用的编程器读取。又因为电脑里面储存的二进制数我们不容易查看，故我们设备读取到的数据都是以十六进制数显示的。所以我们现在主要讲解二进制、十进制、十六进制之间的关系。

十六进制顾名思义就是逢 16 进 1，表达式为：1 2 3 4 5 6 7 8 9 A B C D E F。

十进制是逢 10 进 1，我们生活中常用的就是十进制。

二进制就是 0 和 1 的组合，在这里没有 2，所以遇 2 进 1。

它们之间的关系见表 5-2-1。

表 5-2-1 二进制、十进制、十六进制之间的关系

二进制	十进制	十六进制
0000	0	0
0001	1	1
0010	2	2
0011	3	3
0100	4	4
0101	5	5
0110	6	6
0111	7	7
1000	8	8
1001	9	9
1010	10	A
1011	11	B
1100	12	C
1101	13	D
1110	14	E
1111	15	F

我们从 CPU 或者八脚码片读出来的数据，都是十六进制数据，但是十六进制数据不方便我们日常使用。比如，我们这里去万达广场大约有 10 公里距离的路程，如果你用十六进制表达，说成 A 公里远，那别人肯定听不懂。因为我们日常生活中都用十进制表达。所以，我们需要进行单位换算，把十六进制换算成十进制，才便于

识别了解。

十六进制和十进制我们需要用专用计算器进行转换。我们电脑里有一个计算器，打开电脑，点开桌面左下角菜单，在输入框搜索"计算器"就可以找到了。另外，必须把计算器设置成程序员计算器，才能方便我们使用（图5-2-1）。

 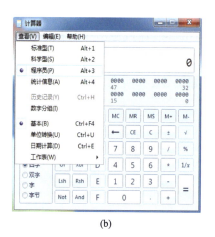

(a)　　　　　　　　　　　(b)

图 5-2-1

举例：我们现在把十进制的1000换成十六进制。

打开已设置好的程序员计算器，先选择十进制，输入1000，再点一下十六进制，计算器就会自动把我们输入的十进制数值1000转换成十六进制的数值显示了（图5-2-2）。

如果我们要把十六进制转换成十进制，反过来操作就可以了。

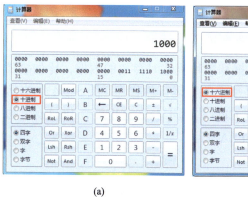 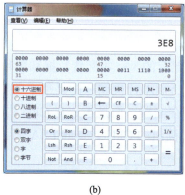

(a)　　　　　　　　　　　(b)

图 5-2-2

这是行业内最基础的一个知识点，对后面我们学的知识点，算密码、调里程等十分有用。

二、数据储存形式

其实汽车电脑里面的数据都有专门的器件储存，就如电脑里面的硬盘一样。但一般的电子产品不像台式电脑那样需要大量数据运算，所以储存的数据体积相对很少，一般是几字节（B）到几兆字节（MB）。

数据储存是以字节（byte）为单位，数据传输都是以位（bit）为单位，一个位即代表一个 0 或 1（也就是二进制数），每 8 个二进制位组成一个字节。即两个十六进制位组成一个字节，例如 10 8C AF 这是三个字节，也就是 1B，我们叫一个字节。1024B 等于 1KB，1024KB 等于 1MB，1024MB 等于 1GB。对于台式电脑来说，现在随便都是几百吉字节（GB）了。但在汽车电子控制装置里面，并不需要这么大的内存，一般连 1MB 都没有，甚至只有几十千字节（KB）。这些数据一般储存在单片机和八脚码片里面。十六进制数据如图 5-2-3 所示。

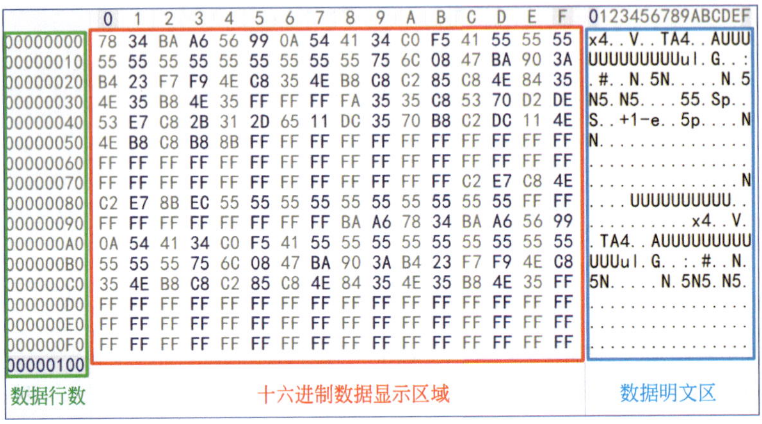

图 5-2-3

三、数据类型

汽车模块储存的数据可分为两种类型：底层数据和配置数据。

八脚码片储存的是一些配置数据和单片机临时存放的数据，比如故障代码、防盗数据、车架号等，而单片机储存的是整个电脑运行的程序（图 5-2-4）。当然也有的电脑板里面没有八脚存储器，而是集成在 CPU 内部了。在这里面，我们读出的八脚码片数据叫 EEPROM，读出的 CPU 数据叫 FLASH。

图 5-2-4

EEPROM 数据是一些配置数据和单片机临时存放的数据。特点是储存容量小，一般储存几百个字节到几十兆字节的数据。

FLASH 数据是底层数据，也就是程序数据。特点是储存容量大，包含整个单片机的运行程序。一般储存几兆字节到几十兆字节的数据。

它俩我们可以比作我们电脑中的系统 C 盘和 D 盘，C 盘里面是我们电脑系统 Windows 程序，我们是不能随意更改或删除的，否则系统损坏，电脑不能正常开机使用，而我们汽车电脑的 CPU 程序就相当于 Windows 程序，也是不能随意更改删除的。那我们电脑的 D 盘是可以往里面装资料软件或者删除资料软件的，而我们汽车电脑的八脚码片就相当于 D 盘，里面的数据是可以更改删除的，比如我们删除故障码。

第三节　单片机与八脚码片的认识

在汽车上，每个模块里面都有专门的器件来储存数据，比如有的模块里面的数据全部都是储存在单片机里面的，而有的模块里面的数据不仅存在单片机里，还存在八脚码片里。如果我们想要把模块内的数据读出来，首先我们要认识单片机和八脚码片的型号，才能正确的用编程器将数据读出来。

1. 单片机的认识

单片机又叫 CPU，我们在汽车模块里面常见的型号有摩托罗拉/飞思卡尔、赛意法、英飞凌、瑞萨、日本电器、富士通、爱特梅尔等（图 5-3-1）。

(a) 摩托罗拉/飞思卡尔

(b) 赛意法

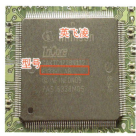
(c) 英飞凌

(d) 瑞萨

(e) 日本电器

(f) 富士通

(g) 爱特梅尔

图 5-3-1

2. 单片机芯片1脚位置区分

在读取单片机芯片内的数据时，我们是用编程器接线读取的。每个芯片都有对应的1脚，正确地找出1脚就能正确地找出接线点。在看芯片时，要把上面的文字正对着我们，左下角就是1脚。如图 5-3-2 所示，黄色箭头代表芯片引脚方向。

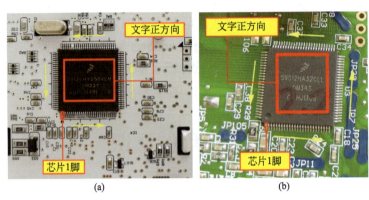

图 5-3-2

3. 八脚码片的认识

八脚码片就是汽车电脑里八个引脚的存储器，在外观上有正方形和长方形的，还分直插式和贴片式的，两边各 4 个引脚，八脚码片在汽车电脑里面是最常见的（图 5-3-3）。

(a) 正方形　　　　　　(b) 长方形

(c) 直插式　　　　　　(d) 贴片式

图 5-3-3

但有的八脚码片并不是存储器，那么我们如何快速找到正确的八脚码片呢？在汽车电脑里，八脚码片一般都在单片机附近，少数在它的反面，位置不固定，码片上刻有型号（图 5-3-4）。

图 5-3-4

确认它是不是存储器,就要看码片上刻的型号了,常见的八脚码片型号有:

24 系列:24C01、24C02、24C04、24C08、24C16、24C32、24C64、24C128、24C256、24C512、24C1024。

25 系列:25010、25020、25040、25080、25128、25160、25320、25512、25640、X5024、X5045、251024。

93 系 列:93C46、93C46A、93LC46、93C56、93C56A、93C66、93LC66A、93C76、93LC76、93C86、93A86。

95 系列:95010、95020、95040、95080、95160、95320、95640、95128、95256、95512。

35 系列:35080、080D、160D、35160WT、35128WT。

在工作中,即使码片就在我们的眼下,我们也不一定能够认出,因为很多码片刻印了掩码,也就是小名。要么码片上标记型号全称,要么只标记掩码,所以我们还要牢记对应的掩码名称,才能运用自如(图 5-3-5)。

(a) 24C04

(b) 95160

(c) 93C66

图 5-3-5

4. 八脚码片掩码对照表

为了方便识别八脚码片,笔者特意整理了一份掩码对照表,仅供参考。

(1) 24 系列掩码型号

D6252/D6253/D6254/01CM = 24C01

85C82/02CM/02B/02DM/574252/58597/B58 = 24C02
58C92/04CM/04B/4G04 = 24C04
08CM/08B/4G08A/9355093 = 24C08
16CM/16B/4G16/L16/ST1001376/B11AB = 24C16
32DM = 24C32
64DM/FM24LC64 = 24C64
2DCM = 24C128
2ECL/2EB1 = 24C256
ATMEL24C512 = 24C512
ATMEL24C1024 = 24C1024

(2) 25、95 系列掩码型号

51BL/68343 = 25010
52BD/5020A/ST14771 = 25020
5P08C3/TM25040B/95040 = 25040
S25A08 = 25080
H128 = 95128
516RQ/5ABD/RS16/H160/95160WT/25L16B = 25160
556WQ/556RQ = 95256
532RQ/5BBD/H320 = 25320
5LCA/5CBD/RS64/5640A/H640/564WQ/564RQ/95640 = 25640
5LD/5DBD/5DBL/528RQ/5128A = 25128
5EB/5256WQ/5LE/556WQ/25LC256 = 25256
25512A = 25512
25LC1024 = 251024

(3) 93 系列掩码型号

S130/LC46/M851G = 93C46
C56M6/RA57/RL56/L56R/S220/RH56 = 93C56
AT66/66BM/S330/C66/3PXX = 93C66
RL76/R76 = 93C76
RH86/S530/RA86 = 93C86

5. 八脚码片 1 脚位置区分

前面说过，八脚码片的总体样式分正方形和长方形两种，这两种形状的 1 脚位置不一样。正方形的码片将文字正对向我们，左下方为 1 脚；长方形的码片将文字正对向我们，左上方为 1 脚。以此为标准，我们可以找出全部八脚码片的 1 脚。图 5-3-6 分别是正方形和长方形的码片 1 脚位置。

图 5-3-6

八脚码片通常是焊取下来进行读取操作，当我们使用八脚适配器时，有两种方法读取数据，第一种是将芯片处理干净，夹在适配器座子上，第二种是直接焊在适配器板子上，这两种方法的前提是确定好 1 脚。每款编程器都有八脚适配器，上面都标记有 1 脚位置，例如 CG100 的八脚适配器，如图 5-3-7 所示。

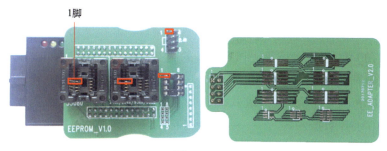

图 5-3-7

第四节　数据读取方法

汽车电脑里面的数据由专用的编程器设备来读取，一般我们常用的编程器有 Xhorse 的 VVDIProg、长广的 CG100 等设备（图 5-4-1）。

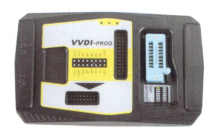 

图 5-4-1

❶ 以 CG100 为例介绍读取八脚码片 EEPROM 数据的方法，如图 5-4-2 所示。例如读取 95080 码片数据。

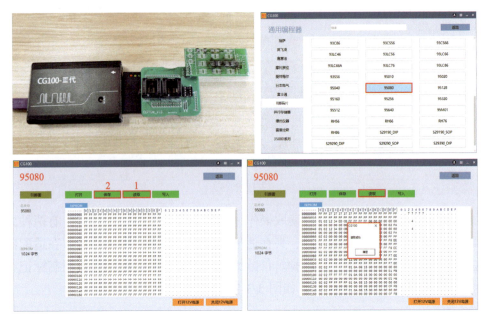

图 5-4-2

❷ 以 CG100 为例介绍读取 CPU 数据的方法，如图 5-4-3 所示。例如读取博士 M7.9.7 发动机电脑。

❸ 以 VVDIProg 为例介绍读取八脚码片 EEPROM 数据的方法，如图 5-4-4 所示。例如读取 95080 码片数据。

❹ 以 VVDIProg 为例介绍读取 CPU 数据的方法，如图 5-4-5 所示。例如读取博士 M7.9.7 发动机电脑。

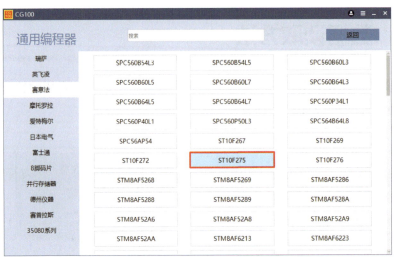

(a)

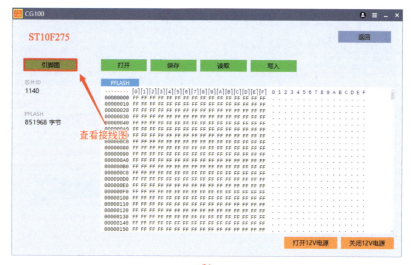

(b)

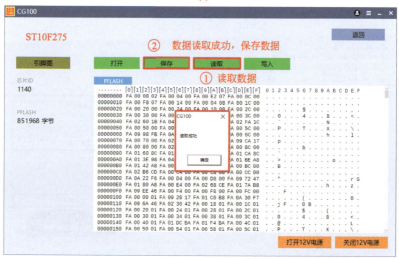

(c)

(d)

图 5-4-3

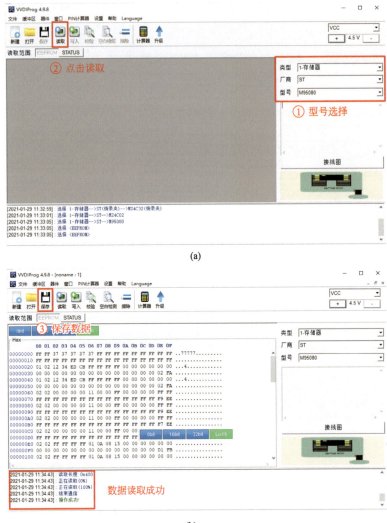

图 5-4-4

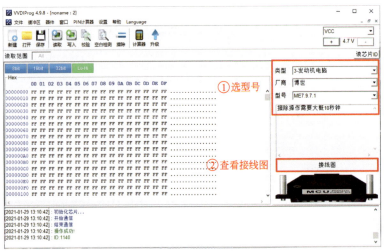

(a)

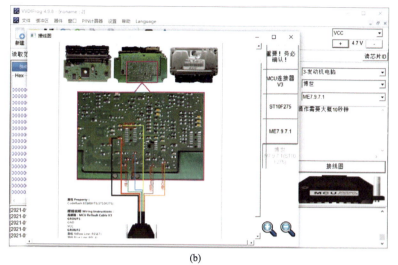

(b)

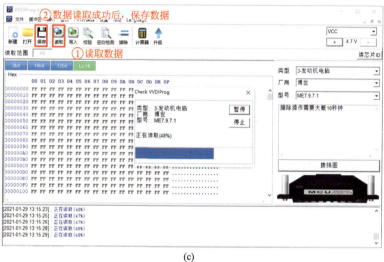

(c)

图 5-4-5

第六章
仪表里程调校和气囊数据修复方法

第一节　仪表里程调校方法

　　仪表里程调校就是修改里程数，多数是为方便车辆二次销售以及获取厂家报修数据。

　　那么汽车上的里程数据储存在哪里呢？大多数车型，里程数据都储存在仪表里的八脚码片 EEPROM 中，只要修改里程表中的 EEPROM 数据，就可以改变显示的里程数。部分车型，里程数据储存在仪表的 CPU 中，只需要修改里程表中的 CPU 数据即可。也有的里程数据只储存在车身电脑 BCM 内，仪表里没有里程数据，只需要修改车身电脑 BCM 的里程数据即可，比如别克、雪佛兰、凯迪拉克等车型。还有的里程数据不仅储存在仪表中，还储存在车身电脑内，修改里程数时，还需要拆下车身电脑和仪表，这种调校难度大，风险大，容易出问题，比如标致、雪铁龙、宝马、荣威、北汽等车型。

　　里程数记录方式是一种算法，是用十六进制记录里程数，而且有一套算法，可能是几个十六进制数据相加，再转换成十进制，才能显示出来。在汽车仪表里面，每个品牌车型的里程数算法和记录方式都不同。因为每个品牌车辆都有一套自己的公里数算法，我们并不用刻意去记录算法，现在科技这么发达，设备厂家已经把绝大部分车型的里程表公里数算法做成了一个软件，只要把数据读出来，软件就会自动算出当前公里数，问你是否要修改，输入想要的公里数，软件就会自动修改里程数据，还会提示你把修改好的数据反写回码片，完全就是"傻瓜"式操作。

　　常见的编程器设备有 CG100、Dataprog、数码大师 3 等（图 6-1-1）。

图 6-1-1

仪表里程调校方法有设备 OBD 接口直接调校和拆电脑读数据调校两种。

一、设备 OBD 接口直接调校

部分车型支持设备 OBD 方式调校里程数据。设备里面有个选项叫仪表板修复，进去以后选车型，然后读数据，如果能读出来，设备就能计算里程数，然后我们对比计算的里程数是否和原车仪表显示一致，接着填入里程数再写入就行了。操作简单，只要设备支持该车型，按此方法操作即可。例如大众、奥迪等。

调校步骤：设备连接车辆—选择仪表板修复—选择车型—备份 EEPROM 数据—读取原始里程数—对比里程数—填入想要的里程数—写入里程—装车验证。

> **案例** 2013 年大众 POLO 调校里程数

❶ 用钥匙打开仪表，查看仪表显示的里程数 23147km，拍照记录（图 6-1-2）。

图 6-1-2

❷ 将设备与车辆连接进行通信，在设备软件里选择【仪表板修复】—【大众】—【POLO（波罗）】（图 6-1-3）。

图 6-1-3

❸ 进入系统后，选择【备份 EEPROM 数据】，读数据备份（图 6-1-4）。

❹ 数据 OBD 备份成功后，说明此车型支持 OBD 调校里程数据，接下来选择【里程修复】，查看设备读取到的里程数是否和车辆显示的里程数一致（图 6-1-5）。

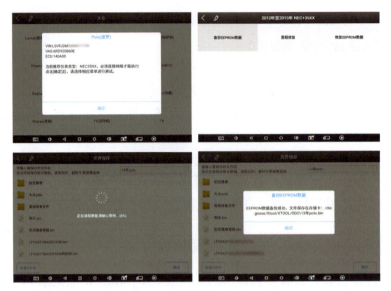

图 6-1-4

图 6-1-5

❺ 接下来，点击【里程修复】，填入目标里程数，写入即可（图 6-1-6）。

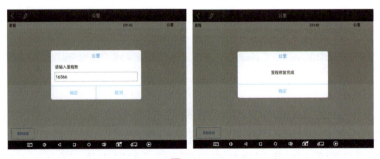

图 6-1-6

❻ 写入成功后，查看仪表显示为目标数据，即修复成功（图 6-1-7）。

图 6-1-7

二、拆电脑读数据调校（OBD 接口无法直接调校时）

当部分车型不能用设备 OBD 接口读数据调校时，我们还可以将电脑拆下来用编程器读数据调校，因车型里程数据储存方式不同，我们总结出以下几种类型拆调方法。

类型 1：拆仪表读八脚码片 EEPROM 数据调校

调校步骤：拍照记录原始里程数—拆下仪表并分解—打开设备软件查看对应车型仪表编号及存储器型号—拆下八脚码片焊接在适配器上—电脑端设备软件开始读取数据—对比里程数—填入想要的里程数—写入里程—装车验证。

 案例 2018 年尼桑途乐调校里程数

1. 确认调校方法

接到车后，查看年款，尝试用设备接上车辆 OBD 调校里程，发现设备暂不支持，无此车型。又因此车里程数据记录在仪表里，所以拆卸仪表，用编程器读取数据修改里程。

2. 拆卸仪表

拆卸之前，拍照记录仪表显示的原始里程数，如图 6-1-8 所示。

图 6-1-8

拆下的仪表正反面照如图 6-1-9 所示。

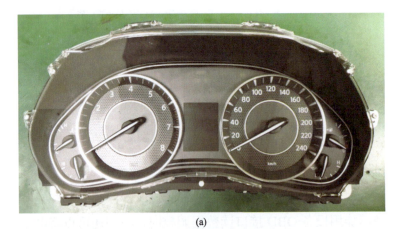

(a)

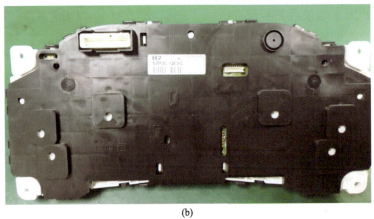

(b)

图 6-1-9

拆开仪表背面后壳，找到存储器 93C86，如图 6-1-10 所示。

图 6-1-10

3. 读写数据

这时用到的设备有：焊台、CG100 编程器、笔记本电脑（电脑端 CG100 软件）。

第一步： 用焊台将八脚码片焊接在编程器的八脚适配器上，连接编程器，如图 6-1-11 所示。

图 6-1-11

第二步： 打开 CG100 软件，选择【里程（8 脚）】（图 6-1-12）。

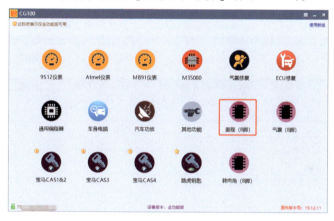

图 6-1-12

接下来选择车型及存储器型号，如图 6-1-13 和图 6-1-14 所示。因设备软件中，没有该车的选项，故选择的是存储器类型一样的车型。在这里需要注意的是，选择其他车型时，读取出的里程数据要和原车相符。

图 6-1-13

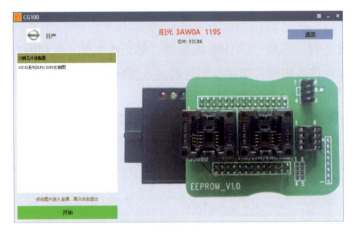

图 6-1-14

第三步： 读取存储器 93C86 的数据，读取出来的里程数据如图 6-1-15 所示，和原车仪表显示的里程数有所差异，相差几十公里，属正常可调范围，即可保存数据进行备份。

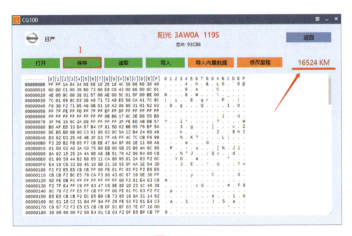

图 6-1-15

第四步： 点击【修改里程】，将里程数修改成 3000km（图 6-1-16）。

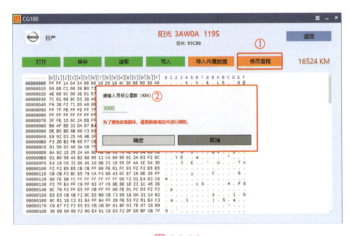

图 6-1-16

📙 **第五步**：点击【确定】后，软件自动将数据中的里程数修改成3000km，接下来将修改好的数据写入存储器（图6-1-17）。

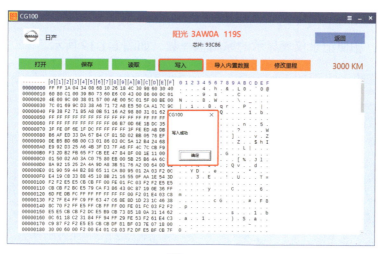

图 6-1-17

仪表里程修改完装车后，显示的里程是2928km，符合车主需要的标准，仪表正常显示（图6-1-8）。

图 6-1-18

类型 2：拆仪表读 CPU 的 EEPROM/DFLASH 数据调校

调校步骤：拍照记录原始里程数—拆下仪表并分解—打开设备软件查看对应车型仪表编号及 CPU 接线图—按接线图焊接适配器线—电脑端设备软件开始读取数据—对比里程数—填入想要的里程数—写入里程—装车验证。

 2015 年宝骏 730 调校里程数

1. 确认调校方法

接到车后，查看年款，尝试用设备接上车辆 OBD 调校里程，发现设备暂不支持，

无此车型（一般国产车型都是拆调）。又因此车里程数据记录在仪表里，所以拆卸仪表，用编程器读取数据修改里程。

2. 拆卸仪表

拆卸之前，拍照记录仪表显示的原始里程数，如图 6-1-19 所示。

图 6-1-19

拆开仪表背面后壳，找到 CPU，型号是 9S12HY64（图 6-1-20）。

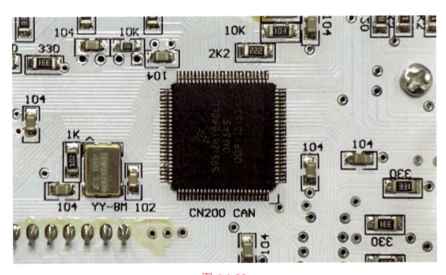

图 6-1-20

3. 读写数据

这时用到的设备有：焊台、CG100 编程器、笔记本电脑（电脑端 CG100 软件）。操作步骤如下：

第一步： 在软件里找到车型选择 CPU-9S12HY64，查看接线图（图 6-1-21）。

(a)

(b)

图 6-1-21

第二步：按照接线图纸接好线，开始读数据（图 6-1-22）。

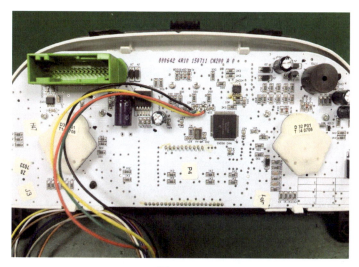

图 6-1-22

数据读取成功,软件上里程数显示位置显示的是116219km,跟调表前原始里程数相同,说明该算法正确,我们即可更改里程数(图6-1-23)。

图 6-1-23

第三步：将需要的里程数填入,确定更改数据为38128km(图6-1-24)。

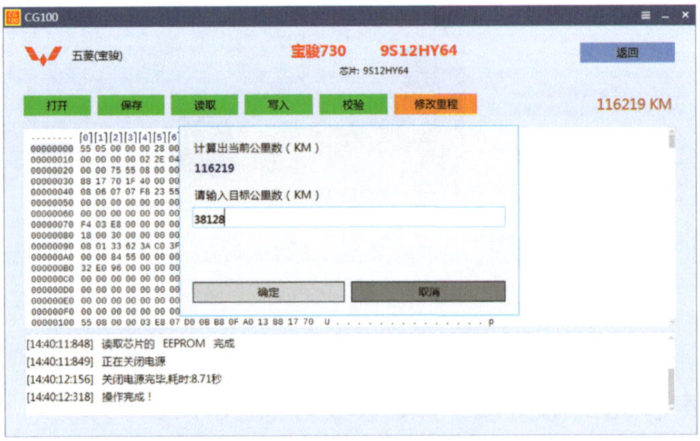

图 6-1-24

此时,数据写入成功,装车测试(图6-1-25)。

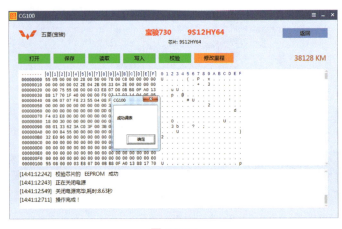

图 6-1-25

🎵 **第四步：** 仪表里程改完装车后，显示的里程是 38128km，符合车主需要的标准，仪表正常显示，校准完成（图 6-1-26）。

图 6-1-26

类型 3：替换仪表单片机写入里程数调校（CPU 是 ATMEL 系列）

因 ATMEL 系列型号的单片机（图 6-1-27）加密方式复杂，解密成本高，难度系数大，好多编程器都没往这块研究，所以无法读出芯片的数据。目前的设备调校此类单片机的方法都是直接往单片机写入里程数据。现在市面上的单片机车型也越来越少了，基本上都是老款车型，国产车居多，比如长安、奇瑞、江淮、吉利等。

图 6-1-27

调校步骤：拍照记录仪表显示的原始里程数—拆下仪表查看仪表编号—打开设备软件查看对应车型仪表编号及 CPU 接线图—拆下原车仪表单片机—更换同型号的单片机—按接线图焊接适配器线—电脑端设备软件开始操作—填入想要的里程数—写入里程—装车验证。

汽车单片机仪表校准的注意事项：

❶ 首先我们一定要确认好车型、年款、芯片型号及仪表编号，这几个信息必须核对清楚，然后再去设备上找符合条件的选项进行校准，部分车型还需要核对好速比等参数。

❷ 关键的核心问题：单片机仪表的校准必须使用替换芯片进行校准，否则一旦出现仪表不正常的现象，就会造成不可挽回的损失，切记切记，不要抱侥幸的心理。

❸ 仪表校准完成后，一定要试车，测试车辆仪表功能是否正常，如不正常可以尝试更换数据再次校准，如还是存在异常，则停止校准，将原车芯片恢复回去。

❹ 仪表校准完成后，测试各项功能一切正常，请将原车替换下来的芯片保存好，替换下来的芯片可以在相同芯片型号的其他车型上进行替换使用

案例　2010 年江淮瑞风调校里程数

第一步： 拍照记录原始里程数（图 6-1-28）。

图 6-1-28

第二步： 拆卸仪表，查看 CPU 型号（图 6-1-29）。

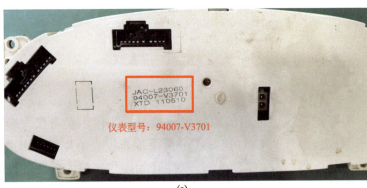

(a)

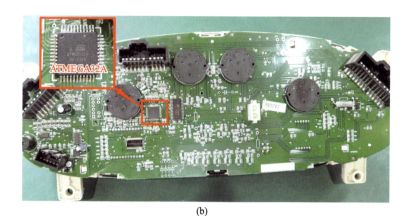

(b)

图 6-1-29

第三步：将原车仪表的 CPU-ATMEGA32A 用热风枪吹下来，放一边保存好，然后将新的 CPU-ATMEGA32A 焊接上去（相当于备份数据）（图 6-1-30）。

图 6-1-30

第四步：打开 CG100 软件，找到与车型及仪表相近的型号，查看接线图（图 6-1-31）。

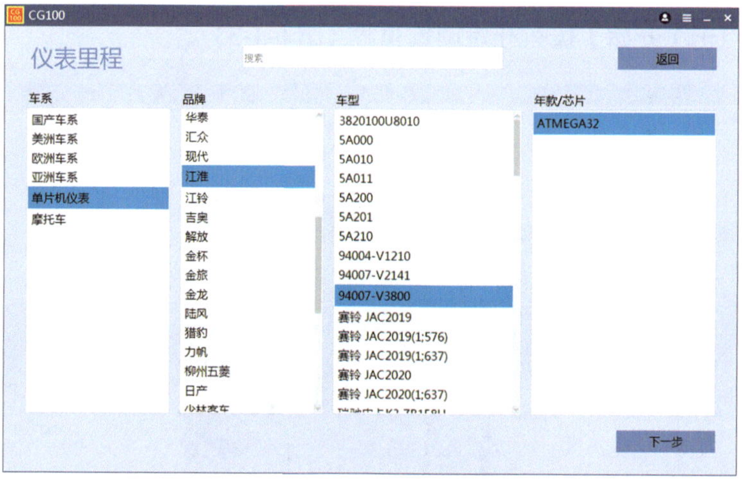

(a)

图 6-1-31

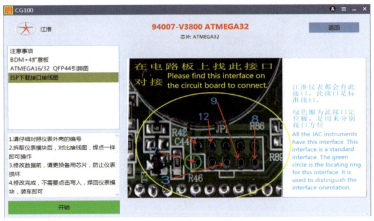

(b)

图 6-1-31

第五步：按照接线图接好线（图 6-1-32）。

图 6-1-32

第六步：点击【开始】按钮开始调校里程（图 6-1-33）。

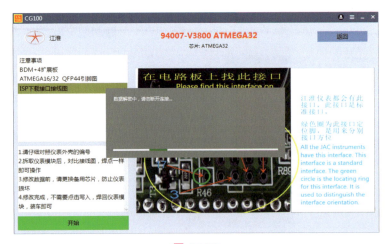

图 6-1-33

第七步： 目标里程数为 80000km，填入进去以后点击确定即可（图 6-1-34）。

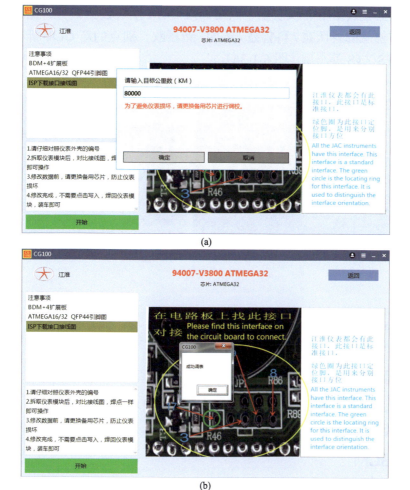

(a)

(b)

图 6-1-34

第八步： 仪表调校成功，将仪表装车测试，仪表显示正常，屏幕显示为目标里程数 80000km，调校完成（图 6-1-35）。

图 6-1-35

类型 4：拆 BCM 模块读数据调校

有些车的里程数据不在仪表里，只需修改 BCM 模块数据即可，比如福田欧曼的 GTX/ETX，雪佛兰的科沃兹 / 科鲁兹 / 英朗 / 新赛欧，别克的新 GL8/ 新君威 / 昂科威，凯迪拉克的 ATS/XTS 等车型（图 6-1-36）。

图 6-1-36

案例 2017 年别克英朗调校里程数

1. 确认调校方法

接到车后，查看年款，得知此车型里程数据记录在车身电脑里，需要拆卸车身电脑，用编程器读出数据修改里程。

2. 拆卸 BCM

拆卸之前，拍照记录仪表显示的原始里程数，如图 6-1-37 所示。

图 6-1-37

拆下来的 BCM 电脑如图 6-1-38 所示。

图 6-1-38

3. 打开 CG100 软件

找到英朗 BCM 接线图（图 6-1-39）。

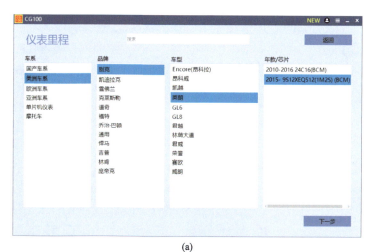

(a)

(b)

图 6-1-39

4. 按软件接线图焊接好线（图6-1-40）

图 6-1-40

5. 开始读数据

填入目标里程数（图 6-1-41 和图 6-1-42）。

图 6-1-41

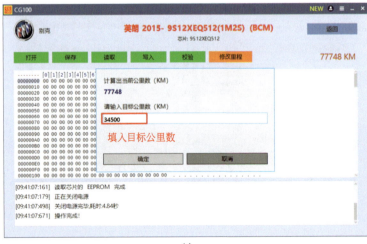

(a)

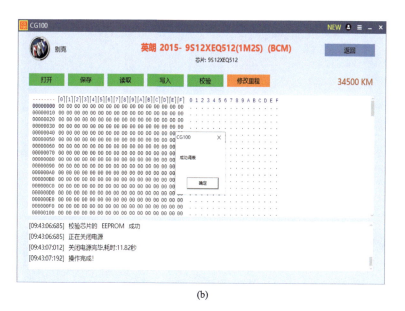

(b)

图 6-1-42

6. 校准完成

车身 BCM 里程修改完装车后，仪表上显示的里程是 34500km，符合车主需要的标准，仪表也正常显示（图 6-1-43）。

图 6-1-43

类型 5：仪表和车身电脑双重调校

有部分车型设计得很防盗化，里程调校不仅仅要操作仪表，还要同步车身模块，所以调校里程时，两处模块的数据都要调校。国产车的叫车身控制器，比如荣威、名爵、北汽、上汽大通等，标致、雪铁龙的叫 BSI，宝马的叫 CAS 或者 FEM/BDC，奔驰的叫锁头（EIS），各个车企定义不同，但功能是差不多的（图 6-1-44）。

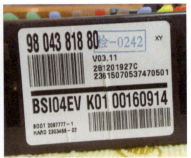

图 6-1-44

案例 2014年荣威350校准里程数

1. 确认调校方法

接到车后，查看年款，得知此车型里程数据记录在仪表和车身电脑里，需要拆卸仪表和车身电脑，用编程器读出数据修改里程。在调校的时候，可以将仪表修改为想要的里程数，而车身电脑可以修改为0公里，装车后，电脑会同步最大的那个里程数。

2. 拆卸仪表和BCM

拆卸之前，拍照记录仪表显示的原始里程数，如图6-1-45所示。

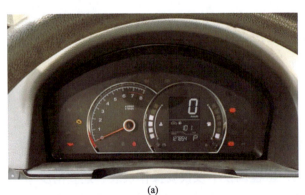

(a)   (b)

图 6-1-45

拆下的仪表正反面照如图6-1-46所示。

(a)

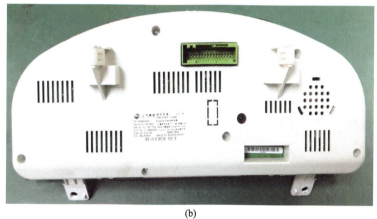

(b)

图 6-1-46

拆开仪表背面后壳，找到存储器 95080，如图 6-1-47 所示。

拆下来的 BCM 正面照如图 6-1-48 所示。

图 6-1-47

图 6-1-48

拆开 BCM 外壳，找到储存芯片 24C16，如图 6-1-49 所示。

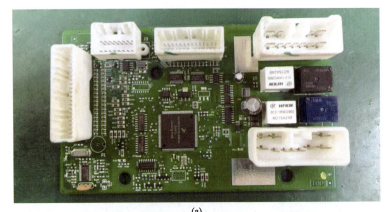

(a)

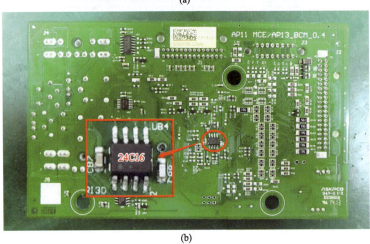

(b)

图 6-1-49

3. 读写数据

这时用到的设备有：焊台、CG100 编程器、笔记本电脑（电脑端 CG100 软件）。

（1）修改仪表里程数据

第一步： 用焊台将仪表的八脚码片焊接在编程器的八脚适配器上，连接编程器，如图 6-1-50 所示。

图 6-1-50

第二步： 打开 CG100 软件，在仪表里程里面选择车型型号（图 6-1-51）。

图 6-1-51

第三步： 备份仪表存储器 95080 的数据，读出来的数据和里程数，如图 6-1-52 所示。

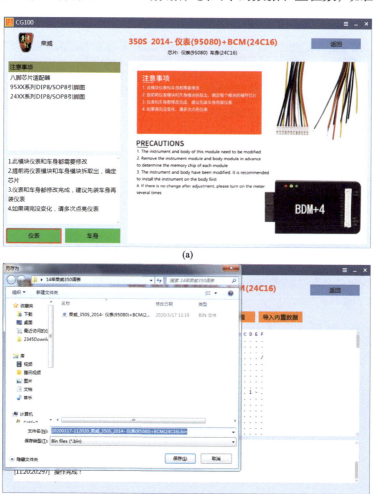

(a)

(b)

图 6-1-52

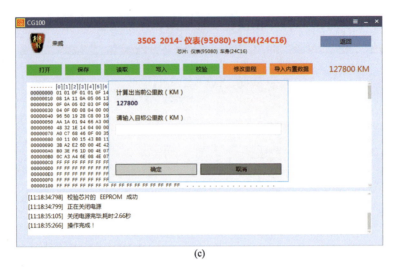

(c)

图 6-1-52

第四步： 仪表数据读取成功，软件计算的里程数和实际里程数相符，可以修改数据，将里程数改为 67800km 写入即可（图 6-1-53）。

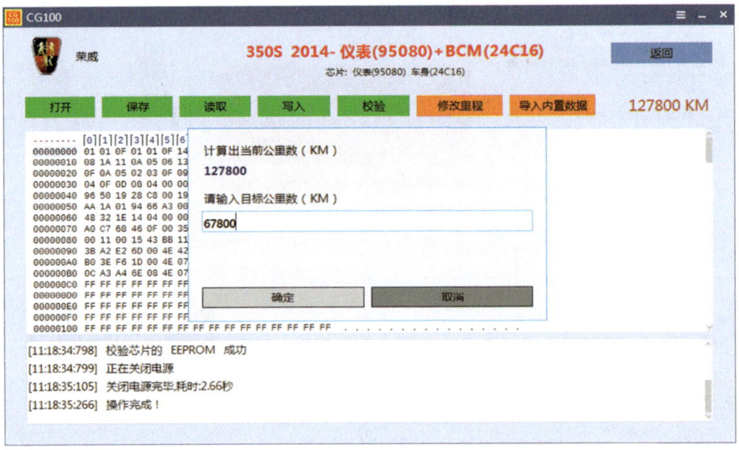

(a)

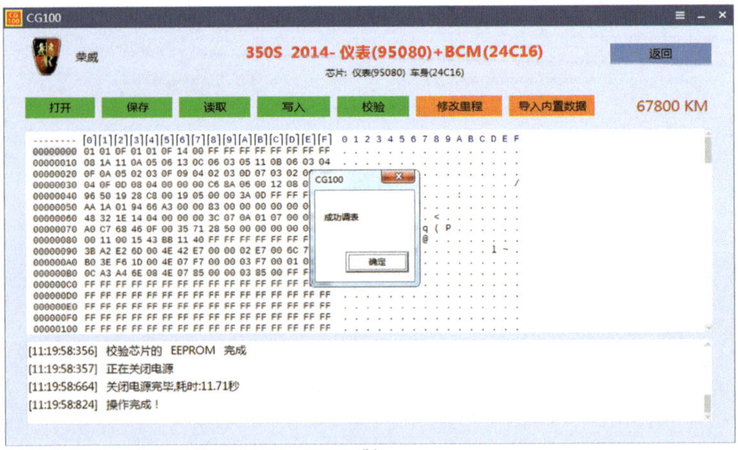

(b)

图 6-1-53

（2）修改 BCM 里程数据

🔸**第一步：**用焊台将 BCM 的八脚码片焊接在编程器的八脚适配器上，连接编程器，如图 6-1-50 所示。

🔸**第二步：**打开 CG100 软件，在仪表里程里面选择车型型号（图 6-1-54）。

图 6-1-54

🔸**第三步：**备份车身电脑存储器 24C16 的数据，读出来的数据和里程数，如图 6-1-55 所示。

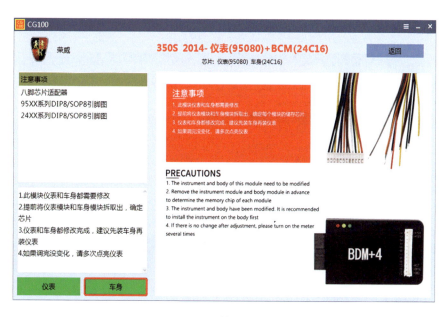

(a)

图 6-1-55

(b)

图 6-1-55

第四步：车身电脑数据读取成功，软件计算的里程数和实里程数相符，可以修改数据，将里程数改为 67800km 写入即可（图 6-1-56）。

仪表和车身里程修改完装车后，仪表上显示的里程是 67800km，符合车主需要的标准，仪表也正常显示，校准完成（图 6-1-57）。

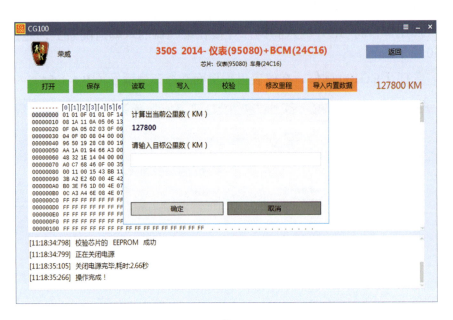

(a)

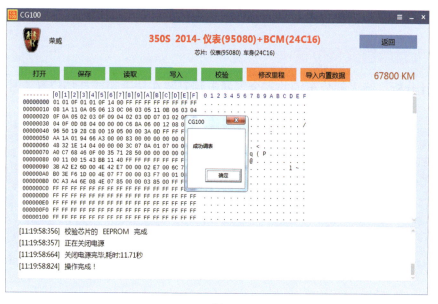

(b)

图 6-1-56

图 6-1-57

第二节　气囊电脑数据修复方法

一、汽车安全气囊电脑的作用

安全气囊电脑是安全气囊系统的控制中心，作用是接收碰撞传感器及其他各种传感器输入的信号，判断是否点火引爆气囊充气，并对系统故障进行自诊断。

安全气囊电脑还要对控制组件中关键部件的电路（如传感器电路、备用电源电路、点火电路、SRS指示灯及其驱动电路）不断进行诊断测试，并通过SRS指示灯和储存在存储器中的故障代码来显示测试结果。仪表盘上的SRS指示灯可直接向驾驶员提供安全气囊系统的状态信息，电脑存储器中的状态信息和故障代码可用诊断仪读取出来。

二、气囊电脑安装位置

据统计分析，绝大部分车辆的安全气囊电脑安装在扶手箱或挂挡位置（图 6-2-1）。

图 6-2-1

三、安全气囊电脑的拆装规范

在拆卸时，汽车电门必须关闭，启动钥匙要取出，最可靠的方法就是将电瓶的负极取下并用绝缘胶布包好，等待 2～3 分钟后，先将气囊电脑的插头拔出，最后再拆卸固定气囊电脑的螺栓，通常是 3 个或者 4 个。

在安装时，先将固定气囊电脑的所有螺栓固定好并拧紧，然后将气囊电脑的插头插回去，最后将取下的电瓶负极安装好，才能打开电门进行气囊系统的诊断和测试。

到这里肯定有很多老师傅说，我们平时都不是按照这样的流程进行拆装的，也没有遇上过气囊爆炸的，甚至很多国产车的气囊电脑测试，都是不固定好就直接进行测试，也说从来没有遇见过气囊爆炸的。在这里郑重地提醒大家，如果没有按照规范拆装气囊电脑，也没有遇见过气囊爆炸的只能说是你运气太好了，因为我们遇见过不按照安装规范安装导致气囊爆炸的案例太多了，特别提醒大家一句：欧美车如果不按照安装规范进行拆装的话，是最容易出现气囊爆炸现象的！

四、如何识别正确的气囊电脑编号

和仪表里程调校不同，如果要修复气囊电脑数据，不看年款，只认编号，一个编号对应一个芯片。那么怎样才能正确地识别出相对应的电脑编号呢？笔者整理了以下两点：

❶ 编号大写或者突出（图 6-2-2 红框标记位置）。

❷ 厂商固定某个字节，或前缀，或后缀。比如宝马 65.77，本田 77960，现代/起亚 95910，丰田 89170，福特 14B056/14B321，大众/奥迪/斯柯达 959 655，奔驰 A+底盘号，路虎/捷豹 14D374，日产 28556/98820，等等，太多了，只要是有点国际知名度的车厂都会有（图 6-2-3 红框标记位置）。

图 6-2-2

图 6-2-3

五、汽车安全气囊如何修复

汽车安全气囊电脑发生故障后，模块就会储存故障代码，其故障代码是不可清除的，需要专用的设备软件对模块内的数据进行修复，在读出安全气囊电脑的数据后，再把碰撞后的数据全部清零即可。

一般我们常用到的数据修复设备是CG100、Dataprog等，这些设备都是"傻瓜"式操作，由软件自动修复数据（图6-2-4）。

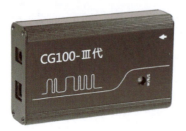 

图 6-2-4

软件修复数据时有两种方式，第一种是故障清除，指软件自动计算出故障数据，然后将故障的数据清零。第二种是数据覆盖，原车数据丢失或故障清除失败时使用，这种方式是软件自动写入一个无故障的数据（图6-2-5）。

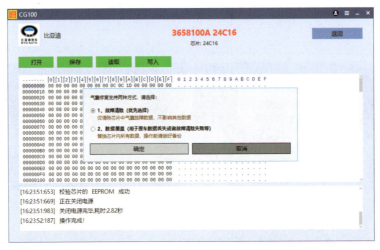

图 6-2-5

 友情提示：

不是所有的安全气囊爆了都要数据修复的，大众车型可以清码三次，也就是说第四次才需要修复，当然也要结合故障码来分析。车型不同，读出的故障码类型也不同，常见有如下几种：

① 控制单元故障；

② 内部故障；

③ 前撞；

④ 无故障码，亮机盖灯；

⑤ 碰撞时间储存——已满或加锁；

⑥ 碰撞点爆。

案例 2018年吉利帝豪GS安全气囊电脑数据修复

使用设备：CG100。

故障现象：仪表亮气囊灯，检测故障码为"碰撞点爆"（图6-2-6）。

图 6-2-6

操作流程：

第一步：从车辆拆下安全气囊电脑，电脑安装在挂挡位置的前方，气囊模块编号为01304286 635664900（图6-2-7）。

图 6-2-7

第二步：分解开气囊模块，查看芯片型号（图6-2-8）。

图 6-2-8

第三步： 打开设备软件查看接线图，按图纸接线（图 6-2-9）。

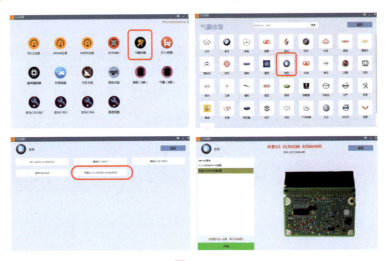

图 6-2-9

第四步： 确认接线无误，设备通电，点击开始，根据软件提示操作（图 6-2-10）。

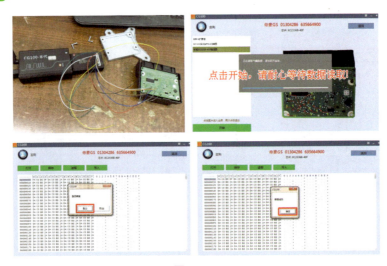

图 6-2-10

第五步： 数据修复成功后，恢复原样，装车检测（图 6-2-11）。

图 6-2-11

第七章
汽车电脑板数据克隆

第一节 更换防盗电脑如何匹配

我们都知道汽车上有许多的模块,例如发动机电脑、车身电脑、仪表、防盗控制器、安全气囊模块、变速箱电脑等。或许你也遇到有些车型模块损坏,无维修价值或无法维修,需要更换新的模块的情况。根据车型不同,有些模块是带防盗的,我们还要匹配防盗;不带防盗的模块,有些装车就能用,有的还需要设码,更新车辆配置等。

一、汽车防盗部件

接下来,我们先认识下汽车上哪些模块属于防盗部件。

1. 发动机电脑 ECU/EMS/PCM

发动机电脑是集中处理来自许多传感器输入信号的计算机,用于控制发动机在各种运行条件下的怠速、燃油喷射、点火正时、排气等,使发动机性能化。这是每辆汽车都有的一个电脑,当然发动机电脑也是防盗系统中必不可少的模块(图 7-1-1)。

图 7-1-1

2. 防盗控制器 IMMO

防盗控制器 IMMO 是在国产车中见到最多的防盗电脑，防盗盒的品牌多，有的叫发动机防盗控制器、有的叫防盗 ECU 总成等。例如交通防盗盒、联创防盗盒、德尔福防盗盒等（图 7-1-2）。

图 7-1-2

3. 车身电脑 BCM

现在有很多车型将防盗主控集成在车身电脑 BCM 中，没有单独的防盗控制器，而车身电脑 BCM 就是防盗模块（图 7-1-3）。例如美系车的别克、雪佛兰、凯迪拉克等，法系车的标致、雪铁龙、DS、菲亚特等，日系车的尼桑、斯巴鲁等，德系车的宝马、保时捷等，国产车的荣威、名爵、北汽、长安、宝骏、新款吉利、新款东风等。

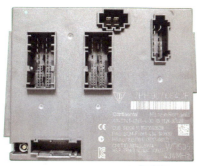

图 7-1-3

4. 仪表总成

将防盗主控集成在仪表板模块的，我们见到最多的就是德系大众旗下的车型，例如四代防盗系统的大众、奥迪、斯柯达、西雅特等，当然还有老款的福特车型，例如经典福克斯（图 7-1-4）。

图 7-1-4

5. PEPS 控制器

还有部分车型，将防盗主控集成在智能控制模块 PEPS 里，例如国产车型长城 H6、吉利帝豪等（图 7-1-5）。

图 7-1-5

6. 电子转向柱锁

在奥迪四代防盗系统里，其中 A6L 和 Q7 这两款车就是将防盗主控单元集成在了电子转向柱锁 J518 中，并不是仪表总成（图 7-1-6）。

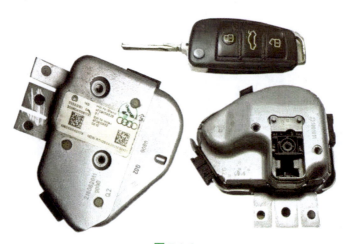

图 7-1-6

二、新防盗模块与车辆匹配的方法

我们已经认识了汽车上哪些模块属于防盗主控单元，当然车型不同，防盗主控单元所在的模块不同。假如我们更换了防盗模块，那我们如何将新的模块匹配到车辆上呢？下面有几种方法，教大家如何将新的模块匹配到车辆上。

方法一： 专用防盗设备匹配

现在好多专用的防盗设备都可以支持编程 VIN 码（车架号）、匹配防盗器、匹配发动机 ECU、匹配 PEPS、匹配 ECSL（电子转向柱锁）等防盗功能。支持大部分车型，有的需要防盗密码，有的需要同步码。更换了什么模块，就在防盗匹配功能里面选相应的选项，其他按设备提示操作即可，例如朗仁 i80PR0、道通 808、TD-N51 等。

案例 2015 年帝豪 EC7 智能钥匙系统更换新的发动机电脑

匹配步骤：

❶ 使用设备朗仁 i80 连接车辆，确认车辆信息（图 7-1-7）。

图 7-1-7

❷ 选择发动机读取故障码为"ECM 未学习 SecretKey"，需要进行发动机控制单元匹配（图 7-1-8）。

图 7-1-8

❸ 选择【防盗匹配】—【吉利汽车】—【帝豪】—【EC7】(图 7-1-9)。

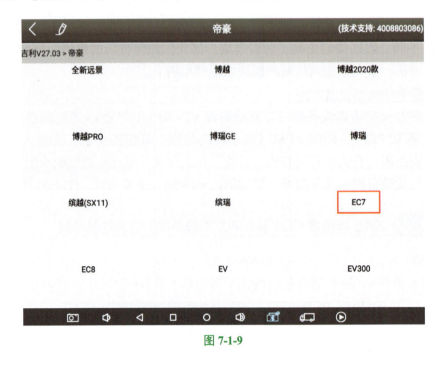

图 7-1-9

❹ 选择【大陆智能钥匙系统】(图 7-1-10)。

图 7-1-10

❺ 选择【更换 EMS】,然后按提示输入正确的 32 位 ESK 码(第三方查询),点击【确定】(图 7-1-11)。

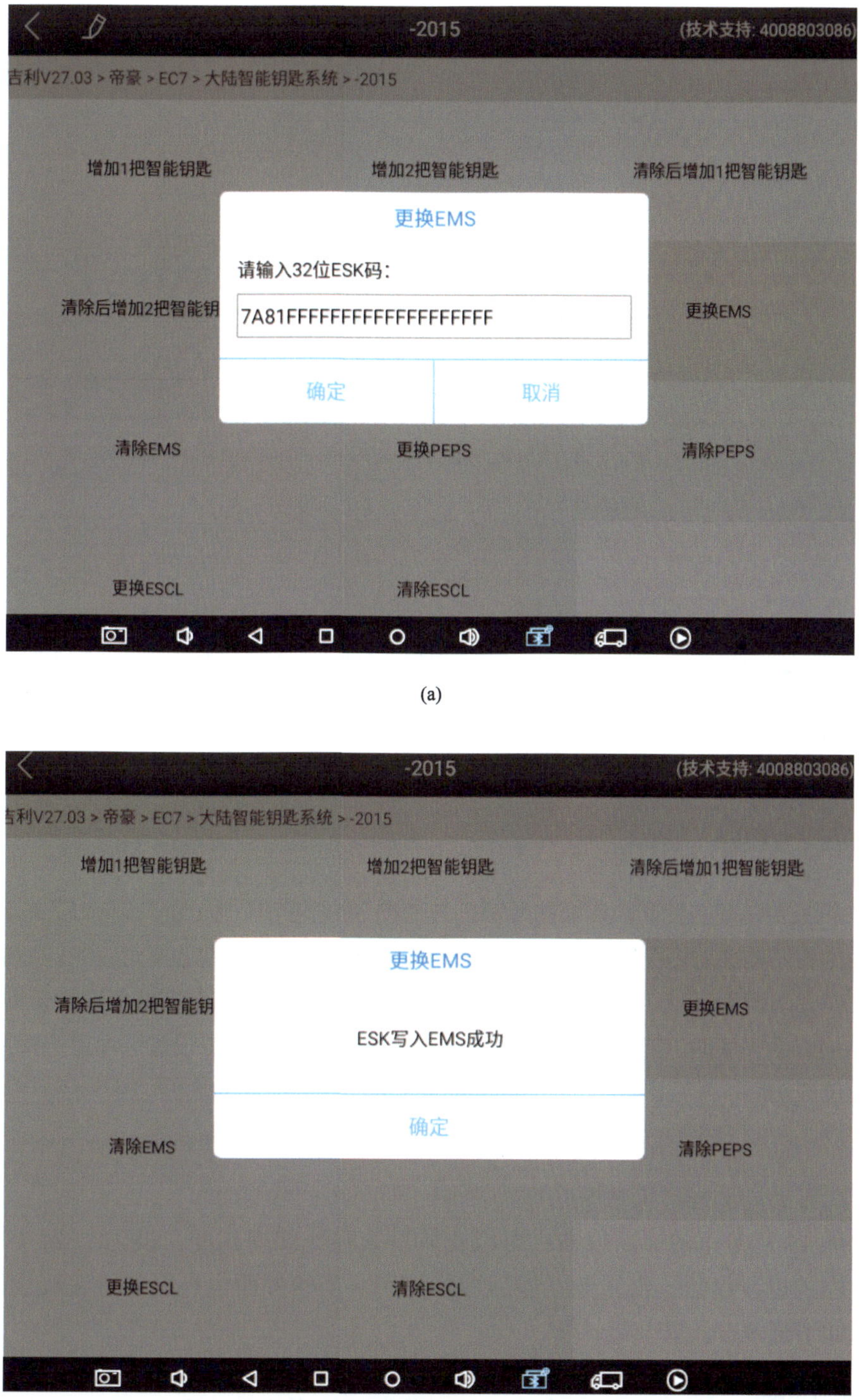

(a)

(b)

图 7-1-11

❻ 发动机控制单元匹配成功，点击【确定】，然后关闭点火开关再打开，启动发动机，匹配完成（图 7-1-12）。

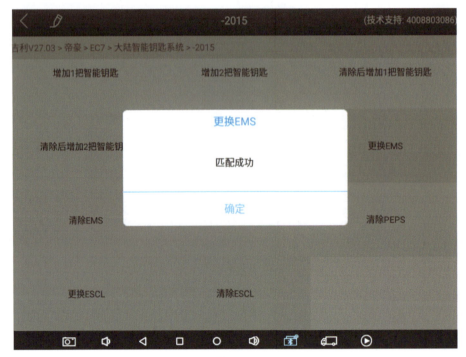

图 7-1-12

总结：

发动机控制单元匹配比较麻烦的是第三方查询 32 位 ESK 码，查询到的 ESK 码一定要正确，否则将不能成功匹配发动机控制单元。我们更换什么模块就选择对应的匹配选项，当有的车型需要防盗密码时，我们得输入正确的密码，可以通过设备读取或第三方查询来获得。当我们更换二手模块时，匹配前先将二手模块内数据清空，可以在设备选项里选择清除或者复位，复位成功后，再匹配。

 方法二： 专检编程或专用的诊断仪匹配

专检是 4S 店专用的诊断仪器，可以支持厂家在线编程匹配、设码。每个车系的厂家都有专用的诊断仪器，供服务站售后维修使用。当然外面也有能支持编程设码匹配的设备，例如道通 919、星卡 Pro 等。

案例 2016 年捷达更换发动机电脑在线编程匹配防盗

故障现象：更换了新的发动机控制单元无法启动，故障码报

P1612——发动机控制单元，编码不正确；

P1570——发动机控制单元停用。

需使用 ODIS 专检在线对发动机控制单元编码和匹配防启动锁（图 7-1-13）。

图 7-1-13

匹配步骤：

1. 发动机控制单元在线编码

❶ 专检连接好车辆，软件上找到【特殊功能】，选择【联机给控制单元编码】，再点击【进行检测】（图 7-1-14）。

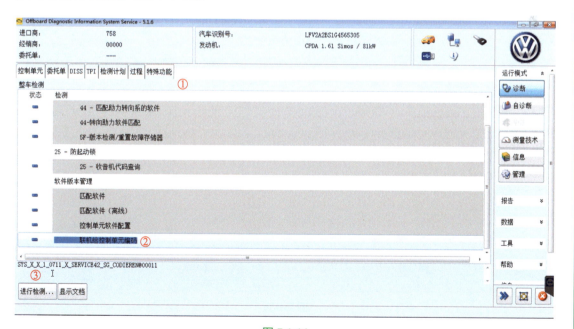

图 7-1-14

❷ 对控制单元在线设码，需要输入诊断地址，现在需要对发动机控制单元在线设

码，那么就输入01诊断地址，再点击【接受】（图7-1-15）。

图 7-1-15

❸ 新的发动机控制单元里面没有VIN，我们需要手动输入，输入完后点击【接受】进行下一步（图7-1-16）。

图 7-1-16

❹ 在线编程需要账号，我们使用在线账号软件里面开通的大众车系账号，开通成功后直接点击【大众】，账号自动输入成功（图7-1-17）。

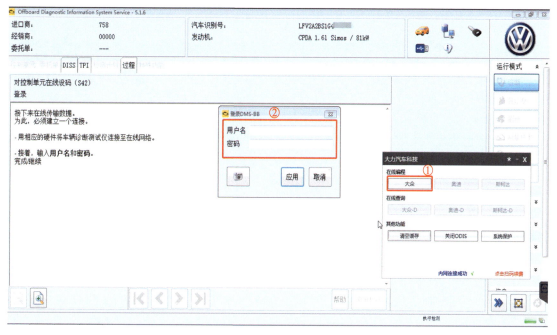

图 7-1-17

❺ 已成功对系统发动机控制单元装置进行编码，点击【完成/继续】进行下一步（图 7-1-18）。

图 7-1-18

❻ 系统提示需要关闭点火开关，右上角钥匙显示关闭，我们点击【完成/继续】进行下一步（图 7-1-19）。

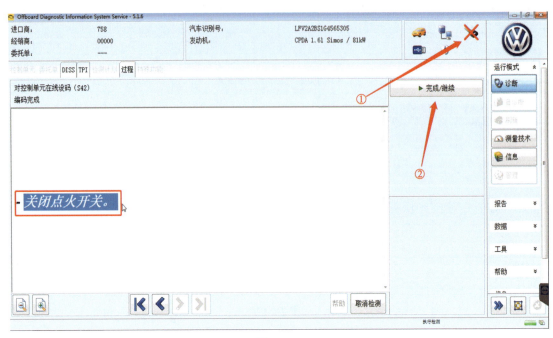

图 7-1-19

❼ 请让点火开关保持在关闭状态，直到提示让你再次打开点火开关，点击【完成/继续】进行下一步，已成功编码发动机控制单元装置，点击【完成/继续】，结束对发动机控制单元编码（图 7-1-20）。

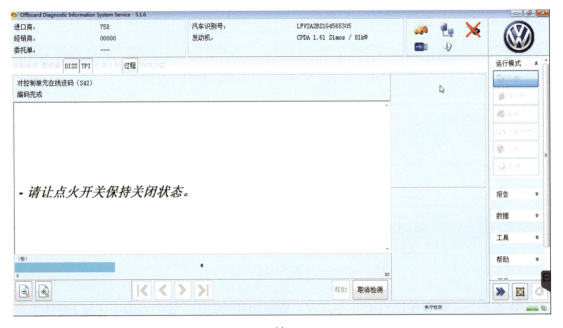

(a)

(b)

(c)

图 7-1-20

2. 防启动锁匹配

现在还报一个 P1570——发动机控制单元停用，需要将发动机控制单元匹配到防启动锁（图 7-1-21）。

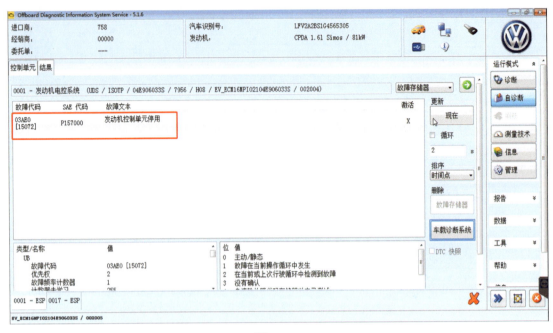

图 7-1-21

❶ 找到控制单元联网图，鼠标右击【MOT-01】发动机控制单元，选择【引导型功能】（图 7-1-22）。

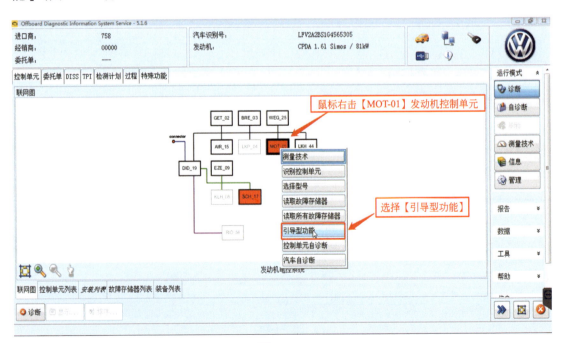

图 7-1-22

❷ 选择【25-发动机控制单元与发动机防盗锁止系统匹配】，点击【执行】进行下一步（图 7-1-23）。

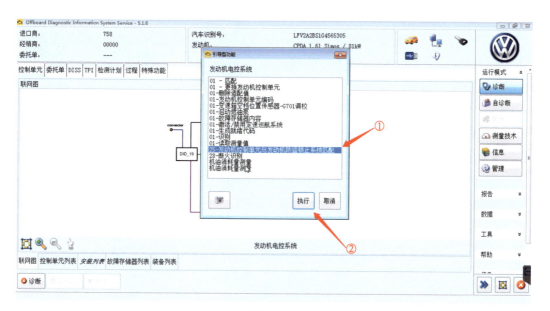

图 7-1-23

 提示：

本检测程序可帮助您对新发动机控制单元进行匹配，为此必须将组合仪表和钥匙留在车内，接着，从车辆读取信息，打开点火开关。点击【完成/继续】进行下一步（图 7-1-24）。

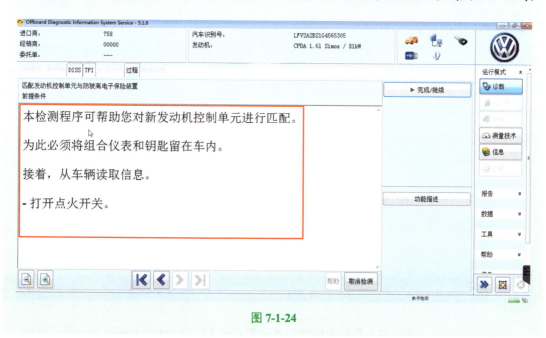

图 7-1-24

❸ 匹配防启动锁需要输入在线账号，我们使用在线账号软件里面开通的大众车系账号，开通成功后直接点击【大众】，账号自动输入成功（图 7-1-25）。

图 7-1-25

❹ 防盗锁止系统控制单元已匹配,点击【完成/继续】进行下一步(图 7-1-26)。

图 7-1-26

提示:

　　关闭点火开关,等待右上角显示钥匙已关闭再点击【完成/继续】进行下一步。再次打开点火开关,等待右上角显示钥匙已打开再点击【完成/继续】进行下一步(图 7-1-27)。

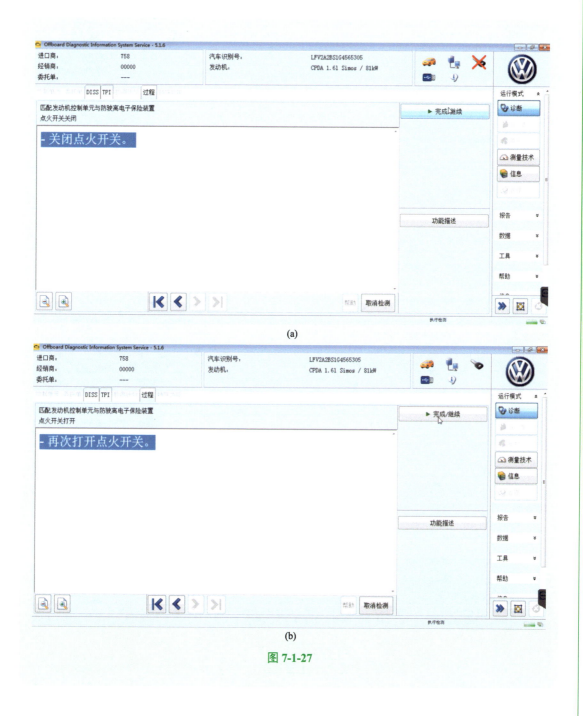

图 7-1-27

❺ 发动机控制单元成功与发动机防盗锁止系统进行匹配，点击【完成/继续】结束（图 7-1-28）。

❻ 清除故障码后，发动机系统无故障码，整个匹配过程结束（图 7-1-29）。
成功启动车辆，故障解决（图 7-1-30）。

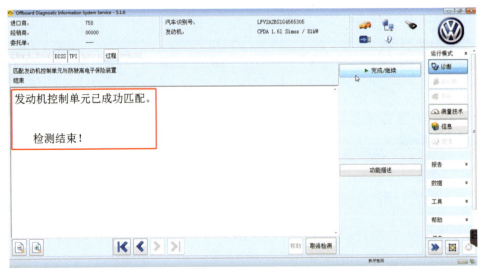

图 7-1-28

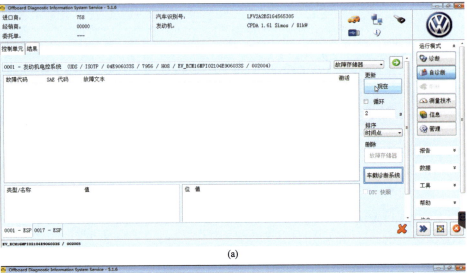

(a)

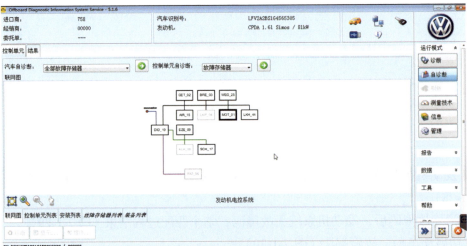

(b)

图 7-1-29

图 7-1-30

方法三： 克隆数据匹配

克隆数据是指将旧电脑板的数据读出来保存，然后写入新的电脑板（拆车电脑或者新电脑）。这个过程就是我们所说的克隆数据。使用克隆数据的方法，我们就不需要匹配新的模块，数据导入成功后，就解决了更换电脑匹配的问题。

第二节 汽车电脑数据克隆

数据克隆就是倒数据，倒数据的方法如下：

❶ 拆开旧的电脑，看里面有没有八脚码片，如果有八脚码片，将八脚码片数据写入到新的电脑板八脚码片内，装车不用匹配，直接使用，例如雪佛兰科鲁兹的车身电脑BCM（图 7-2-1）。

图 7-2-1

❷ 拆开旧的电脑，若电脑内没有八脚码片，说明数据是储存在 CPU 里的，将 CPU 里面的数据读出来，写入到新的电脑。

CPU 的数据是 EEPROM/DFLASH 和 PFLASH，EEPROM/DFLASH 数据就是配置数据，PFLASH 数据就是底层程序数据。倒 CPU 的数据时，可以只倒 EEPROM/DFLASH 数据，或者两个数据全部读出，然后写入新的电脑，例如别克英朗的车身电脑 BCM（图 7-2-2）。

图 7-2-2

第八章 国产车系防盗系统

第一节 国产车防盗系统分类

国产车型不像合资车和进口车那样拥有自己独立的防盗系统,大多数厂家都是外购防盗系统,所以就导致了同一款品牌的同一个车型,年份不同可能车的防盗系统也不相同,所以很难按照车型来讲解。但是我们可以换一种思路来学习,我们研究发现,国产车型中常用的防盗系统就这么几种,虽然品牌和车型不同,但是支持的芯片类型以及匹配方法是完全相同的。那么我们就可以按照防盗系统来进行分类学习,所以我们遇到国产车的时候,不管是什么品牌的车,只要是同一种防盗系统的,我们就按照该防盗系统的做法进行匹配即可。

下面我们来认识下国产车的防盗系统。国产车型中采用的防盗芯片型号主要有13芯片、40芯片、44芯片、46芯片、47芯片、48芯片等几种。其中46芯片占多数,每种芯片类型都对应不同的防盗类型,我们可以根据芯片型号和车型以及年份来区分具体的防盗类型。

① 交通实业防盗系统:使用的有40芯片、44芯片和专用46芯片,代表车型有长城、奇瑞、吉利、东风、海马、长安等(图8-1-1)。

图 8-1-1

❷ 联创防盗系统：使用空白46（7936）芯片，代表车型有长城、奇瑞、东风、海马、长安等（图8-1-2）。

图8-1-2

❸ 联合电子防盗系统（UAES）：使用空白46（7936）芯片，代表车型有长城、奇瑞、吉利、东风、海马、长安等（图8-1-3）。

图8-1-3

❹ 西门子防盗系统：使用的有44芯片和专用46芯片，代表车型有中华、吉利、陆丰、猎豹等（图8-1-4）。

图8-1-4

❺ 德尔福防盗系统：使用的有13芯片和48芯片，代表车型有长城、长安、中华、陆丰等（图8-1-5）。

图8-1-5

❻ 重庆集诚防盗系统：使用的是普通 60 芯片，代表车型有长安、奔腾、北汽等（图 8-1-6）。

图 8-1-6

❼ 厦门同致防盗系统：使用的是空白 46（7936）芯片，代表车型有海马、东风、江淮等（图 8-1-7）。

图 8-1-7

❽ 马瑞利防盗系统：使用 11 芯片，代表车型有老款中华骏捷、尊驰（图 8-1-8）。

图 8-1-8

❾ 三菱防盗系统：使用专用 46 芯片，代表车型有老款中华、老款吉利、帝豪 EC8 等（图 8-1-9）。

图 8-1-9

⑩ 法雷奥防盗系统：使用的是33芯片，代表车型有雪铁龙爱丽舍、东风风神等（图8-1-10）。

图 8-1-10

第二节 交通实业防盗系统

国产车里交通实业防盗系统是最常见的，常见车型有长城、海马、奇瑞、吉利、东风、长安、众泰等。

交通实业防盗系统常用的芯片类型为40芯片、44芯片和46芯片，芯片都是专用的，即专车专用。例如长城车系就是长城专用46芯片，吉利车系就是吉利专用46芯片，两车系芯片互不通用，可用VVDI等设备来生成专用芯片。

交通实业防盗系统可分为两种类型，从防盗盒外观上区分可分为黄色标签的防盗盒和绿色标签的防盗盒（图8-2-1）。

图 8-2-1

黄色标签的防盗盒使用的芯片是40芯片和44芯片，在奇瑞车上使用的是40芯片，在其他车上使用的是44芯片，可用7935芯片生成或VVDI超模芯片生成。

绿色标签的防盗盒使用的是专用46芯片，可用7936芯片生成或者VVDI超模芯片生成。

这两种类型的防盗系统在匹配过程中都需要防盗密码，密码是4位的数值，防盗密码获取的方式有三种：

方法一：设备 OBD 读取（针对部分车型，有可能读出错误密码）；
方法二：拆防盗盒读数据看密码（要求会焊接技术、会看数据）；
方法二：车架号查询（第三方花钱查询，费用一般几十元）。

以上三种方法均可获得车型的防盗密码，万一输入的是错误的密码，将禁止匹配钥匙。当错误的密码输入次数过多，会导致防盗系统锁死，就算找到正确密码也不能匹配。假如防盗系统锁死，我们可以用钥匙打开仪表等防盗系统自动解锁后，再输入正确密码。表 8-2-1 是密码输入出错与对应等待时间表。

表 8-2-1　密码输入出错与对应等待时间表

连续输错次数	等待时间	连续输错次数	等待时间
1	10 秒	6	80 分钟
2	10 秒	7	160 分钟
3	10 分钟	8	320 分钟
4	20 分钟	9	640 分钟
5	40 分钟	10 或以上	1280 分钟

还有一种方法是拆下防盗盒读出防盗数据，手工更改锁止数据，看防盗数据里面的正确密码再匹配。

拆防盗电脑读数据时，黄色标签的防盗盒数据储存的芯片是在单片机里，单片机掩码型号有 0L72A、0L72H、0L59X、1K59H、3K56G 等几种。用 VVDIPRO 编程器读取数据，选择【4- 防盗】—【上海实业交通】（图 8-2-2）。

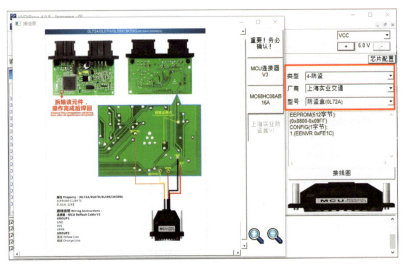

图 8-2-2

绿色标签的防盗盒数据储存的芯片在 EEPROM 里，芯片型号是 24C02。用编程器读数据时，选择【储存器】—【24C02】。

黄色标签防盗盒内部情况和绿色标签防盗盒内部情况如图 8-2-3 所示。

(a) 黄色标签防盗盒内部　　(b) 绿色标签防盗盒内部

图 8-2-3

防盗电脑数据需要用专用编程器设备来读取，读出后从数据里面找到对应的密码位置，两种防盗盒电脑数据的密码位置相同，在 010 行的 A 和 B 字节。防盗系统锁止后，锁止数据的位置也相同，在 010 行的 E 和 F 字节。

不同的是黄色标签的防盗盒密码是直接显示的，数据没有加密。而绿色标签的防盗盒数据是加密的，需要用防盗密码计算器计算密码数据。并且防盗系统锁止后数据也不一样，黄色标签的防盗盒系统正常数据是 A6 A5，绿色标签的防盗盒系统正常数据是 90 3A。

图 8-2-4 所示的是密码位置和防盗盒系统锁止后数据更改的方法。

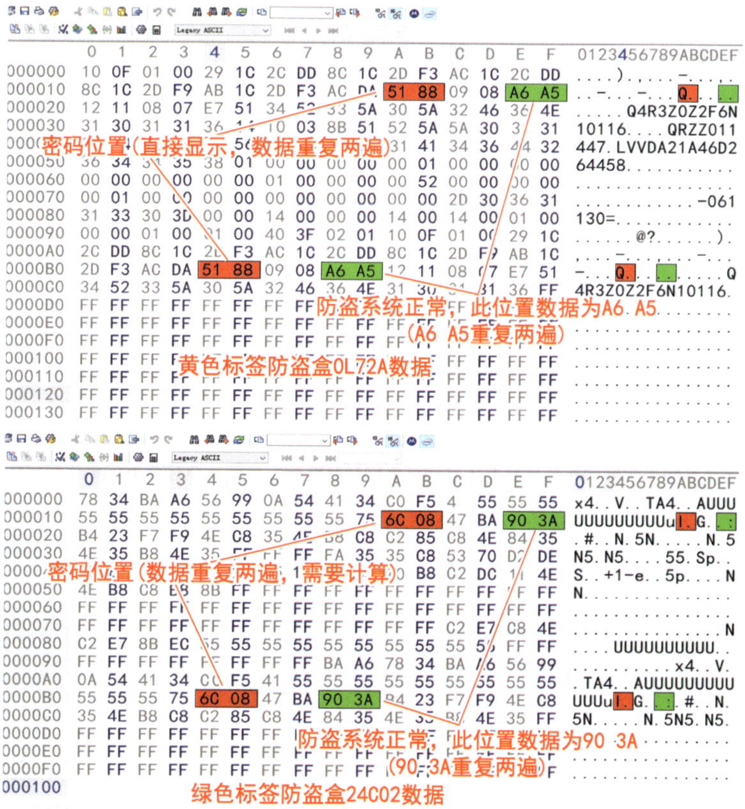

图 8-2-4

绿色标签的防盗盒 24C02 数据是加密的，不能直接显示密码，我们需要使用防盗密码计算器转换密码位置显示的数据（图 8-2-5）。

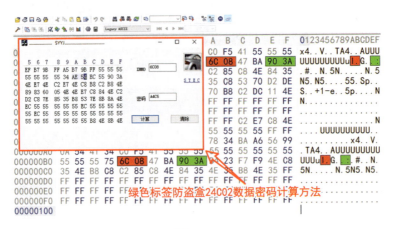

图 8-2-5

博世发动机电脑 M7、ME7 系列 95080 防盗数据位置标记如图 8-2-6 所示。

图 8-2-6

凡是博世发动机电脑 M7、ME7 系列的 95080 数据，大部分国产防盗系统，数据格式都如图 8-2-6 所示，密码位置都是重复 4 次，直接显示，无需计算（少数车型的密码位置不同）。

第三节 联创防盗系统

联创防盗系统特点是防盗盒是黑色塑料外壳，粘贴一张白色标签，标签上没有标注防盗盒生产厂家，只标注"发动机防盗控制器"或"防盗盒 ECU 总成"，有的防盗盒会有汽车厂商标志，有的则没有（图 8-3-1）。

图 8-3-1

国产车里用联创防盗系统的车型有奇瑞、长城、东风、吉利、海马等。使用的芯片型号为普通 46 芯片（7936 芯片），当芯片匹配到车辆后，芯片信息变为加密 46 芯片，即芯片成功匹配车辆后，芯片的信息就锁定于该车辆（图 8-3-2）。

(a) 未匹配时空白46芯片　　　　　(b) 匹配后加密46芯片

图 8-3-2

联创防盗系统在匹配过程中需要防盗密码，密码是 8 位的数值，防盗密码获取的方式有三种：

方法一：设备 OBD 读取（针对部分车型，有可能读出错误密码）；

方法二：拆防盗盒读数据看密码（要求会焊接技术、会看数据）；

方法三：车架号查询（第三方花钱查询，一般几十块钱）。

以上三种方法均可获得车型的防盗密码，联创防盗系统在进行匹配操作时，如果不小心输入了错误的防盗密码（即 PIN 码），防盗器或者发动机 ECU 的防盗级别也会升高。假如防盗系统锁止，我们可以用钥匙打开仪表等待防盗系统自动解锁后，再输入正确密码。

表 8-3-1 是 PIN 码输入出错与对应等待时间表。

表 8-3-1　PIN 码输入出错与对应等待时间

PIN 码连续输错次数	下次输入正确安全代码等待时间	PIN 码连续输错次数	下次输入正确安全代码等待时间
0	0 秒	2	10 秒
1	10 秒	3	10 分钟

续表

PIN 码连续输错次数	下次输入正确安全代码等待时间	PIN 码连续输错次数	下次输入正确安全代码等待时间
4	20 分钟	8	320 分钟
5	40 分钟	9	640 分钟
6	80 分钟	10 及以上	1280 分钟
7	160 分钟		

还有一种方法是拆下防盗盒读出防盗数据，手工更改锁止数据，看防盗数据里面的正确密码再匹配。

拆防盗电脑读数据时，联创防盗盒数据储存的芯片在 EEPROM 里，芯片型号是 24C02（图 8-3-3）。

防盗盒数据需要专用编程器设备来读取，读出后从数据里面找到对应的密码位置，密码位置在 030 行的 0、1、2、3 字节。防盗系统锁止后，锁止数据的位置在 0B0 行的 1、2、3、4、5 字节，防盗系统正常时的数据为 BA BA BA BA BA。

联创防盗电脑的 24C02 数据是加密显示的，我们在查看密码时，需要用联创防盗密码计算器计算密码

图 8-3-3

数据。图 8-3-4 显示的是密码位置和防盗盒系统锁止后数据更改的方法。

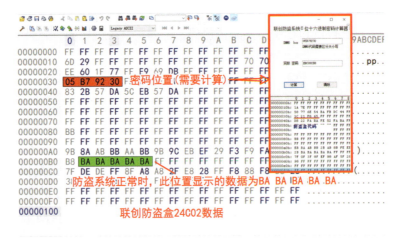

图 8-3-4

还有一种方法计算密码数据，那就是使用联创防盗系统密码换算表（表 8-3-2），按照表格的数据，换算密码。换算方法是将密码数据字节两两换位，换位后的数据对照表格的数据，组合起来就是密码。

例如防盗盒数据里面的密码位置显示的字节是 05 B7 92 30，字节两两换位后是 50 7B 29 03，然后对照联创防盗系统密码换算表，得出的结果就是密码 EB C0 92 B8，我

们就可以输入设备匹配（图 8-3-5）。

表 8-3-2 联创防盗系统密码换算表

A	B	C	D	E	F	9	8	7	6	5	4	3	2	1	0
1	0	7	6	5	4	2	3	C	D	E	F	8	9	A	B

密码位置数据是05 B7 92 30
字节两两换位后是50 7B 29 03
按换算表对照数据得出EB C0 92 B8

图 8-3-5

第四节 联合电子防盗系统

联合电子防盗系统的厂商是联合汽车电子有限公司，简称 UAES。联合电子防盗盒有以下四种类型。

类型一： 标签上标注有防盗盒生产厂家名称英文缩写 UAES，并且有汽车厂商品牌图标，多数车型使用此类防盗盒（图 8-4-1）。

图 8-4-1

类型二： 标签上标注了防盗盒生产厂家名称英文缩写 UAES，但没有关于汽车厂商的任何信息，多数车型使用此类防盗盒（图 8-4-2）。

图 8-4-2

类型三： 标签上标注了汽车厂商品牌图标和中文"发动机防盗控制器"，以及 S/N、D/T、SW/HW、P/N 的详细数据参数，多见于华泰车型。S/N、D/T、SW/HW、P/N 的含义与联创防盗盒相同（图 8-4-3）。

图 8-4-3

类型四： 标签上只有"发动机防盗控制器"的文字标识，以及 S/N、D/T、SW、P/N、HW 的详细数据参数，多见于东风车型（图 8-4-4）。

图 8-4-4

使用联合电子防盗系统的车型有奇瑞、东风、长城、吉利、海马、华泰等，此防盗系统使用的芯片型号是普通 46 芯片（7936 芯片），当芯片匹配到车辆后，芯片信息变为加密 46 芯片，即芯片成功匹配车辆后，芯片的信息就锁定于该车辆，和联创防盗系统类似。

联合电子防盗系统在匹配过程中也是需要防盗密码的，密码是 8 位的数值，防盗密码获取的方式有三种：

方法一：设备 OBD 读取（针对部分车型，有可能读出错误密码）；
方法二：拆防盗盒读数据看密码（要求会焊接技术、会看数据）；
方法三：车架号查询（第三方花钱查询，费用一般几十元）。

以上三种方法均可获得车型的防盗密码，联合电子防盗系统和联创防盗系统一样在进行匹配操作时，如果不小心输入了错误的防盗密码，防盗器或者发动机 ECU 的防盗级别也会升高。假如防盗系统锁止，我们可以用钥匙打开仪表等待防盗系统自动解锁后，再输入正确密码。

还有一种方法是拆下防盗盒读出防盗数据，手工更改锁止数据，看防盗数据里面的正确密码再匹配。拆防盗电脑读数据时，联合电子防盗盒数据储存的芯片在 EEPROM 里，芯片型号是 24C02。需要读取 24C02 里面的数据，查看数据密码位置（图 8-4-5）。

图 8-4-5

联合电子防盗盒的数据是以加密形式储存的，和联创防盗系统类似，密码获取方式完全相同，可以使用联创防盗系统密码换算表，也可以使用联创防盗密码计算器计算，都是 8 位防盗密码，唯一的区别就是防盗数据中密码的位置不相同。

联合电子防盗系统有三种数据格式，每一种都与联创防盗系统不同。并且部分联合电子防盗盒数据有了校验数据，这也是和联创防盗系统最大的区别之一。

联合电子防盗数据格式一：密码位置在 000 行和 080 行的 0、1、2、3 字节重复显示。在数据里面可以看出 000 行～030 行的数据，重复显示在 080 行～0B0 行。防盗系统锁止后，锁止数据的位置在 0F0 行的 5、6、7、8 字节显示，防盗系统正常时的数据为 1D 1D 1D 1D（图 8-4-6）。

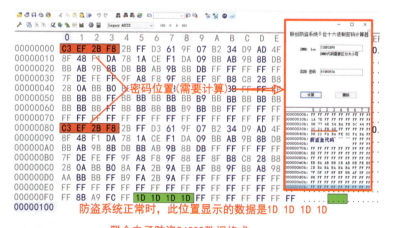

联合电子防盗24C02数据格式一

图 8-4-6

联合电子防盗数据格式二：密码位置在 010 行和 0A0 行的 1、2、3、4 字节重复显示。在数据里面可以看出 000 行～030 行的数据，重复显示在 090 行～0C0 行（图 8-4-7）。

联合电子防盗24C02数据格式二

图 8-4-7

联合电子防盗数据格式三：密码位置在 000 行和 080 行的 0、1、2、3 字节重复显示。在数据里面可以看出 000 行～060 行的数据，重复显示在 080 行～0E0 行。防盗系统锁止后，锁止数据的位置在 070 行的 0、1、2、3、4、5、6 字节位置显示，防盗系统正常时的数据为 BA BB BA BA BA B8 B8（图 8-4-8）。

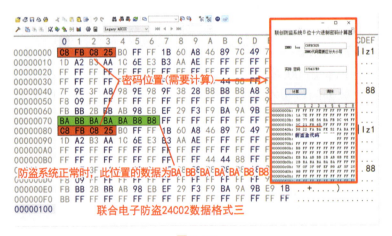

联合电子防盗24C02数据格式三

图 8-4-8

以上是联合电子防盗数据的三种类型，在实际工作中，我们可以参考这三种格式的数据，来获取实际中的密码数据。

第五节　西门子防盗系统

西门子防盗系统主要用在吉利帝豪、中华、陆风、猎豹等车型上，从防盗盒外观上区分可分为两种，一种是正方形白色标签，贴于左下方，有车型品牌的图标；另一种是长方形白色标签，标签上部为条码，下方为防盗盒的基本信息，如零件号等，多数情况下车型英文名字会在标签上（图 8-5-1）。

图 8-5-1

西门子防盗系统使用的是专用 44 芯片和专用 46 芯片，芯片是专车专用的，可以用 VVDI 等设备生成。

匹配时需要密码，密码为 4 位数值。中华车型匹配密码是固定的为 3950，两种类型的防盗数据都使用此密码，如设备提示密码错误，有可能是数据被修改了，需要拆电脑读数据查看。而其他车型需要获取密码，可以拆电脑读数据查看，也可以用车架号查询，设备不支持 OBD 读取。

拆防盗电脑读数据时，使用西门子专用 44 芯片的防盗盒，数据储存的芯片在单片机里，单片机掩码型号有 0L72A、0L72H、0L59X、1K59H、3K56G 等几种。用 VVDIPRO 编程器读取数据，选择【4-防盗】—【上海实业交通】—【防盗盒（0L72A_E）】（图 8-5-2）。

图 8-5-2

使用西门子专用 46 芯片的防盗盒，数据储存的芯片在 EEPROM 里，芯片型号是 93C56。用编程器读数据时，选择【储存器】—【93C56】（图 8-5-3）。

防盗电脑数据需要专用编程器设备来读取，读出后从数据里面找到对应的密码位置。

西门子 44 芯片的防盗数据，密码位置在 010 行的 A 和 B 字节，重复显示在 0B0 行的 E 和 F 字节，此位置的数据就是防盗密码，无需转换计算，直接显示。防盗系统状态正常时的数据显示在 010 行的 E 和 F 字节，重复显示在 0C0 行的 2 和 3 字节，系统未锁定时此位置的数据是 A6 A5（图 8-5-4）。

图 8-5-3

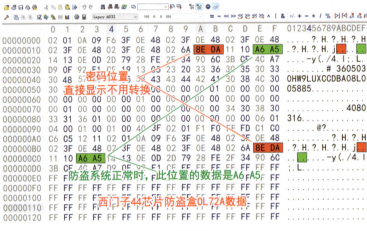

图 8-5-4

西门子 46 芯片的防盗数据，密码位置在 020 行的 E 和 F 字节，重复显示在 0D0 行的 C 和 D 字节，此位置的数据就是防盗密码，需要将字节前后换位，例如"65 1B"换位后是"1B 65"，那么 1B65 就是防盗密码（图 8-5-5）。

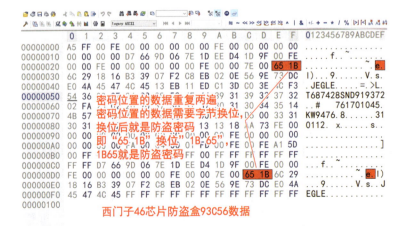

图 8-5-5

第六节　德尔福防盗系统

德尔福防盗系统主要用在中华、金杯、长安、长城、奇瑞、陆丰等车型上。从防盗盒外观上区分可分为两种，一种是黑色盒子白色标签，有厂家车标与防盗控制器标识；第二种是灰色盒子白色标签，有防盗控制器标识。这两种盒子最显著的特点是有德尔福英文"DELPHI"标识（图8-6-1）。

图 8-6-1

1. 灰色德尔福防盗盒

灰色盒子的德尔福防盗系统使用的是13芯片，常见于老款中华、金杯车型。防盗数据储存在八脚码片里，芯片型号为93LC46（图8-6-2）。

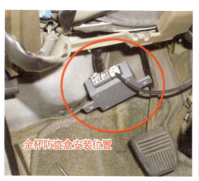 

图 8-6-2

13芯片的德尔福防盗系统匹配方法：

增加钥匙可以使用T5芯片拷贝，或者VVDI超模芯片拷贝，拷贝成功后可以直接启动车辆。

钥匙全丢只能使用写启动的方法匹配钥匙，写启动可以使用掌中宝设备手动写，或者迷你900设备手动写，VVDI设备写不了。

用掌中宝手动写13启动芯片，步骤如下：

❶ 拆下防盗盒电脑，使用编程器读取防盗盒内的存储器93LC46芯片数据，找到防

盗数据中钥匙 ID 的信息，记录钥匙 1 的 ID（图 8-6-3）。

图 8-6-3

❷ 打开掌中宝，选择【芯片功能】—【芯片生成】—【T5 类型】—【13 芯片】（图 8-6-4）。

图 8-6-4

❸ 点开 13 芯片显示的界面后，上下按键点击到 IMMO，然后将 IMMO 里面的数值更改为第一个钥匙的 ID，数值 20 不动。更改后，往掌中宝线圈放入一个 T5 芯片，然后点击【生成】，生成成功后，将防盗盒装好，生成好的芯片就可以直接启动车辆了（图 8-6-5）。

图 8-6-5

还有一种方法是可以生成一个 13 芯片，然后将 13 芯片的 8 位 ID 写入防盗数据里钥匙的 ID 数据，不要占用第一把钥匙的 ID 数据，占用第一把钥匙 ID 的数据等于改了和发动机电脑的同步数据，这样的话还要改发动机电脑的同步数据，不然启动不了。

2. 六脚储存器储存数据的黑色德尔福防盗盒

黑色盒子的德尔福防盗系统使用的是 48 芯片，常见于中华、长城、陆风、长安、奇瑞等车型。中华、金杯车型需要用专用 48 芯片，其他车型使用普通 48 芯片，可以用 VVDI、掌中宝等设备生成（图 8-6-6）。

图 8-6-6

中华、金杯车型匹配时，多数设备是免密码匹配，如果需要密码，输入中华的固定密码 2950、3950，如果提示密码错误，那么防盗数据可能被别人改过，需要拆读防盗盒数据查看正确密码。

而其他车型的密码可以拆读防盗盒数据查看，或拆读发动机电脑数据查看，也可以通过车架号找第三方查询防盗密码。

拆读数据时，防盗电脑数据储存在六脚存储器中，芯片型号为 3Pxx 系列的，如 3P8Y、3PWD、3PJV、3PMY、3P0E 等，实际芯片型号是六脚的 93C66 芯片。读写数据可以用 VVDIPRO、CG100 等编程器读取，按编程器内的接线图接线读取。也可以拆下六脚芯片焊在编程器适配器板上，选择型号 93C66 读取（图 8-6-7）。

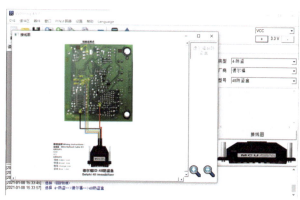

图 8-6-7

德尔福防盗盒六脚存储器的数据密码位置在 040 行的 2、3 字节显示，因数据是加密的，此位置的数据需要解密计算才能获取到正确的密码。防盗系统锁止后，锁止数据的位置在 030 行的 E、F 字节和 040 行的 0、1 字节显示，防盗系统正常时 030 行 E、F

字节的数据为 5C A1，040 行的 0、1 字节的数据为 4D 15（图 8-6-8）。

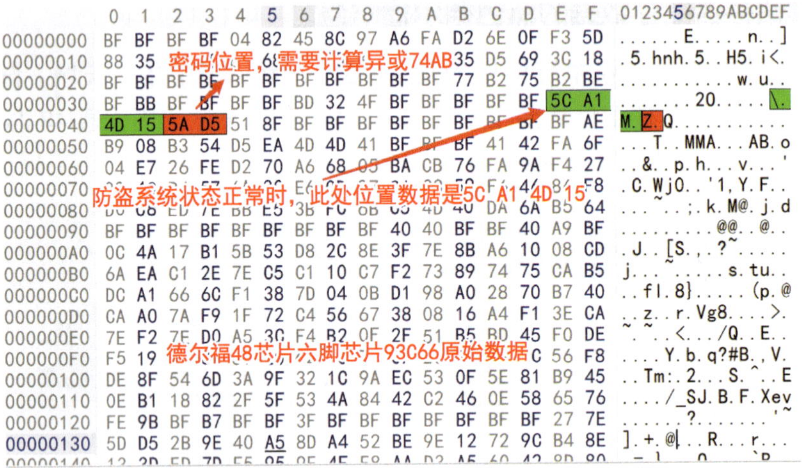

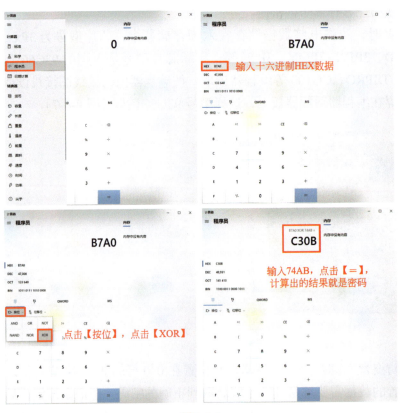

图 8-6-8

密码计算方法：由于防盗盒数据是加密的，密码位置上的数据需要解密计算出正确密码。我们可以使用笔记本电脑上的计算器，选择【程序员】，选择十六进制【HEX】，输入密码位置上的十六进制数据 B7A0，然后点击【按位】—【XOR】，输入 74AB，然后点击【=】，计算出的就是正确密码（图 8-6-9）。

图 8-6-9

3. 单片机储存数据的黑色德尔福防盗盒

新款黑色德尔福防盗系统，防盗盒外形没有改变，但是内部板路发生了改变，包括数据储存的芯片也做了改动，由原来的六脚储存芯片改为单片机储存，有个别防盗盒使用飞思卡尔 9S08 的单片机储存防盗数据，编程器设备暂时没有板路接线图，只有引脚定义接线图，且只能读写未加密的数据（图 8-6-10）。

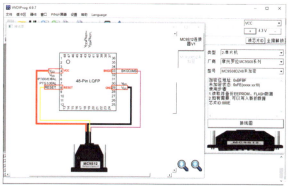

图 8-6-10

使用飞思卡尔 9S08 的单片机储存防盗数据的防盗盒，数据中防盗密码位置在 016F0 行的 C、D 字节显示，不用解密可以直接输入设备登录密码（图 8-6-11）。

图 8-6-11

第七节　重庆集诚防盗系统

重庆集诚防盗系统用在长安奔奔、一汽奔腾、北汽幻速 S3 等车型上，防盗盒上标记有"防盗控制器"字样，多数防盗盒上有厂家的名称"重庆集诚汽车电子有限责任公司"，简称"CJAE"。用在一汽奔腾车上的时候，防盗盒上有车辆品牌一汽厂家图标，无防盗盒生产厂商标记。用在长安奔奔车型上时，防盗盒上贴有黄色标签，标签上有汽车厂商长安的图标以及防盗盒生产厂家（图 8-7-1）。

图 8-7-1

重庆集诚防盗的车型，使用 4D60 芯片。匹配钥匙时，可以拷贝也可以匹配，匹配时不需要密码。个别车型需要防盗密码，例如长安奔奔，可以拆防盗电脑读数据获取密码。

拆防盗电脑读数据时，重庆集诚防盗盒数据储存芯片在 EEPROM 里，芯片型号是 95040（图 8-7-2）。

图 8-7-2

防盗盒数据用编程器读取，数据读出后，在数据里面找到防盗密码，密码在 060 行的 3、4 字节直接显示，无需转换，可以直接输入设备登录匹配。如果密码输入出错，错误的密码次数输入过多，防盗系统锁死，将 050 行 8 字节改成 50，070 行 89ABCDEF 字节全部改成 0 即可（图 8-7-3）。

图 8-7-3

重庆集诚防盗盒容易出现丢失数据现象，丢失数据的话需要更换一整套数据，或者利用发动机电脑数据和钥匙数据进行修复，还有一种解决办法就是取消防盗功能，这种方法适用于奔腾 B70。

奔腾 B70 防盗取消方法：首先找到防盗盒，在方向盘下方护板里面，找到防盗盒后，把防盗盒插头上方几根线束进行短接，黄绿线和黑蓝线短接，红色线和黑白色线短接，如图 8-7-4 所示，短接完以后，再拔掉防盗盒即可（图 8-7-4）。

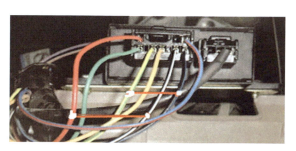

图 8-7-4

其实奔腾 B70 防盗解除即拔掉车辆的防盗盒的插头 A，目前有两种说法，第一种方法是短接防盗盒插头 A 上的端子 1 和端子 3，端子 4 和端子 7；另一种方法是短接防盗盒插头 A 上的端子 3 和端子 5，端子 1 和端子 4，即可解除防盗。

那么两种方法到底哪个正确呢？其实你仔细地看过电路图（图 8-7-5）后就明白了，两种方法都可以用，区别在于端子 1 和端子 5。端子 1 是 30 常电，而端子 5 是打开点火开关后有的电（即 ACC 电），也就是说给端子 3 一个 12V 电压就行得通。短接端子 1 和端子 3、端子 4 和端子 7 可启动车辆，但是发动机故障灯会亮。

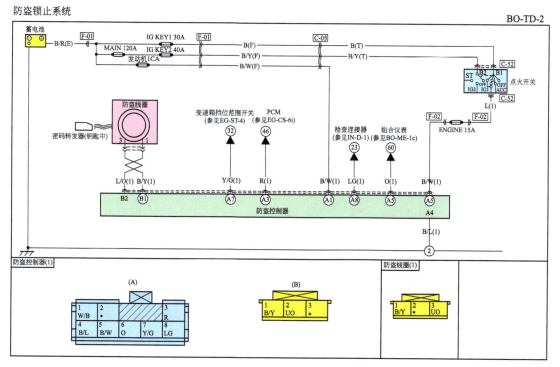

图 8-7-5

第八节　厦门同致防盗系统

厦门同致防盗系统使用的车型比较少，常见于海马、江淮、东风等车型上。这款防盗盒是黑色正方形的塑料外壳，体积非常小，部分车型网关电脑也是此种外形，可看标签区分，写有 IMMO 字样的是防盗盒（图 8-8-1）。

图 8-8-1

使用厦门同致防盗系统的车型，要用普通 46（7936）芯片来匹配，当芯片匹配到车辆后，芯片变为加密 46 芯片，即芯片成功匹配车辆后，芯片的信息就锁定于该车辆。

匹配芯片钥匙时，需要在设备上输入防盗密码，密码是 8 位的，可以拆读防盗盒数据获取，也可以通过车架号查询。建议通过车架号查询密码，因为部分车型的防盗电脑数据无法读取，编程器没有接线图，只有引脚图，数据并不一定能读出来，相对来讲还是有一定难度的。

拆防盗电脑读数据时，防盗电脑里面的数据储存在 CPU 里面，没有八脚码片，使用焊接线的方式读写数据，可以使用 VVDIPROG 编程器读取（图 8-8-2）。

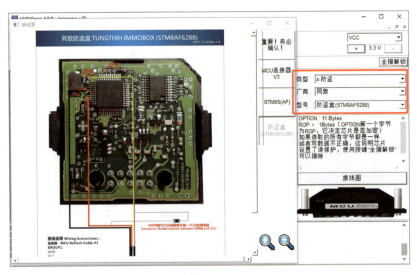

图 8-8-2

防盗数据读出后，数据中 000 行的 0、1、2、3 字节是密码位置，在此位置显示的数据就是防盗密码，无需转换，直接输入设备。同时密码数据还重复显示在 080 行的 0、1、2、3 字节。当防盗系统状态正常未锁定时，在 000 行的 5、6 字节显示的数据是 C2 C2，同时重复显示在 080 行的 5、6 字节。如果系统锁定，将此位置数据改为 C2 C2 即可（图 8-8-3）。

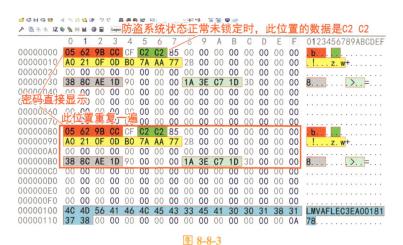

图 8-8-3

第九节　三菱防盗系统

三菱防盗系统是防盗盒和识读线圈一体的，防盗电脑集成在识读线圈上，有的是一个很小的长方形盒子。防盗盒上有白色标签，标注有防盗盒的信息，在标签底部有三菱公司的图标及三菱英文全称"MITSUBISHI ELECTRIC CORPORATION"（图 8-9-1）。

图 8-9-1

使用三菱防盗系统的车型有老款中华尊驰、吉利帝豪 EC820 等。此款防盗系统必须使用三菱专用 46 芯片，可以用 7936 芯片生成或者 VVDI 超模芯片生成。

匹配时需要密码，密码是固定密码。中华车上固定密码是 2950 或 3950，吉利车上固定密码是 9846。多数设备是免密匹配，增加钥匙时可以拷贝或者匹配，全丢可以匹配或者写启动。

拆防盗电脑读数据时，防盗盒里面的数据储存在 EEPROM 里，芯片型号是 24C01 或 24C02（图 8-9-2）。

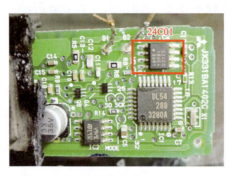

图 8-9-2

此防盗数据进行了简单的加密，需要解密后才能看到原始防盗数据，解密方法是将防盗数据中每个字节按位取反（倒置位元），我们需要使用 Hex Workshop 十六进制编辑软件来打开数据进行操作。

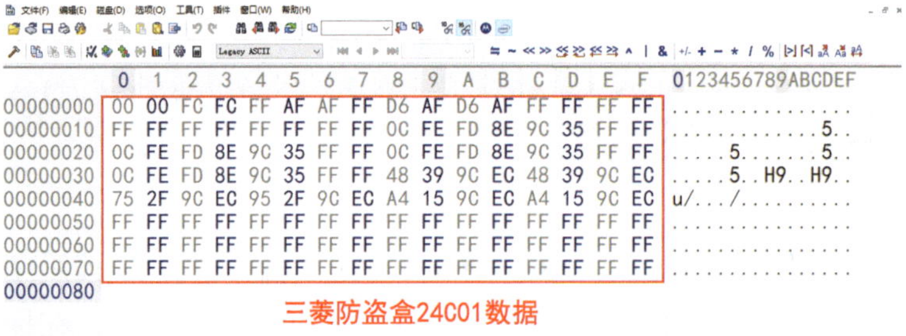

❶ 使用 Hex Workshop 软件打开读出的防盗盒 24C01 数据（图 8-9-3）。

三菱防盗盒24C01数据

图 8-9-3

❷ 点击工具栏中的【倒置位元】快捷按钮，点完【倒置位元】以后的数据即是解密的数据，使用另存为保存数据进行操作即可（图 8-9-4）。

三菱防盗盒24C01解密后数据

图 8-9-4

❸ 数据中，密码位置在 000 行的 8、9 字节显示，重复显示在 000 行的 A、B 字节。加密数据方法和解密方法同理（图 8-9-5）。

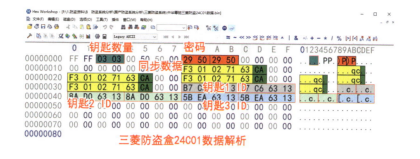

图 8-9-5

第十节 法雷奥防盗系统

法雷奥防盗系统用于 2013 年前的雪铁龙爱丽舍、2013 年前的东风 S30/H30 等。防盗盒是纯黑色的，防盗盒插头位置上面写有法雷奥厂家英文名"Valeo"（图 8-10-1）。

图 8-10-1

此类防盗盒使用的是 33 芯片，匹配钥匙时，增加钥匙可以拷贝也可以匹配，全丢可以匹配也可以写启动。匹配钥匙时需要防盗密码，密码可以通过车架号查询，或者拆防盗盒读数据计算。

拆防盗电脑读数据时，数据储存的芯片在 EEPROM 里，芯片型号是 93C46。用编程器读数据时，选择【储存器】—【93C46】（图 8-10-2）。

图 8-10-2

此防盗数据进行了简单的加密，需要解密后才能看到原始防盗数据，解密方法是将整个数据进行字节翻转，我们需要使用 Hex Workshop 十六进制编辑软件来打开数据进行操作。

❶ 使用 Hex Workshop 软件打开读出的防盗盒 93C46 数据（图 8-10-3）。

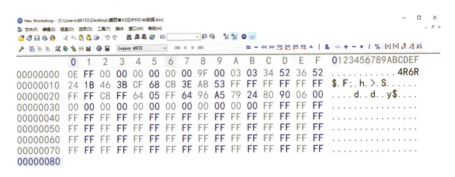

图 8-10-3

❷ 点击工具栏中的【字节翻转】快捷按钮，选择"16 位不分正负简短"，再点击【确定】即可解密数据，然后使用另存为保存数据进行操作即可（图 8-10-4）。

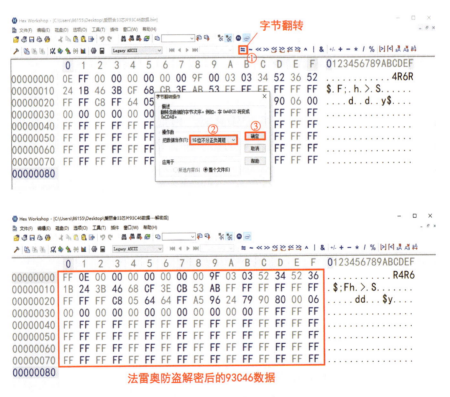

法雷奥防盗解密后的93C46数据

图 8-10-4

❸ 数据解密成功后，即可看到密码和钥匙 ID 信息，密码在 000 行明文区直接显示，

输入设备即可匹配钥匙（图 8-10-5）。

当部分车型钥匙全丢，设备不支持匹配时，可以选择写启动的方法匹配钥匙。写启动可以使用掌中宝设备手工写，或者迷你 900 设备手工写，VVDI 设备写不了。

图 8-10-5

用掌中宝手工写启动 33 芯片，步骤如下：

❶ 从车辆上拆下防盗盒电脑，用编程器读取八脚码片 93C46 数据，数据读取成功后，找到 010 行的 5、6、8 字节的数据，68 CB AB（图 8-10-6）。

图 8-10-6

❷ 打开掌中宝，选择【芯片功能】—【芯片生成】—【T5 类型】—【33 芯片】（图 8-10-7）。

图 8-10-7

❸ 点击【33 芯片】后，按图 8-10-8 格式将红色数据写入 33 芯片界面的数据中（红框数据需要换位）。

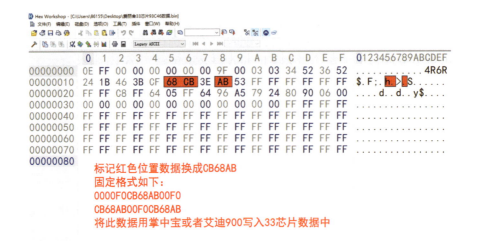

图 8-10-8

❹ 用掌中宝将固定格式的数据写入 33 芯片界面的数据中，写完后再点击【生成】即可，生成时放入 T5 芯片，或者掌中宝的芯片（图 8-10-9）。

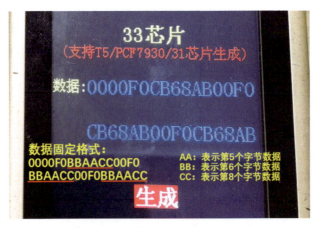

图 8-10-9

❺ 芯片生成成功以后，将防盗盒装车，用生成好的芯片钥匙打开仪表等 5 分钟左右，防盗灯熄灭即可完成。

钥匙匹配案例：长城 C30 钥匙增加（图 8-10-10）

图 8-10-10

车型：2012 年长城腾翼 C30 钥匙增加
防盗类型：交通实业绿色标签防盗系统
钥匙类型：长城专用 46 芯片折叠遥控钥匙（可生成）
匹配方法：设备匹配防盗芯片，手动匹配遥控器
匹配设备：道通 808

操作步骤：

第一步： 使用 VVDI 云雀设备生成长城专用 46 芯片和专用遥控器，生成好后先匹配遥控器。

长城 C30 遥控器匹配方法：

❶ 先给车辆断电 1 分钟左右，然后接上电。

❷ 使用机械钥匙开关仪表 5 次（OFF—ON），最后钥匙保持在 ON 挡位，此时看到仪表双闪灯闪烁，表示进入匹配模式。

❸ 同时按需要匹配遥控器锁车键和开锁键，双闪灯闪烁 2 次，表示匹配成功。

❹ 匹配下一个遥控器时，继续 ❸ 步骤。

第二步： 开始匹配防盗芯片，设备连接好车辆，选择车型，进入车辆系统（图 8-10-11）。

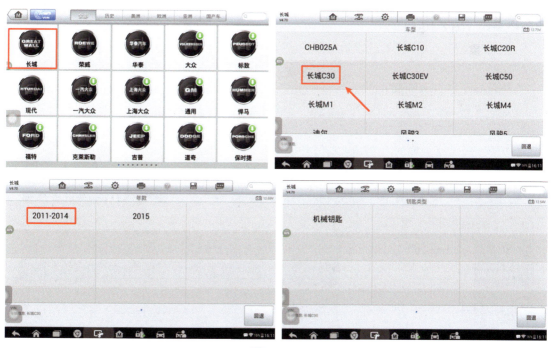

图 8-10-11

第三步： 读取防盗密码（图 8-10-12）。

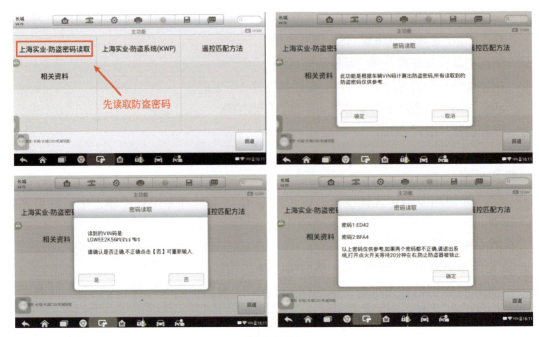

图 8-10-12

> **第四步：** 密码读取成功后，进入【防盗遥控匹配】，选择【钥匙匹配】，按设备提示输入密码。先输入密码 1，如果设备提示错误，关闭仪表，将设备退出系统，等 1 分钟左右，再重新打开仪表，设备进入系统输入密码 2。此操作目的是防止连续输错密码锁止防盗系统（图 8-10-13）。

图 8-10-13

第五步： 密码登录成功后，按设备提示完成最后操作即可（图 8-10-14 和图 8-10-15）。

图 8-10-14

图 8-10-15

第九章 亚洲车系防盗系统

第一节 本田防盗系统

一、防盗系统介绍

本田防盗系统很简单，不像国产车分很多品牌的防盗系统，我们只需要知道年款车型，就可以知道使用什么芯片钥匙来匹配，钥匙增加和全丢匹配方法相同。

2003 年以前的老款车型用 13 芯片，代表车型有雅阁、奥德赛等，现在已经很少见了。钥匙外观是平铣的直柄遥控钥匙，遥控器频率 315MHz、433MHz，可用 VVDI、KDX1 等设备生成（图 9-1-1）。

图 9-1-1

图 9-1-2

2003 ～ 2007 年的车型使用 48 芯片、8E 芯片，代表车型有雅阁、飞度、奥德赛、思迪、CRV 等。钥匙外观是侧铣的直柄遥控钥匙，遥控器频率 315MHz、433MHz，可用 VVDI、KDX1 等设备生成（图 9-1-2）。

2008 ～ 2014 年的车型使用电子 46 芯片，代表车型有雅阁、CRV、飞度、奥德赛、锋范、思域、思铂睿等。钥匙外观是侧铣的直柄遥控钥匙或折叠遥控钥匙，也有部分车型使用智能卡钥匙。遥控器频率 315MHz、433MHz，可用 VVDI、KDX1 等设备生成（图 9-1-3）。

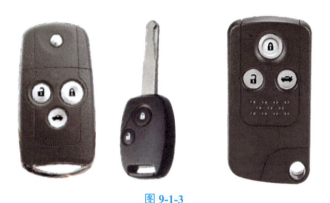

图 9-1-3

2014 年后的车型使用电子 47 芯片，代表车型有雅阁、飞度、思域、XRV、杰德、凌派等。钥匙外观是侧铣的直柄遥控钥匙或折叠遥控钥匙，也有部分车型使用智能卡钥匙。遥控器频率 315MHz、433MHz，可用 VVDI、KDX1 等设备生成（图 9-1-4）。

图 9-1-4

二、老款本田遥控器手工匹配方法

❶ 钥匙打开点火开关到 ON 挡，按遥控锁键一次。
❷ 关闭钥匙，再打开点火开关到 ON 挡，按遥控锁键一次。
❸ 重复 ❷ 四次，第四次保持钥匙在 ON 挡，按完锁键后，中控动作，表示进入模式，然后再按一下开键，中控动作。
❹ 如有第二个遥控器，继续按下一个遥控任意键，中控动作，表示学习上，完成匹配。

三、电子 46/ 电子 47 芯片遥控器匹配方法

电子芯片的遥控钥匙，即芯片是电子集成的，配好芯片后遥控器不用单独匹配，可以直接使用。

钥匙匹配案例：本田锋范普通钥匙增加匹配

车型：2011 年本田锋范（图 9-1-5）
防盗类型：电子芯片防盗系统
钥匙类型：专用电子 46 芯片钥匙（可用 VVDI、KDX1 等设备生成）
匹配方法：设备匹配（防盗匹配好，遥控自动生成）
匹配设备：朗仁 i80Pro

图 9-1-5

操作步骤：

第一步：生成专用钥匙，使用 VVDI 云雀设备生成（电子子机）（图 9-1-6）。

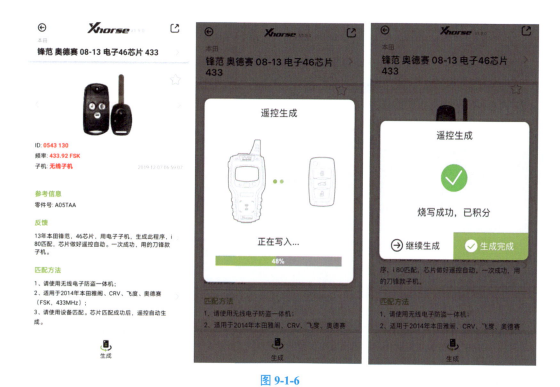

图 9-1-6

第二步： 设备连接车辆开始匹配，选择【本田】—【防盗系统】（图 9-1-7）。

图 9-1-7

🎵 **第三步**：进入防盗系统后，点击【钥匙】，选择【添加 1 个钥匙】，后面按设备提示操作即可（图 9-1-8）。

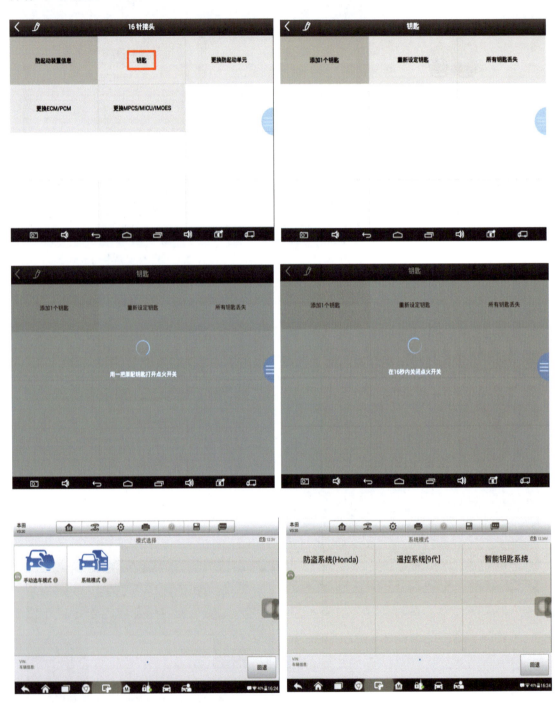

图 9-1-8

🎵 **第四步**：进入智能钥匙系统后，启动类型选择【按键式智能钥匙（Honda）】，选择【注册】—【智能钥匙增加】，后面按设备提示操作即可（图 9-1-9）。

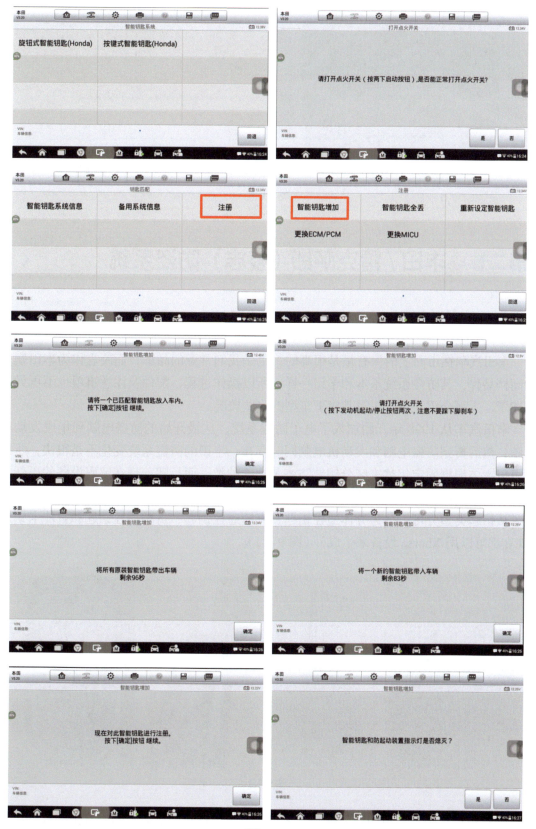

图 9-1-9

 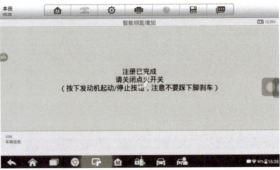

图 9-1-9

第二节 丰田/雷克萨斯（凌志）防盗系统

一、防盗系统介绍

丰田汽车在市面上的保有量是很高的，也是我们常配的品牌，而凌志作为丰田旗下的高档品牌，其防盗系统基本和丰田一样，所以操作过程、配件及注意事项也不再另行描述了，下面介绍一下丰田及其旗下车型的一些概况。

丰田汽车从 1998 年开始加入了电子防盗系统，从最开始的防盗电脑到集成发动机电脑，然后再到防盗电脑和发动机电脑同时存在，丰田的防盗系统变化不是很快，所以也可以大体根据固定年款来区分钥匙防盗芯片的种类，而且随着现在解码设备的更新换代，我们现在匹配丰田汽车的防盗钥匙要简单方便很多。

从钥匙类型分可以分为分体遥控钥匙、直柄遥控钥匙、折叠遥控钥匙和智能卡钥匙（现在都可以用 Xhorse 设备来生成）（图 9-2-1）。

图 9-2-1

在这里描述一下丰田的防盗规则：丰田和凌志的汽车防盗芯片钥匙有主钥匙和副钥

匙之分，匹配的时候有主钥匙是可以通过解码设备来进行防盗芯片匹配的，如果没有主钥匙只剩下副钥匙或者没有钥匙，是不能进行防盗芯片匹配的（副钥匙机械齿只能打开开门锁和点火锁）。

主钥匙和副钥匙我们可以通过以下几个方面来判断：

❶ 以钥匙的齿形或者钥匙的槽型来区分。

❷ 以钥匙塑料柄的颜色区分，黑色为主钥匙，灰色为副钥匙。

❸ 通过观察车上的防盗灯来区分，主钥匙插入点火开关以后防盗灯不亮，副钥匙插入点火开关后防盗灯亮一下后熄灭。

❹ 用设备识别钥匙芯片型号，区分主副芯片（图 9-2-2）。

图 9-2-2

二、防盗系统特点

丰田的防盗系统是由丰田公司自主研发的，防盗系统的特点就是初始化数据，不论防盗系统什么情况，多数只要初始化数据就可以解决。所以遇到丰田车型无法匹配时，可以尝试初始化防盗数据。

还有一个特点就是丰田的防盗盒特别难拆，如果拆卸防盗盒，需要拆除中控台，防盗系统不复杂，但是防盗盒位置真的特别防盗。

三、防盗系统区分及钥匙匹配方法

下面根据年款来大概区分一下防盗芯片。

1. 4C 芯片防盗系统

2006 年前的车，基本上都是用的 4C 钥匙防盗芯片，丰田花冠 2010 年前用的也是 4C 芯片。代表车型有佳美、花冠、威志等。

丰田 4C 芯片本身并没有主副之分，而是在丰田汽车的防盗模块里根据 4C 芯片的 EPPROM 储存位置来划分的，用图 9-2-3 的数据我们来直观地看一下。

```
KEY1: 92 6E 97 07      KEY2: 6E 36 8E 07      KEY3: 4F F3 89 07
          00000000 926E 0000 0000 0000 6E36 0000 1010 0000 .n....n6.....
          00000010 926E 0000 4FF3 0000 0000 0000 0000 0000 .n..O.......
          00000020 926E 0000 4FF3 0000 6E36 0000 FF00 0000 .n..O..n6.....
          00000030 6E36 0000 4FF3 0000 0000 FBDF 0000 0000 n6..O.......
          00000040 0000 0000 0000 0000 0000 0000 0000 0000 ................
          00000050 0000 0000 0000 0000 0000 0000 0000 0000 ................
          00000060 0000 0000 0000 0000 0000 0000 FF00 0000 ................
          00000070 0000 0000 0000 0000 0000 0000 0000 0000 ................
          00000080 9707 0000 0000 0000 8E07 0000 10FC 0000 ................
          00000090 9707 0000 8907 0000 0000 0000 0000 0000 ................
          000000A0 9707 0000 8907 0000 8E07 0000 FF00 0000 ................
          000000B0 8E07 0000 8907 0000 0000 5A69 0000 0000 ..........Zi...
          000000C0 0000 0000 0000 0000 0000 0000 FF00 0000 ................
          000000D0 0000 0000 0000 0000 0000 0000 0000 0000 ................
          000000E0 0000 0000 0000 0000 0000 0000 FF00 0000 ................
          000000F0 0000 0000 0000 0000 0000 0000 0000 0000 ................
```

图 9-2-3

图 9-2-3 中标示出了防盗模块中储存的 3 个钥匙的数据，其中 KEY1 和 KEY2 是主钥匙，KEY3 是副钥匙。

我们从图中可以看出，KEY1 蓝色部分和 KEY2 绿色部分为主钥匙位，KEY3 红色部分为副钥匙位。这部分应该是很好理解的，假如我们把 KEY1 蓝色部分和 KEY3 红色部分调换一下位置，那么 KEY3 就变成了主钥匙，KEY1 就变成了副钥匙，所以 4C 芯片的主副是通过 EPPROM 的储存位置来划分的。

主副钥匙的划分我们了解了，下面来看下 4C 芯片的丰田汽车用什么方法匹配防盗芯片。

（1）有钥匙配钥匙方法

方法一： 使用 VVDI 等设备拷贝原车钥匙芯片。

方法二： 手工匹配，有主钥匙情况下才可以。

具体操作步骤：用主钥匙打开点火开关，踩油门踏板五下，踩刹车踏板六下，然后换新 4C 芯片钥匙插入点火锁不要打开，踩油门踏板一下，等一分钟左右，待防盗灯熄灭即可。

（2）钥匙全丢匹配方法

方法一： 拆防盗电脑读数据写启动芯片。

2006年以前的车型防盗电脑是集成在发动机电脑里面的，2006年后防盗电脑就是一个防盗盒。

拆发动机电脑读数据时，防盗数据储存在八脚码片93C56/LC56内，可用编程器VVDI、CG100等设备读取（图9-2-4）。

图 9-2-4

发动机电脑防盗数据格式有两种，如图9-2-5所示。

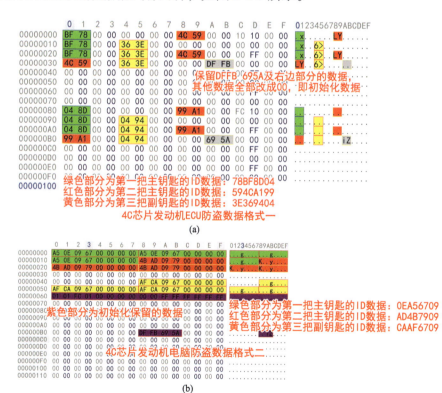

图 9-2-5

拆防盗盒读数据时，数据储存在八脚码片93C66内，可用编程器VVDI、CG100等设备读取（图9-2-6）。

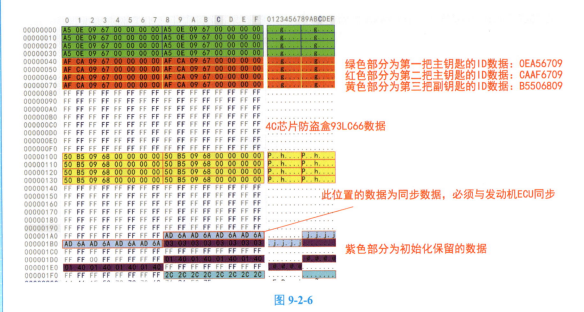

图 9-2-6

写启动操作流程：

第一步： 根据车型年款拆防盗电脑读数据，找到数据中主钥匙 ID 的位置。

第二步： 生成一个 4C 芯片，记录生成好的这个芯片 ID（图 9-2-7）。

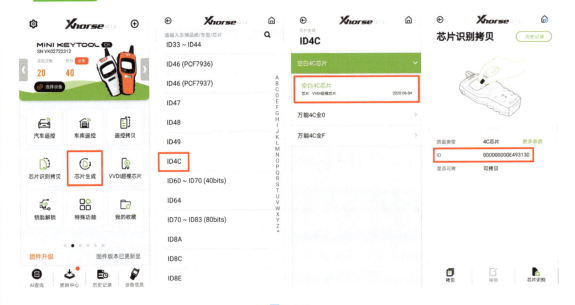

图 9-2-7

第三步： 将生成好的 4C 芯片的 ID 数据，手工填写到防盗数据中主钥匙 ID 的位置，然后写入码片即可。注意 ID 的数据中，每两个字节前后要换位。例如 0E493130，字节换位后 490E3031（图 9-2-8）。

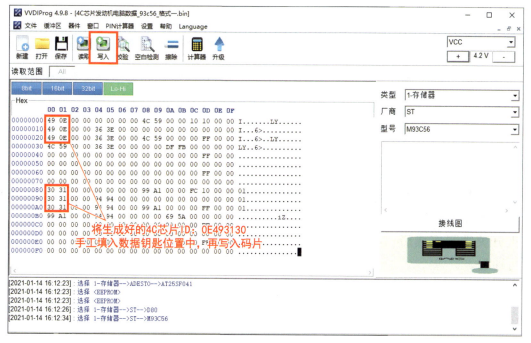

图 9-2-8

方法二： 制作一个万能 4C 芯片。

第一步： 用 VVDI 或者掌中宝等芯片生成设备，生成一个万能 4C 芯片（图 9-2-9）。

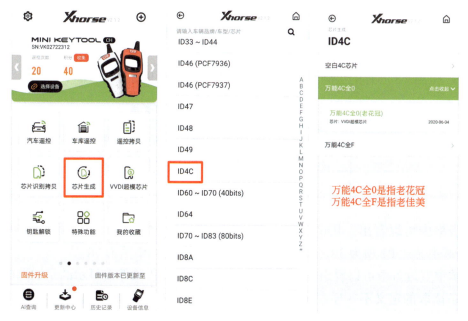

图 9-2-9

第二步： 用带有万能 4C 芯片的钥匙打开点火开关，等待 10 分钟左右，关闭点火开关，再重新打开点火开关，防盗灯熄灭，即可启动车辆。

注意事项:

万能 4C 芯片只能使用在 ID 防盗盒的车型上,发动机电脑的 4C 芯片防盗无法使用万能 4C 芯片。

万能 4C 芯片原理:万能 4C 芯片可以理解为一个空芯片,全 0 或全 F 就等于钥匙 ID 是空白的,也就是什么数据都没有的芯片,这种芯片有自学习功能。当芯片钥匙打开点火开关的时候,防盗盒通过识读线圈检测芯片 ID 数据,发现这个芯片是一个无 ID 芯片的时候,防盗盒会通过识读线圈向空芯片写 ID 数据。当打开点火开关学习完成后,再次读取芯片数据的时候,会发现芯片已经有了 ID 数据,即可通过。

2. 4D67/4D68 芯片防盗系统

丰田用的 4D 芯片大体上可以分成三种,分别是 4D67、4D68 和 4D72 芯片。2004～2009 年的丰田车主要用的是 4D67 和 4D68,代表车型有凯美瑞、卡罗拉、霸道、锐志、皇冠、RAV4 等,接下来我们先来介绍一下这两种芯片的基础知识。

通过对 4C 芯片防盗系统的描述,我们了解了丰田的防盗规则,即钥匙是分为主钥匙和副钥匙的,同样的在采用了 4D 芯片以后,这个规则还是存在的,只不过和 4C 芯片不同的是,4D 芯片本身就是有主副之分的,通过 VVDI、掌中宝等设备测量就可以区分主副。下面我们来看一下 4D67 和 4D68 是怎么在芯片数据上区分主副的。

4D67 和 4D68 芯片的主副体现在芯片数据里的 P1 项里,如表 9-2-1 所示。

表 9-2-1　4D67 和 4D68 芯片的 P1 项数据

芯片	主芯片数据					副芯片数据
4D67	32	52	72	B2	D2	92
4D68	30	50	70	B0	D0	90

从表格中可以看出,4D67 主芯片 P1 项为 32、52、72、B2、D2,副芯片 P1 项为 92;4D68 主芯片 P1 项为 30、50、70、B0、D0,副芯片 P1 项为 90。

在掌中宝设备中可以看出密码项数据,在 VVDI 设备软件上显示的是钥匙的位置。每种设备读取的定义不一样,实际上 2009 年前的车型,机械钥匙是平铣的用 4D67 芯片,机械钥匙是内铣的用 4D68 芯片(图 9-2-10)。

接下来,我们了解下 4D67 和 4D68 芯片钥匙的匹配方法。

(1) 有钥匙配钥匙方法

方法一: 使用 VVDI、掌中宝等设备拷贝原车钥匙芯片。

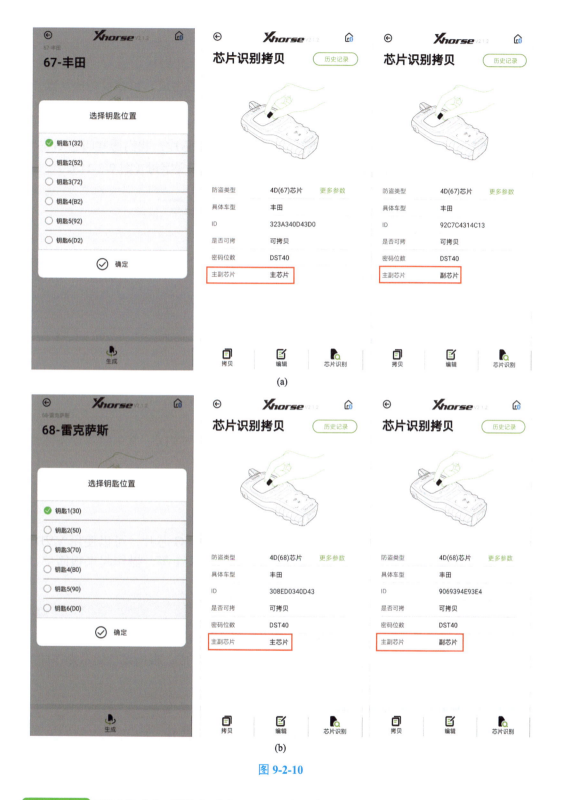

图 9-2-10

方法二： 通过防盗解码设备进行匹配，需要专用 4D 芯片，可以使用 VVDI 等设备生成，匹配设备如朗仁 i80Pro、道通 808、K518、TD-N51 等，操作起来很简单，无需密码，按设备提示操作即可。

（2）钥匙全丢匹配方法

通过防盗解码设备来初始化防盗电脑数据（相当于恢复出厂设置），初始完成后，至少要准备2个主芯片来进行匹配，可以使用VVDI等设备生成，根据设备提示操作。

3. 4D72芯片防盗系统

从2010年开始，丰田的防盗芯片换成了4D72的防盗芯片，我们通常叫它G芯片，因为用这种芯片的丰田车钥匙铁头上都会打着一个"G"英文字母（图9-2-11）。

图 9-2-11

丰田G芯片同样本身就分主和副，这点我们可以通过VVDI、掌中宝等设备测量得知，其他不多说，下面我们来说一下G芯片的匹配方法。

（1）有钥匙配钥匙方法

方法一： 使用VVDI、掌中宝等设备拷贝原车钥匙芯片。

方法二： 通过防盗解码设备进行匹配，需要专用丰田G芯片，可以使用VVDI设备生成。匹配设备如朗仁i80Pro、道通808、K518、TD-N51等，操作起来很简单，无需密码，按设备提示操作即可。

（2）钥匙全丢匹配方法

通过防盗解码设备来初始化防盗电脑数据（相当于恢复出厂设置），初始完成后，至少要准备2个主芯片来进行匹配，可以使用VVDI等设备生成，根据设备提示操作即可。

（3）丰田遥控器手工匹配方法

❶ 打开主驾驶门，其他车门关闭。

❷ 钥匙插拔点火开关两次，主驾驶门关开两次，门保持开。

❸ 钥匙插拔点火开关一次，主驾驶门关开两次，门保持开。

❹ 插入钥匙，关闭车门，钥匙开关点火开关（OFF—ON）一次，拔出钥匙（打开点火开关一次，表示增加遥控；打开点火开关两次，表示重置遥控），门中控锁动作，表示进入学习模式。

❺ 依次按需要匹配的遥控器：同时按住锁和开键一秒后松开，再按锁键一秒，中

控动作，学习完成。

4. 8A 芯片防盗系统

2014 年后新款丰田防盗芯片采用的是丰田专用 8A 芯片（又叫 H 芯片），丰田 8A 芯片防盗系统，与丰田 G 芯片防盗系统基本相同，只不过换了防盗芯片，不再使用 G 芯片，而改用了 8A 芯片。代表车型有新锐志、新卡罗拉、雷凌、新凯美瑞、新 RAV4 等。

丰田 8A 芯片分为两种，一种是掌中宝中 P6 页为解锁状态，其他页信息全部为锁止状态；另一种是 P5、P6 两页信息都处于解锁状态，其他页信息全部为锁止状态（图 9-2-12）。

图 9-2-12

这两种芯片使用的车型有所区分，P5、P6 两页信息都处于解锁状态的芯片只使用在丰田卡罗拉的车型上，而仅 P6 页为解锁状态的芯片使用在除卡罗拉以外的所有使用 8A 芯片的车型，如新款凯美瑞、新款 RAV4、雷凌等，可以使用 VVDI 设备生成（图 9-2-13）。丰田 8A 芯片的钥匙匹配方法如下。

图 9-2-13

(1) 有钥匙配钥匙方法

方法一： 用 VVDI、掌中宝等设备拷贝原车钥匙芯片。

方法二： 通过防盗解码设备进行匹配，需要专用丰田 8A 芯片，可以使用 VVDI 设备生成。匹配设备如朗仁 i80Pro、道通 808、K518、TD-N51 等，操作起来很简单，无需密码，按设备提示操作即可。

(2) 钥匙全丢匹配方法

方法一： 使用设备初始化数据，按照设备提示操作即可，初始化成功后，按照丰田学习钥匙的方法操作，但是大多数 8A 芯片防盗系统不支持设备初始化。

方法二： 使用 Xhorse 的 MAX 设备加 OBD 助手和 8A 线束，按照 MAX 设备提示操作即可。

方法三： 使用迷你 900 设备 OBD 重置防盗系统匹配钥匙（推荐）。

方法四： 更换防盗盒电脑，更换完后学习钥匙，需要两个主芯片学习，与初始化学习钥匙的方法相同。

(3) 丰田防盗电脑与发动机电脑同步方法

老款车型：短接 OBD 的 4 脚和 13 脚，打开钥匙等待 45 分钟左右，再断开短接线即可。

新款车型：因 OBD 的 13 脚是空脚，所以需要借助设备，可以使用 X431，进入对应发动机系统，选择 TC 端子激活，点击接通，等待 45 分钟左右，再点击断开即可（图 9-2-14）。

图 9-2-14

钥匙匹配案例：2015 年丰田 RAV4 钥匙增加

车型：2015 年丰田 RAV4（图 9-2-15）
防盗类型：8A 芯片防盗系统
钥匙类型：8A 芯片专用钥匙
匹配方法：设备 OBD 接口匹配
匹配设备：朗仁 i80Pro

图 9-2-15

操作步骤：

第一步：用 VVDI 云雀生成专用 8A 芯片（图 9-2-16）。

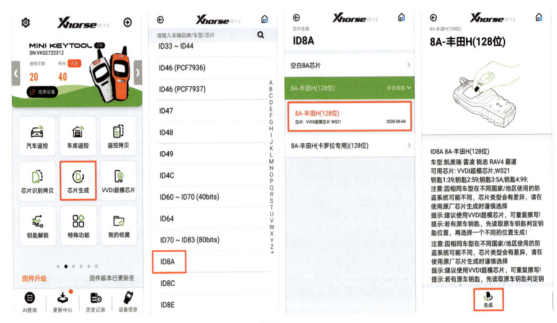

图 9-2-16

📌 **第二步：** 前期工作准备好后，设备连接车辆，选择防盗系统，选择防盗类型，进去后选择【钥匙增加】，按照设备提示操作即可（图 9-2-17）。

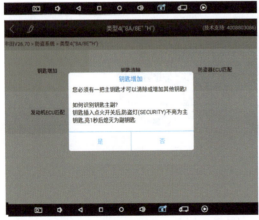
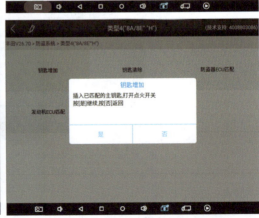

图 9-2-17

5. 丰田智能防盗系统

首先我们先区分下智能卡型号，丰田智能卡的区分不能看外形要看电路板型号。丰田车型常用的智能卡型号有 0111、0140、3370、5290、7930、7980、7990 等，拆开智能卡钥匙，会看到电路板上写有型号，如图 9-2-18 所示。

图 9-2-18

这是看板子型号区分的，还有一种方法是用设备识别智能卡，识别出 71 芯片就叫它 71 卡，识别出 74 芯片就叫它 74 卡，识别出 8A 芯片的就叫它 8A 卡。表 9-2-2 列出了部分车型智能卡型号。

表 9-2-2　智能卡型号与对应车型

智能卡型号	车型
0111	2008 款卡罗拉、锐志、RAV4
0140	2008 款霸道和凌志，2009 年款凯美瑞和汉兰达
0310、3370	2009 年以后凯美瑞，2010 款霸道和凌志
5290	2008 年以后新皇冠锐志带有 X 字标识和部分凌志
0020	2012 款凯美瑞用的
7930	2012 款皇冠和锐志通用、2017 款霸道

续表

智能卡型号	车型
7990	2013 款汉兰达
7980	2012 款 RAV4
A433/F433	中东版酷路泽

丰田智能卡钥匙匹配方法如下。

（1）有钥匙配钥匙

首先确定好具体车型，哪年车，然后把智能卡取出来，看智能卡型号，根据智能卡的型号找一个和原车一样的卡，然后拿设备上车匹配，匹配的时候使用原车卡引导，再匹配新卡，设备里都有提示，如 K518、道通 808、朗仁 i80PRO 等，按设备提示操作即可（图 9-2-19）。

图 9-2-19

（2）钥匙全丢匹配

方法一： 拆读数据写卡。支持写卡的设备有艾迪 900、TM100、探戈等。需要拆读智能盒数据，将数据加载到设备软件中，生成一个智能卡，可以直接启动车辆，智能遥控功能都有。

方法二： 使用设备重置防盗系统匹配。支持的设备有迷你 900+OBD 助手，K518+ 模拟器，i80Pro+ 模拟器，操作方法按设备提示即可。推荐使用迷你 900+OBD 助手，专门针对丰田防盗系统，支持防盗芯片匹配和智能卡增加全丢匹配，操作简单（图 9-2-20）。

迷你900

OBD助手

引导卡

图 9-2-20

方法三： 拆读防盗盒与智能盒（电子转向柱锁与智能盒）写初始化数据，然后学习智能卡，与芯片系统学习方法基本相同。

智能卡匹配案例： 2019 年新 AVALON 亚洲龙智能卡增加

车型：2019 年新 AVALON 亚洲龙（图 9-2-21）
防盗类型：全新智能卡防盗系统
钥匙类型：8A 芯片 0410 专用智能卡
匹配方法：设备生成着车智能卡，遥控自动生成
匹配设备：迷你 900+OBD 助手（TOYOKEY）

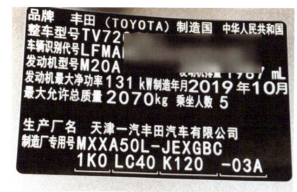

图 9-2-21

操作步骤：

> 第一步：将艾迪的 OBD 助手 TOYOKEY 插入车辆 OBD（图 9-2-22）。

图 9-2-22

> 第二步：打开迷你 900，类型 A 识别。将迷你 900 天线贴近启动按钮，读出 A 数据后，拍照保存（图 9-2-23）。

图 9-2-23

第三步： 将原车钥匙贴近门把手感应区，迷你 900 选择类型 B 识别，识别出数据后，拍照保存（图 9-2-24）。

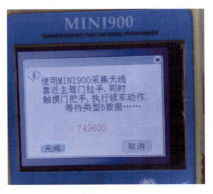

图 9-2-24

第四步： 将迷你 900 返回开机界面，并连接笔记本电脑，在电脑端打开艾迪软件，选择类型上传，按提示上传前面保存有采集数据的照片，等待厂家后台处理数据，大概耗时 5 分钟（图 9-2-25）。

图 9-2-25

第五步： 待数据处理完成后，点击电脑端类型上传，选择钥匙类型，点击生成钥匙，将新钥匙放入迷你 900 线圈，生成成功后即可（图 9-2-26）。

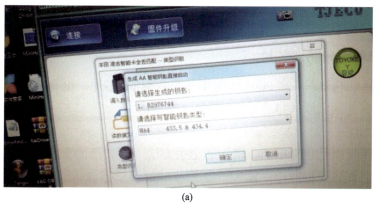

(a)

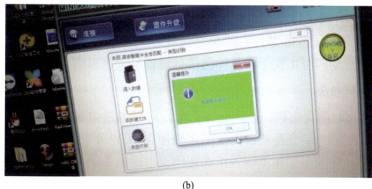

(b)

图 9-2-26

第三节 尼桑/英菲尼迪防盗系统

一、防盗系统介绍

尼桑汽车在市面上的保有量和本田、丰田、马自达一样，是很高的，也是我们常配的品牌，而英菲尼迪作为尼桑旗下的高档品牌，其防盗系统基本和尼桑一样，所以操作过程、配件及注意事项也不再另行描述了。下面介绍一下尼桑及其旗下的车型的概况。

钥匙类型有分体遥控钥匙、直柄遥控钥匙、折叠遥控钥匙和智能卡钥匙（现在都可以用 Xhorse 设备来生成）等四种（图 9-3-1）。

图 9-3-1

二、防盗系统区分及钥匙匹配方法

1. 根据年款区分防盗芯片

【2005年前】尼桑车系在2005年前用的是普通60芯片，也有部分车型是不带芯片的，代表车型有老款风度A33、A32，蓝鸟，等等。

钥匙匹配方法：

匹配芯片钥匙也是很简单的，增加和全丢方法一样，市面上常见的防盗设备都支持匹配，只要按照设备流程操作，输入固定密码5523，根据设备提示匹配就好了。

【2005年后】2005年后尼桑车系用的防盗芯片为普通46芯片（7936芯片），部分低配的车型是不带芯片的。代表车型有骐达、颐达、逍客、奇骏等。

使用普通46芯片（7936芯片）的车型，当芯片匹配到车辆后，芯片信息变为加密46芯片，即芯片成功匹配车辆后，芯片的信息就锁定于该车辆。

（1）钥匙匹配方法

匹配芯片钥匙时需要密码，密码是4位数。可以通过设备读取BCM码转换成防盗密码，一个是旧密码，一个是新密码。旧密码用在2009年前的车型，新密码一般用在2010年后的车型，按照车型年款输入正确密码，根据设备的提示操作即可（图9-3-2）。

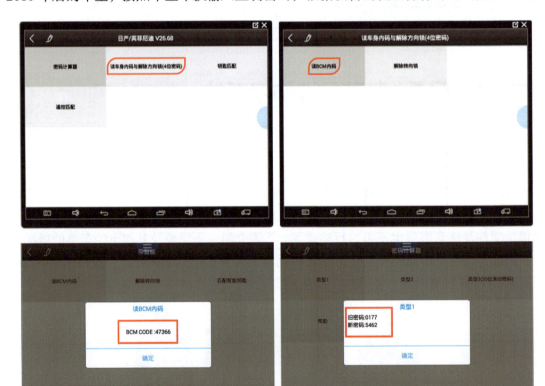

图9-3-2

（2）遥控器匹配方法

方法一： 适用骐达、颐达、骊威、奇骏、阳光、NV200 等。

① 关闭所有车门，然后手动锁上中控锁。

② 10 秒内将机械钥匙插拔点火锁 6 次（或 6 次以上），直到中控自动解锁，表示进入匹配模式。

③ 迅速将钥匙拧到 ACC 挡位，然后手动锁上中控锁。

④ 按第一个遥控器任意键，中控自动解锁，表示学习成功。

⑤ 如果配第二个遥控器，迅速手动锁上中控锁，按遥控器的任意键，中控自动解锁，表示学习成功。

⑥ 点火锁钥匙拔出，关闭车门，试遥控器。

方法二： 适用老蓝鸟的直柄遥控。

① 关闭所有车门。

② 10 秒内将驾驶位车门开关 3 次（开关—开关—开），停在开。

③ 5 秒内将钥匙从 ACC 挡拧到 ON 挡 3 次，停在关，这时双闪闪，喇叭响，表示进入匹配模式。

④ 按第一个遥控器任意键 2 秒，双闪闪，喇叭响，表示学习成功。

⑤ 如果配第二个遥控器，迅速按遥控器任意键 2 秒，双闪闪，喇叭响，表示学习成功。

⑥ 点火锁钥匙拔出，关闭车门，试遥控器。

【2015 年后】2015 年后尼桑车系部分车型用的防盗芯片是 4A 芯片，钥匙是折叠款式，代表车型有逍客、劲客、轩逸、奇骏等。

钥匙匹配方法：

使用折叠款式 4A 芯片的钥匙，是电子集成芯片钥匙，即匹配好芯片后，遥控器自动匹配。现在设备都是免密码匹配的，按设备提示操作即可。

2. 尼桑智能钥匙系统

尼桑车系智能系统分为两种：半智能系统和全智能系统。

半智能系统的车型，是旋钮式启动，无需插钥匙。当智能卡钥匙没电时，可以用机械小钥匙应急启动，小钥匙有芯片，为普通 46（7936）芯片（图 9-3-3）。

图 9-3-3

全智能系统的车型是一键启动的，也就是无钥匙进入和无钥匙启动的车型。当智能钥匙失效时，可以将钥匙靠近感应区启动。原理是智能钥匙有防盗芯片（小钥匙没有芯片），为电子集成式芯片。芯片型号有电子46芯片、电子47芯片、电子4A芯片等几种（图9-3-4）。

图 9-3-4

全智能系统的钥匙分为两种，智能卡带卡槽和不带卡槽。区别在于应急启动的方式不一样。带卡槽的钥匙要插入卡槽里面才可以应急启动，这种启动方式用于2008～2012年的天籁公爵（图9-3-5）。

图 9-3-5

不带卡槽的钥匙要贴近启动按钮才可以应急启动，代表车型有新奇骏、新阳光、轩逸、新天籁等（图9-3-6）。

图 9-3-6

（1）半智能系统智能卡钥匙匹配方法

❶ 有钥匙配钥匙方法。半智能系统的钥匙，智能卡遥控是没有防盗芯片的，芯片在小钥匙里面，因此我们要分两部分来匹配。可以先配智能卡遥控，然后再配小钥匙的46芯片，匹配小钥匙芯片和普通防盗的匹配方法一样。

配智能卡遥控时，选择设备里【增加智能卡】选项，按照设备提示匹配，如果智能卡匹配不上，把智能卡靠近中控仪表台附近，轻按一下智能卡遥控任意按键即可。

❷ 钥匙全丢匹配方法。钥匙全丢匹配时，先配小钥匙，再配智能卡。匹配小钥匙芯片时，切记不能用设备激活方向盘锁（会出现故障，匹配不上钥匙），可通过点火锁后面的开关线束，来拧开和关闭点火锁（图9-3-7）。

图 9-3-7

（2）全智能系统智能卡钥匙匹配方法

钥匙增加和全丢匹配方法相同。匹配时，必须先激活方向盘锁，才能匹配智能卡。先通过设备读取BCM内码，设备会自动转换成两组密码，旧密码和新密码。旧密码用在2009年前的车型，新密码一般用在2010年后的车型，输入密码后才能解锁电子转向柱锁。然后再匹配智能卡，按照设备提示操作即可。

钥匙匹配案例：2016年轩逸智能钥匙匹配

车型：2016年尼桑轩逸（图9-3-8）

防盗类型：全智能钥匙防盗系统

钥匙类型：46芯片专用智能卡（Xhorse设备可生成）

匹配方法：设备OBD接口直接匹配

匹配设备：朗仁i80Pro

图 9-3-8

操作步骤：

第一步：用Xhorse设备生成轩逸智能卡，使用VVDI智能卡子机生成（图9-3-9）。

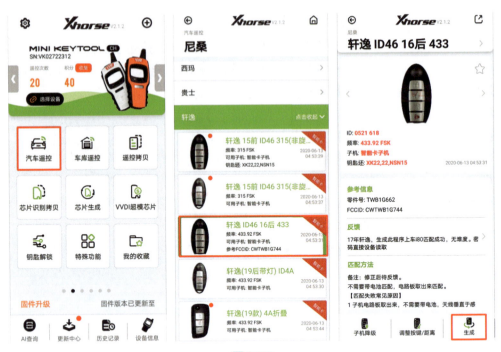

图 9-3-9

第二步： 设备连接好车辆，选择防盗匹配，选择车型，进入防盗系统钥匙匹配（图 9-3-10）。

图 9-3-10

⚑ **第三步：** 选择类型进入，先解锁转向柱锁，需要读取密码，按设备提示操作即可（图 9-3-11）。

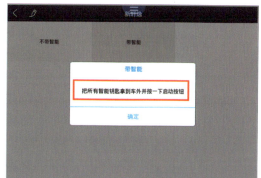

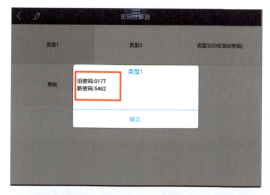
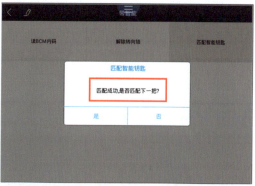

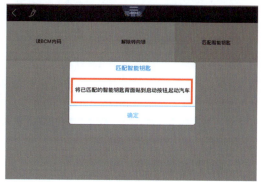

图 9-3-11

图 9-3-12

3. 新奇骏车身电脑 4BY1A

2014～2016 年之间的新奇骏，有一款型号的车身电脑 BCM 在匹配钥匙的时候有很大风险，BCM 型号是 4BY1A。很多同行匹配钥匙时，很容易将此车配死，我们说的配死车指原车钥匙也不能启动。死车后很难救活，网络上有很多新奇骏死车救活的方法，但是又很少按此方法救活的。如果找专业人士支援，可能需要花费大笔钱，因此不建议匹配这款 BCM 是 4BY1A 的新奇骏钥匙（图 9-3-12）。

第四节 现代 / 起亚防盗系统

一、防盗系统介绍

在韩系车里我们最常见的就是现代和起亚这两款车系，韩系车的防盗系统也很简单，防盗系统类型可以区分为遥控防盗系统、芯片钥匙防盗系统和智能钥匙防盗系统三种。

从钥匙类型上区分可为分体遥控钥匙、折叠遥控钥匙和智能卡钥匙（现在都可以用 Xhorse 设备来生成）（图 9-4-1）。

图 9-4-1

二、防盗系统区分及钥匙匹配方法

1. 遥控防盗系统

遥控防盗系统是指此系统无芯片防盗，只有遥控解锁车门以后，才能启动汽车。代表车型有索纳塔、伊兰特、雅绅特、途胜、赛拉图、狮跑、秀儿等。

钥匙匹配方法：

机械钥匙无芯片，只需匹配遥控器，遥控器可以用 Xhorse 设备来生成，然后用设备来匹配，匹配时部分车型需要用 10 针 OBD 转接头进入遥控系统，按设备提示操作即可（图 9-4-2）。

图 9-4-2

2. 46 芯片钥匙系统

带芯片防盗的大部分车型钥匙是普通 46 芯片的，匹配到车上以后就加密，锁定于该车辆。代表车型有悦动、朗动、K2、狮跑、智跑等。

钥匙匹配方法：

增加钥匙可以拷贝芯片，或者设备匹配。钥匙全丢和钥匙增加用设备匹配的方法一样，匹配时需要输入密码，密码是 6 位数。可以通过设备读取密码，或者通过车架号找第三方查询密码。

 注意：

钥匙打开仪表后，防盗灯是常亮状态，属于正常，说明钥匙合法，启动车辆后，防盗灯才会熄灭，如果钥匙打开仪表后，看不到防盗灯（不亮也不闪），说明钥匙不合法或者防盗系统故障。

3. 70 芯片防盗系统

2012 年后部分车型使用的是普通 70 芯片，匹配方法和 46 芯片的车型匹配方法一样。设备匹配时需要输入密码，密码是 6 位数。可以通过设备读取密码，或者通过车架号找第三方查询密码。代表车型有 K3、K5、KX5、飞思、领动、悦纳、九代索纳塔等。

4. 智能钥匙系统

智能钥匙系统和普通芯片钥匙系统匹配方法一样，钥匙都是专用的，也可以用

Xhorse 设备来生成。匹配时需要密码，可以通过设备读取密码，或者通过车架号找第三方查询密码。代表车型有朗动、智跑、IX35、名图、新途胜、K3、K5、索兰托等。

智能卡的钥匙分老款和新款，老款车型的智能卡是带卡槽的 46 芯片钥匙，匹配钥匙时，需要将钥匙插入卡槽匹配（卡槽指应急感应区），而部分车型车上没有卡槽，例如朗动需要将钥匙贴近启动按钮匹配。带卡槽的车型卡槽一般在扶手箱里面，有的车型在杂物箱里面，少数车型是贴启动按钮位置（图 9-4-3 和图 9-4-4）。

而新款的车型钥匙是不带卡槽的，智能卡钥匙有 46 芯片的、47 芯片的、4A 芯片的、还有 8A 芯片的。匹配钥匙时，智能卡需要贴启动按钮上匹配，按设备提示操作即可。

图 9-4-3

图 9-4-4

钥匙匹配案例：现代朗动智能钥匙增加

车型：2012 年朗动（图 9-4-5）

防盗类型：老款智能钥匙系统

钥匙类型：46 芯片老款智能卡

匹配方法：设备 OBD 接口直接匹配

匹配设备：朗仁 i80Pro

图 9-4-5

操作流程：

第一步： 用 Xhorse 设备生成朗动专用智能卡（图 9-4-6）。

图 9-4-6

第二步： 设备连接车辆，读取密码（图 9-4-7）。

图 9-4-7

图 9-4-7

📌 **第三步**：密码读出后，开始匹配钥匙，选择【智能钥匙系统】（图 9-4-8）。

图 9-4-8

📌 **第四步**：因朗动车上不带卡槽，应急感应位置在启动按钮上，所以匹配钥匙时选择无卡槽类型，进行匹配。后面按设备提示，输入正确密码。按提示一步步操作即可（图 9-4-9）。

图 9-4-9

第五节 马自达防盗系统

一、防盗系统介绍

马自达车系钥匙防盗匹配是最为简单的，全年款车系钥匙都是使用 4D63 芯片，新款车型使用的是 4D83（大容量 4D63+）芯片，防盗系统类型可以分为芯片钥匙防盗系统和智能钥匙防盗系统。

从钥匙类型上分可以分为分体遥控钥匙、折叠遥控钥匙和智能卡钥匙（现在都可以用 Xhorse 设备来生成）（图 9-5-1）。

一键启动式

老款旋钮式智能卡

图 9-5-1

二、防盗系统区分及钥匙匹配方法

1. 普通芯片钥匙防盗系统

马自达车型使用的都是 4D63 芯片，4D63 芯片区分小容量和大容量，大容量的芯片是 4D63+ 芯片可以代替小容量 4D63 芯片。代表车型有马2、马3、马5、马6、马8、睿翼等。钥匙匹配方法如下。

（1）有钥匙配钥匙方法

方法一： 使用 Xhorse 设备拷贝芯片，可使用超模芯片拷贝。

方法二： 使用设备匹配，匹配时需要专用芯片，并且至少两个芯片钥匙才可以完成匹配步骤。

（2）钥匙全丢匹配方法

钥匙全丢匹配方法和增加匹配方法一样，使用设备匹配，需要两个 4D63 芯片匹配，匹配时无需密码，按设备提示操作即可。

（3）马自达遥控手工匹配方法（适用马3、马5、马6、睿翼等）

❶ 打开主驾驶门，其他车门关闭。
❷ 钥匙打开点火开关三次（OFF—ON），最后保持关。
❸ 主驾驶门关开三次，最后保持开，门锁中控动作，表示进入学习模式。
❹ 依次按需要匹配的遥控器开键两下，中控动作，学习完成。

2. 智能钥匙系统

马自达的智能钥匙系统分两种类型，一个是半智能旋钮式启动，另一个是全智能按键式启动。老款的车型基本都是半智能旋钮式启动，这种类型的钥匙，智能卡遥控是不带芯片的，芯片在小钥匙里面，使用的是 4D63 芯片，当智能卡遥控没电时，可以用机械小钥匙插点火锁应急启动。代表车型有马2、马6、马8、睿翼等。

而新款全智能按键式启动，智能卡钥匙是带芯片的，芯片集成在遥控电路板中，是电子 49 芯片的智能卡钥匙，小钥匙是不带芯片的。当智能卡遥控没电的时候，可以将智能卡背面贴在启动按钮上来应急启动。代表车型有昂克赛拉、阿特兹、CX4 等。

图 9-5-2

下面我们看智能钥匙的匹配方法。

（1）有钥匙配钥匙方法

用解码设备进行匹配，匹配时不需要密码，按设备提示操作即可。如 i80Pro、道通 808、K518 等（老款智能卡的车型，小钥匙是带 4D63 芯片的，匹配完智能卡还需要匹配小钥匙）。

（2）钥匙全丢匹配方法

用设备按提示直接匹配，老款智能卡旋钮式的小钥匙带 4D63 芯片的，全丢匹配时，先配小钥匙后配智能卡，根据设备提示操作就可以了。

第十章 美洲车系防盗系统

第一节 别克 / 雪佛兰 / 凯迪拉克防盗系统

一、防盗系统介绍

通用系列防盗系统可分为手工匹配钥匙和设备匹配钥匙这两种防盗系统。手工匹配钥匙的车型已经很少了，都是老款车，使用的是电阻钥匙和 PK3 芯片钥匙系统。代表车型有老世纪、老君威、老君越、老 GL8、陆尊等。而我们现在常见的车型都是新款设备匹配的防盗系统，代表车型有新君越、新君威、英朗、新 GL8、科鲁兹、迈锐宝等。

钥匙类型可分为分体遥控钥匙、直柄遥控钥匙、折叠遥控钥匙和智能卡钥匙（现在都可以用 Xhorse 设备来生成）（图 10-1-1）。

图 10-1-1

二、防盗系统区分及钥匙匹配方法

1. 电阻钥匙防盗系统

电阻钥匙防盗系统的车型已经很老了，电阻钥匙防盗原理是钥匙上的阻值和车上防盗系统认证的阻值在有效范围内，即可启动车辆。也就是说这种类型的钥匙上是有电阻的，并且这样的电阻钥匙有 15 种规格，钥匙的阻值在最低和最高之间为一种档位型号（图 10-1-2）。代表车型有老别克世纪、老款凯迪拉克等。钥匙匹配方法如下。

电阻钥匙规格

电阻挡位	标准	最低	最高
1#	402	386	438
2#	523	502	546
3#	681	654	728
4#	887	852	942
5#	1130	1085	1195
6#	1470	1411	1549
7#	1870	1795	1965
8#	2370	2275	2485
9#	3010	2890	3150
10#	3740	3590	3910
11#	4750	4560	4960
12#	6040	5798	6302
13#	7500	7200	7820
14#	9530	9149	9931
15#	11800	11328	12292

图 10-1-2

（1）有钥匙配钥匙方法

使用万用表测量原车钥匙的阻值，假如原车钥匙阻值是 520Ω，则钥匙是 2 号档位的电阻钥匙，那么我们就拿一个 2 号电阻钥匙开好机械齿，钥匙即可启动车辆（图 10-1-3）。

图 10-1-3

（2）钥匙全丢匹配方法

拿任意挡位的电阻钥匙，开好机械齿，在车上操作三个十分钟即可。以下是操作流程：

🔸**第一步：**拿一把电阻钥匙打开仪表，计时十分钟看防盗灯，防盗灯熄灭后关闭点火锁拔出钥匙（注意，第一个十分钟过后，需要把钥匙拔出，再打开仪表等第二个十分钟）。

🔸**第二步：**再插入钥匙打开仪表，计时十分钟，等防盗灯熄灭。

🎵 **第三步：** 再插入钥匙打开仪表，计时十分钟，防盗灯熄灭后，再打开仪表看防盗灯熄灭即可。

🎵 **第四步：** 如果要多配一把钥匙，按有钥匙配钥匙方法操作。

2. PK3 钥匙防盗系统

PK3 钥匙是带防盗芯片的，芯片为 13 芯片，机械钥匙头上印有"PK3"字样。使用这种钥匙的车型有老君威、老 GL8、陆尊等，钥匙是分体式遥控钥匙（图 10-1-4）。钥匙匹配方法如下。

图 10-1-4

（1）有钥匙配钥匙方法

使用原车钥匙打开仪表不要启动车辆，看仪表显示的防盗灯，等防盗灯熄灭后，用新的 PK3 芯片钥匙打开仪表，等防盗灯熄灭即可启动车辆。

（2）钥匙全丢匹配方法

钥匙全丢操作三个十分钟来匹配钥匙，以下是操作流程：

🎵 **第一步：** 拿一把 PK3 芯片钥匙打开仪表，计时十分钟看防盗灯，防盗灯熄灭后关闭点火锁拔出钥匙（注意，第一个十分钟过后，需要把钥匙拔出，再打开仪表等第二个十分钟）。

🎵 **第二步：** 再插入钥匙打开仪表，计时十分钟，等防盗灯熄灭。

🎵 **第三步：** 再插入钥匙打开仪表，计时十分钟，防盗灯熄灭后，再打开仪表等防盗灯熄灭即可。

🎵 **第四步：** 如果要多配一把钥匙，按有钥匙配钥匙方法操作。

 注意

操作三个十分钟时，要关闭车上所有的用电器，CD、空调、大灯等。

3. PK3+ 钥匙防盗系统

PK3+ 防盗系统，使用的钥匙芯片是专用 48 芯片，原车钥匙头上印有 "PK3+" 字样，这种钥匙使用在老款的凯迪拉克上，钥匙的匹配方法和 PK3 钥匙匹配方法相同（图 10-1-5）。

图 10-1-5

以上是使用手工操作的方法匹配钥匙的防盗系统，接下来我们看使用设备匹配钥匙的防盗系统。

4. 别克凯越防盗系统

凯越的防盗系统是按年款区分使用的芯片，在 2006 年以前使用的是普通 4D60 芯片，2007～2012 年使用的是普通 48 芯片，2013 年后使用的是凯越专用 70 芯片，这几种芯片都可以用 Xhorse 设备生成，部分低配车型不带芯片防盗。从钥匙上分可以分为直柄遥控钥匙和折叠遥控钥匙（图 10-1-6）。

图 10-1-6

钥匙匹配方法：钥匙增加和全丢的匹配方法相同，2012 年前的车型用防盗设备匹配钥匙不需要密码，2013 年后的新凯越匹配钥匙和遥控器时需要输入密码，输入正确密码后按设备提示操作即可。

2013年后凯越密码获取方法：

方法一：看防撞梁标签密码，如图10-1-7所示，密码为8720。
方法二：通过车架号找第三方查询。

图10-1-7

钥匙匹配案例1：2011年凯越遥控器匹配（图10-1-8）

图10-1-8

用设备i80Pro匹配遥控器，选择【遥控匹配】进入系统，按设备提示操作即可（图10-1-9）。

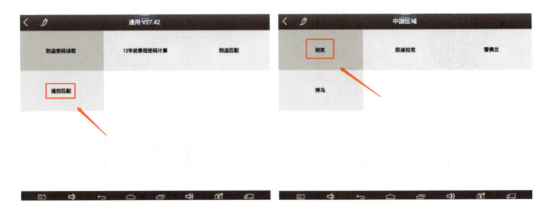

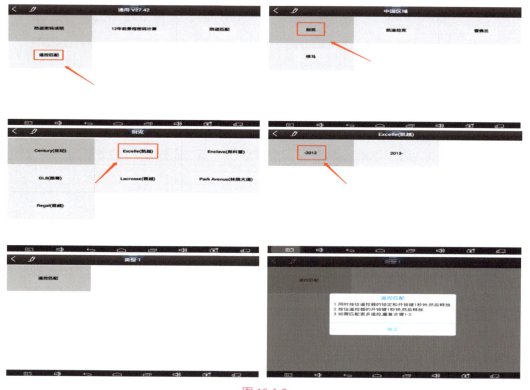

图 10-1-9

钥匙匹配案例 2：2011 年凯越钥匙匹配

用设备道通 808 进入凯越防盗系统，进去后开始匹配钥匙，按设备提示操作即可（图 10-1-10）。

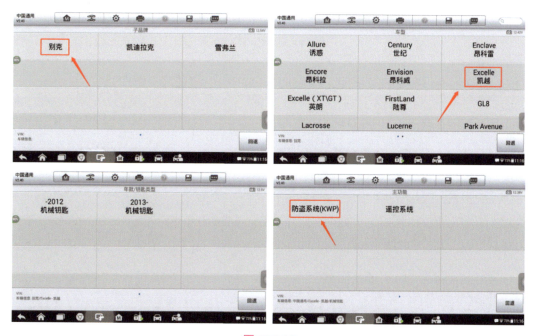

图 10-1-10

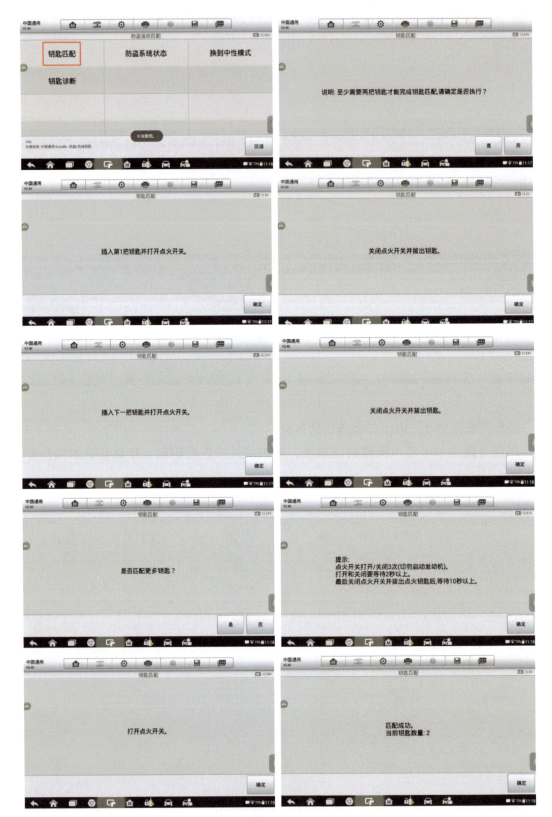

图 10-1-10

5. 雪佛兰景程防盗系统

雪佛兰景程的防盗系统也按车型年款区分。2012 年前使用景程专用 60 芯片，2012 款景程不带芯片，2013 年后使用景程专用 70 芯片。这几种芯片都可以用 Xhorse 设备生成，从钥匙上分可以分为直柄遥控钥匙和折叠遥控钥匙（图 10-1-11）。钥匙匹配方法如下。

图 10-1-11

（1）有钥匙配钥匙方法

方法一：使用 Xhorse 设备拷贝芯片。

方法二：使用设备 OBD 接口直接匹配，匹配时需要密码，输入正确密码后，按设备提示操作即可。

（2）钥匙全丢匹配方法

钥匙全丢匹配的方法和有钥匙配钥匙方法相同，匹配时需要密码，输入正确密码后，按设备提示操作即可。

2012 年前景程 60 芯片防盗密码获取方法：

方法一：增加钥匙时，在原车有主钥匙的情况下，可以用掌中宝设备识别芯片，识别出后能直接显示出防盗密码（图 10-1-12）。

图 10-1-12

▸ 方法二： 通过车架号找第三方付费查询（费用较高）。

▸ 方法三： 拆车身 BCM 电脑，使用 VVDI 超级编程器读数据，数据读出后，在数据里面寻找密码。

拆读车身 BCM 电脑读数据时，数据是储存在 CPU 里的，需要拆下 BCM 的 CPU，使用景程 BCM 专用的适配器读写数据（需要单买）（图 10-1-13）。

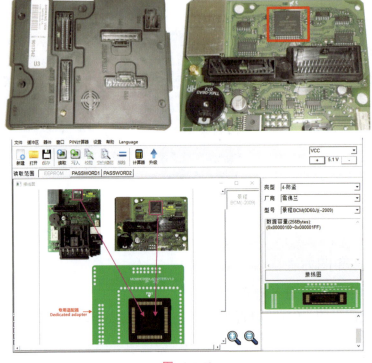

图 10-1-13

数据读出来后，需要计算，可以加载到 VVDI2 设备软件里，VVDI2 能自动转换出密码（图 10-1-14）。

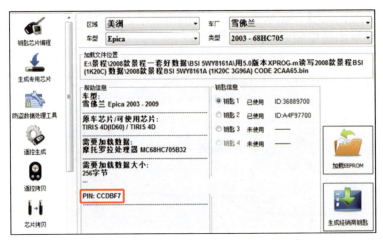

图 10-1-14

2013 年后景程防盗密码获取方法：

方法一： 通过车架号找第三方付费查询（费用较高）。

方法二： 拆车身 BCM 电脑，使用 VVDI 超级编程器读数据，数据读出后，在数据里面寻找密码。

拆读车身 BCM 电脑读数据时，数据是储存在 CPU 里的，可以使用 VVDI 超级编程器读写数据（图 10-1-15）。

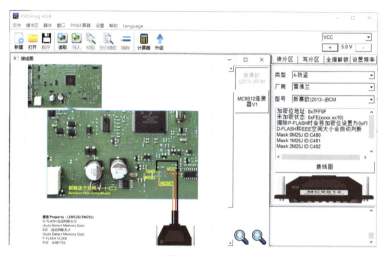

图 10-1-15

数据读取成功后，密码位置在数据明文区直接显示，如图 10-1-16 所示，划红线位置就是密码。

```
00000000 FF3F 3F02 0601 019A 3F3F F1DB 0502 6CFF _??.....??....l.
00000010 0303 0203 0303 0303 0000 00DC 0000 002D ...............-
00000020 000A 00B4 0014 0147 0028 022B 0050 0417 .......G.(.+.P..
00000030 0078 05EE 00B4 08D0 00DC 0AD5 0A10 0000 .x..............
00000040 1F40 0000 003F 01F4 00B0 03E8 0120 07D0 .@...?..........
00000050 01FB 0FA0 03BB 1388 049C 1770 057D 1F40 ...........p.}.@
00000060 074C 1500 00FE 0000 0000 2E0C 0000 5E1F .L.............^.
00000070 0000 A63F 0001 335F 0001 AB7F 0002 23BE ...?..3_......#.
00000080 0003 1CFE 0004 1F0E 0146 0268 0146 03FE ..........F.h.F..
00000090 01A7 02E4 01EA 021E 0208 01C9 023E 00EF ..............>..
000000A0 024C 00B6 0268 0045 FFFF 3935 3237 0701 .L...h.E..9527..
000000B0 0708 0101 0101 0100 F000 F009 6000 F000 ................
000000C0 F004 0404 0404 0101 0101 0100 0000 0000 ................
000000D0 0000 0000 0004 0404 0404 0101 0101 0100 ................
000000E0 3000 0000 0000 0000 000D 2000 3000 0000 0..........0...
000000F0 3000 0000 19C0 0558 0210 0210 03B4 050A 0.......X.......
00000100 0014 0014 0400 0201 C500 0000 FFFF FF00 ................
00000110 0000 0000 0000 F100 0000 0000 0000 0000 ................
00000120 FFFF FF00 0005 6C42 3B00 FFFF FF00 0611 .......lB;......
00000130 1211 2121 FF21 FF11 1100 0000 0100 01FF ..!!.!..........
00000140 FFFF FF06 0600 3203 D400 0A80 0154 0325 ......2.....T.%
00000150 0154 FE00 0207 BE00 027E 7F00 02BF 5F00 .T......~.......
```

图 10-1-16

6. 2008 年后新款车型

2008 年后的新款车型，例如新君威、新君越、新 GL8、英朗、科鲁兹、迈锐宝等，使用的是电子46芯片遥控钥匙。2015年后部分车型使用的是专用70芯片钥匙,例如英朗、阅朗、威朗等。

钥匙类型可分为折叠遥控钥匙和智能卡钥匙,折叠遥控钥匙分智能和不智能两种,智能钥匙是高配带无钥匙进入的车型(大部分都可以用Xhorse设备来生成)(图10-1-17)。

图10-1-17

(1)钥匙匹配方法

有钥匙配钥匙和钥匙全丢匹配方法相同,智能车型,智能钥匙需要贴感应区匹配。匹配钥匙时,需要输入密码,输入正确密码后,设备需要配置系统10分钟左右,整个流程按设备提示操作即可。

(2)密码获取方法

🔸**方法一:** 防盗匹配设备OBD读取(图10-1-18)。

图10-1-18

🔸**方法二:** 查看标签条形码。

通用系列车型有的将防盗密码贴在防撞梁的标签上,拆开左前轮挡泥板,就能看见该条形码(图10-1-19)。

密码：2568

图 10-1-19

🗡 **方法三**：通过车架号找第三方付费查询。

🗡 **方法四**：拆读车身电脑查看数据里的密码。

车身电脑一般安装在主驾驶方向盘下方护板内，拆下来后读车身 BCM 的数据，数据储存在八脚码片 24C16 或 24C32 里，新款 BCM 数据储存在 CPU 里，数据读出后密码位置在数据明文区直接显示（图 10-1-20）。新款车身 BCM 电脑如图 10-1-21 所示。

 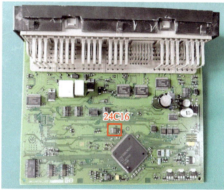

图 10-1-20

 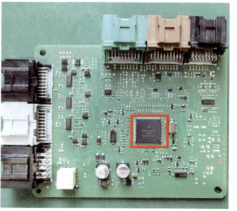

图 10-1-21

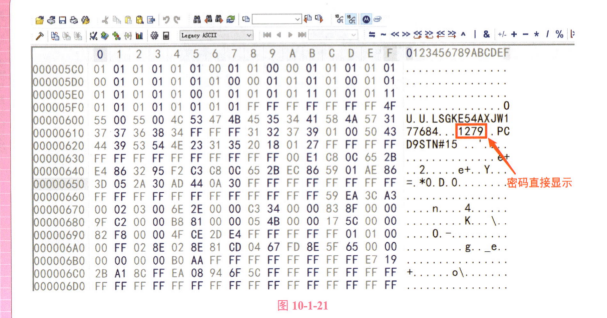

图 10-1-21

钥匙匹配案例 1：雪佛兰科鲁兹钥匙匹配

车型：2012 科鲁兹（图 10-1-22）

防盗类型：车身 BCM 防盗系统

钥匙类型：电子 46 芯片普通遥控钥匙

匹配方法：设备 OBD 接口直接匹配

匹配设备：朗仁 i80Pro

图 10-1-22

以下是匹配操作的流程：

第一步： 使用 Xhorse 设备生成专用钥匙（图 10-1-23）。

图 10-1-23

📝 **第二步：** 设备连接系统，读取防盗密码，点击防盗密码读取（图 10-1-24）。

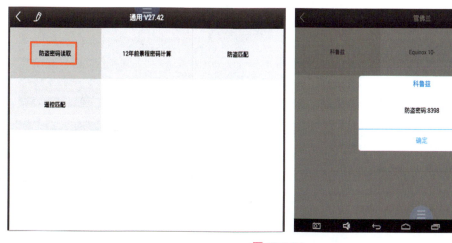

图 10-1-24

📝 **第三步：** 密码读取成功后，接下来开始匹配钥匙，进入防盗匹配，输入正确密码后，按设备提示操作即可（图 10-1-25）。

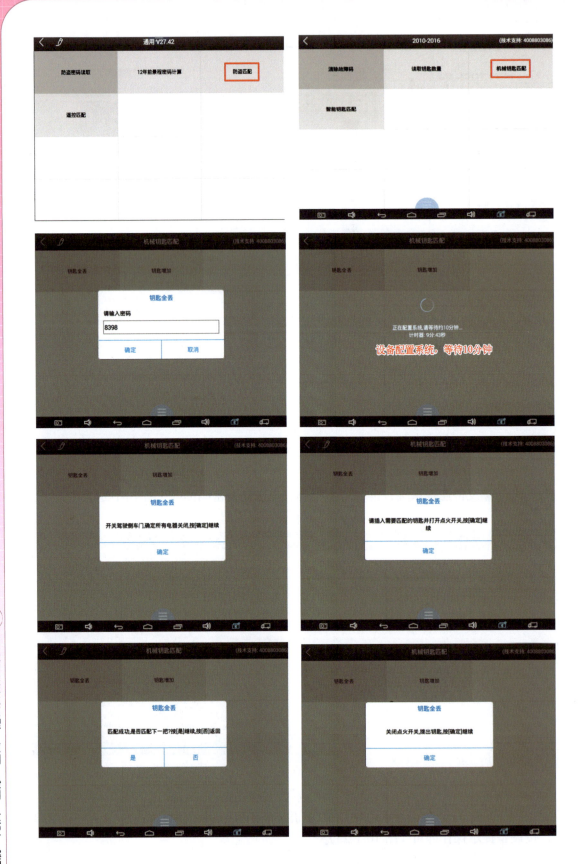

图 10-1-25

钥匙匹配案例 2：别克新 GL8 智能钥匙增加

车型：2013 年新 GL8（图 10-1-26）
防盗类型：车身 BCM 防盗系统
钥匙类型：电子 46 芯片折叠智能钥匙
匹配方法：设备 OBD 接口匹配
匹配设备：道通 808

图 10-1-26

以下是匹配操作的流程：

第一步：使用 Xhorse 设备生成专用智能钥匙（图 10-1-27）。
第二步：使用 808 连接车辆，进入车型，进入防盗系统，执行智能钥匙增加功能，按设备提示操作即可（图 10-1-28）。

图 10-1-27

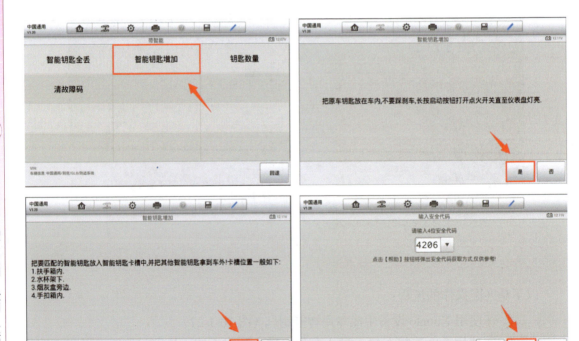

210

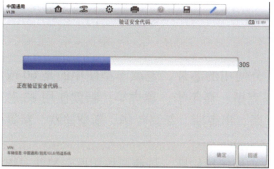
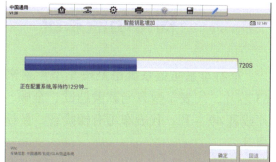
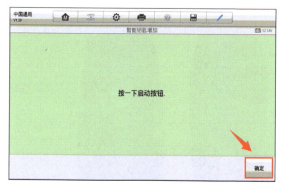
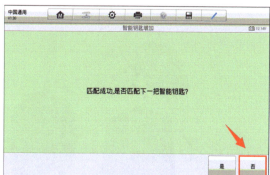
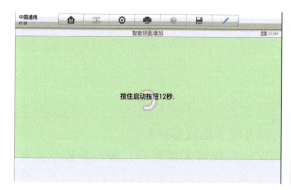
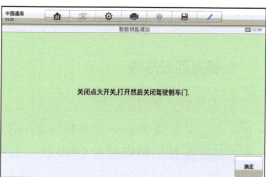
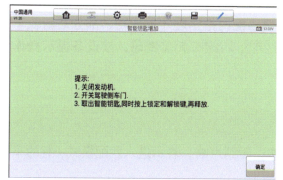
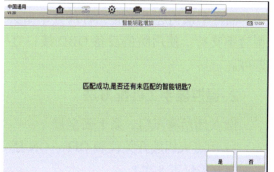

图 10-1-28

第二节　福特防盗系统

福特车系防盗系统也是按车型年款来区分使用的芯片，老款车型使用的是 60 或 63 芯片，代表车型有老款蒙迪欧、全顺、福克斯、嘉年华、翼虎等；新款使用 83 芯片或者 49 芯片，代表车型有探险者、新福克斯、福睿斯、新嘉年华、新蒙迪欧、新翼虎等。

从钥匙类型上分可以分为分体遥控钥匙、直柄遥控钥匙、折叠遥控钥匙和智能卡钥匙（大部分钥匙都可以用 Xhorse 设备来生成）（图 10-2-1）。

图 10-2-1

1. 钥匙匹配方法

（1）有钥匙配钥匙方法

方法一： 使用 Xhorse 设备拷贝原车芯片（除开电子集成芯片）。
方法二： 使用防盗设备 OBD 接口直接匹配，匹配时无需密码，按设备提示操作即可。

（2）钥匙全丢匹配方法

福特车系钥匙全丢时，有部分车型必须要匹配两把钥匙才能成功，部分最新款车型暂不支持。使用防盗设备 OBD 接口直接匹配，匹配时无需密码，按设备提示操作即可。

2. 遥控器手工匹配方法

❶ 关闭所有车门，系上安全带。
❷ 用点火钥匙开关仪表 OFF—ON 挡 4 次，听到声响，表示进入匹配模式（有的车型需要开关仪表 8 次）。
❸ 按需要匹配的遥控器锁车键、开锁键和后备箱键。
❹ 如还需要匹配其他遥控器，请在 10 秒内重复步骤 ❸。

钥匙匹配案例 1：2018 年福特福睿斯钥匙增加

车型：2018 年福睿斯（图 10-2-2）
防盗类型：普通钥匙芯片防盗系统
钥匙类型：专用电子 49 芯片折叠遥控钥匙
匹配方法：设备 OBD 接口匹配
匹配设备：道通 808

图 10-2-2

以下是使用道通 808 匹配钥匙的流程：

第一步：使用 Xhorse 设备生成福睿斯专用钥匙（图 10-2-3）。

图 10-2-3

▶ **第二步：** 使用道通 808 与车辆连接，选择车型进入防盗系统（图 10-2-4）。

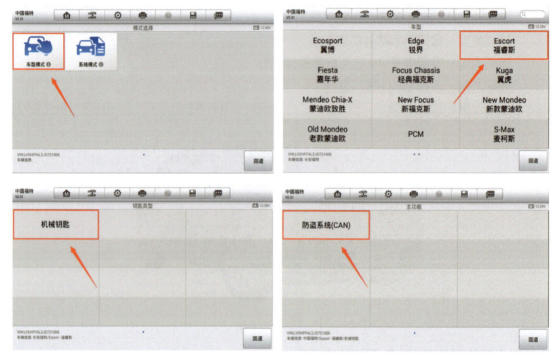

图 10-2-4

▶ **第三步：** 进入防盗系统后，选择钥匙增加选项，后面按照设备提示操作即可（图 10-2-5）。

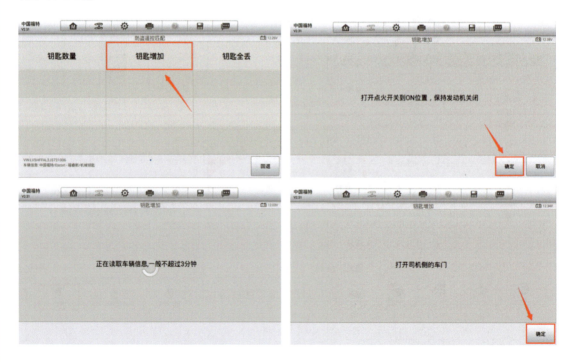

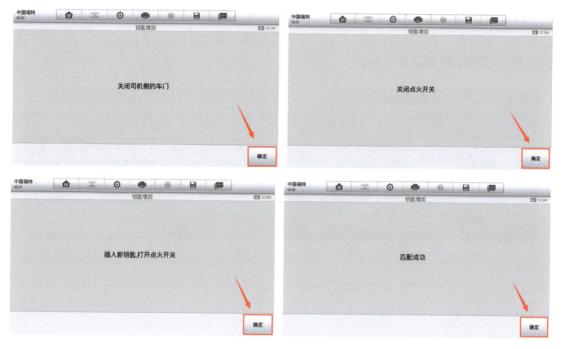

图 10-2-5

钥匙匹配案例 2：2013 年大切诺基智能钥匙匹配（图 10-2-6）

图 10-2-6

❶ 此款车型钥匙是高配带智能钥匙，钥匙芯片集成于智能卡电路板，电子 46 芯片专用钥匙（图 10-2-7）。

图 10-2-7

匹配该款车型钥匙可以用设备郎仁i80、K58、道通808、X300等。匹配时需要防盗密码，设备都支持OBD读取，只需按照设备提示操作即可。下面以郎仁i80匹配为例，具体步骤如图10-2-7所示。

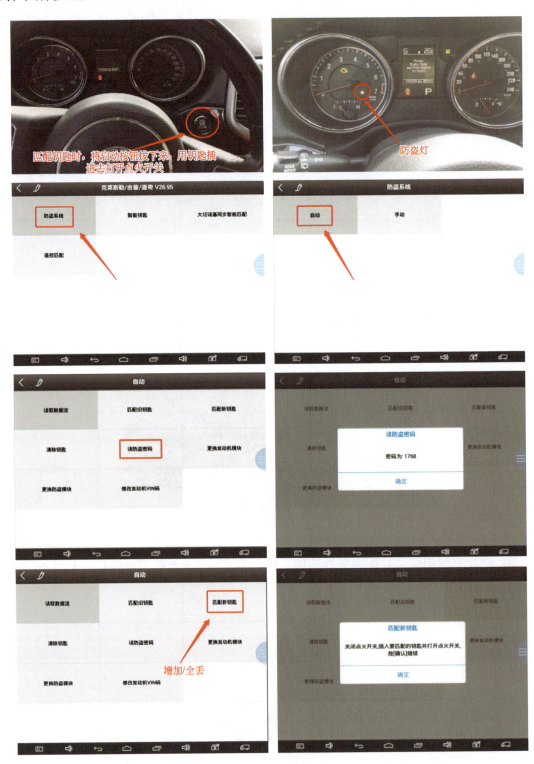

图 10-2-8

❷ 钥匙匹配成功后，只能插钥匙拧着车，智能还不管用，这时还需要同步下智能匹配，具体步骤如图 10-2-9 所示。

图 10-2-9

第十一章
欧洲车系防盗系统

第一节　标致/雪铁龙/DS 防盗系统

一、防盗系统介绍

标致、雪铁龙、DS 防盗系统属于同一种防盗类型，所以匹配方法和步骤都是完全相同的。只是部分老款车型使用33芯片，匹配方法不一样，其他多数使用电子46芯片，新款车型使用电子 4A 芯片，但是匹配方法完全相同。

从钥匙类型上分可以分为分体遥控钥匙、直柄遥控钥匙、折叠遥控钥匙和智能卡钥匙（大部分钥匙都可以用 Xhorse 设备来生成）（图 11-1-1）。

图 11-1-1

二、防盗系统区分及钥匙匹配方法

1. 33 芯片防盗系统

使用 33 芯片钥匙的车型如 2013 年前的爱丽舍，法雷奥的防盗系统，和前面课程讲的国产车风神 S30/H30 的防盗系统一样，钥匙的匹配方法也相同，详情请看国产车系法雷奥防盗系统介绍（图11-1-2）。

图 11-1-2

2. 46芯片防盗系统

使用46芯片的防盗系统，基本上都是电子集成的46芯片钥匙，防盗控制单元集成在车身BSI中。代表车型有标致的308、408、508、3008、4008、5008等，雪铁龙的C2、C3、C4、C5、C4L、世嘉、凯旋、DS等。

3. 4A芯片防盗系统

使用4A芯片的防盗系统，钥匙都是电子4A芯片的遥控钥匙，芯片式电子集成的，匹配好芯片以后，遥控器可直接使用。防盗控制单元也集成在车身BSI中，匹配钥匙的方法和电子46芯片钥匙匹配方法相同。

4. 高配智能钥匙系统

部分高配车型和新款车型使用智能钥匙，钥匙都是专用的，部分车型可以用Xhorse设备来生成，匹配钥匙时需要防盗密码，密码可通过设备读取或者车架号查询（图11-1-3）。

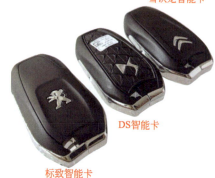

图 11-1-3

5. 钥匙匹配方法

（1）有钥匙配钥匙方法

方法一： 使用防盗设备OBD接口进行匹配，匹配芯片钥匙时，需要输入密码，正确密码登录成功后，按设备提示操作即可。芯片匹配成功后，按设备提示匹配遥控器。

方法二： 使用Xhorse设备拷贝芯片，注意复制的只是芯片，没有遥控，这种方法可以用在老款不要遥控的车上。

（2）钥匙全丢匹配方法

钥匙全丢时，可以通过车架号查防盗密码和机械钥匙齿号，匹配时，正确密码登录成功后，按设备提示操作即可。芯片匹配成功后，按设备提示匹配遥控器。

（3）密码获取方法

方法一： 有着车钥匙时，大部分车型可以通过防盗匹配设备OBD接口读取密码，无着车钥匙时暂不支持读取，如图 11-1-4 所示。

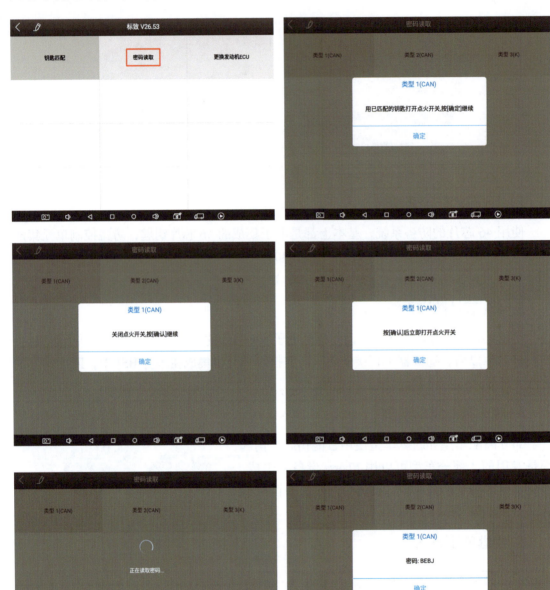

图 11-1-4

⬧ **方法二：** 用车架号找第三方付费查询密码（可查出齿号）。
⬧ **方法三：** 拆读车身 BSI 数据，查看密码数据（不推荐）。
⬧ **方法四：** 查看车上的密码卡，如果有的话可以通过密码卡查看防盗密码和钥匙齿形码，如图 11-1-5 所示。

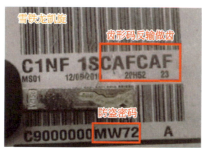

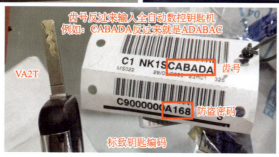

图 11-1-5

（4）遥控器型号区分

标致、雪铁龙、DS 车型遥控器都可以使用 Xhorse 设备来生成，由于大部分车型是电子芯片的，直接生成遥控器数据即可，不需要单独生成专用芯片。所以这里要区分下遥控器的型号，如果生成的遥控器型号和车辆使用的型号不一致，那么钥匙匹配好以后，遥控器是用不了的。

确认遥控器时我们可以看车型，或者看钥匙上写的型号。老款车型钥匙上面写的型号是 0523，调制模式有 ASK 或 FSK，新点的车型钥匙上面写的型号是 0536，调制模式有 ASK 或 FSK，频率区分有 315MHz 和 433MHz（图 11-1-6）。

图 11-1-6

钥匙匹配案例：标致 308 普通钥匙增加

车型：2013 年标致 308（图 11-1-7）
防盗类型：车身 BSI 防盗系统
钥匙类型：电子 46 芯片折叠遥控钥匙
匹配方法：设备 OBD 接口直接匹配
匹配设备：朗仁 i80Pro

图 11-1-7

以下是朗仁 i80Pro 匹配钥匙的流程：

第一步： 用 Xhorse 设备生成专用遥控钥匙（图 11-1-8）。

图 11-1-8

第二步： 连接设备，使用设备读取密码，按设备提示操作（图 11-1-9）。

图 11-1-9

第三步：密码读取成功后，拍照记录，接下来开始匹配钥匙，选择【钥匙匹配】，进去后输入正确密码，后面按设备提示操作即可（图 11-1-10）。

第四步：钥匙匹配成功，如果需要匹配遥控器，请用需要匹配的遥控钥匙打开点火开关，按遥控任意键 3 秒以上（图 11-1-11）。

图 11-1-10

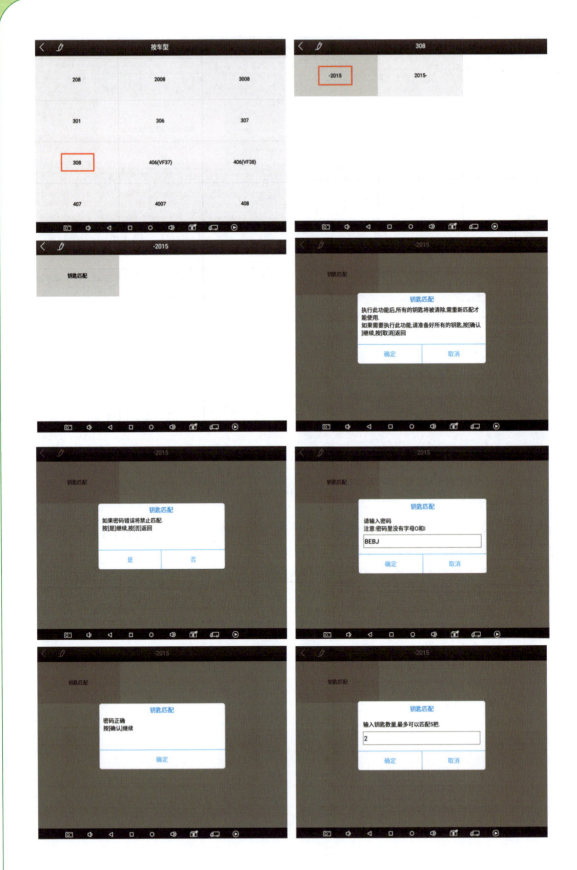

图 11-1-10

 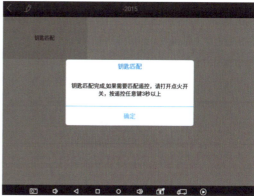

图 11-1-11

第二节　大众/斯柯达/西雅特/奥迪防盗系统

一、防盗系统介绍

本节主要讲解大众集团旗下的车型防盗系统，大众集团旗下的 上海大众/一汽大众/进口大众/斯柯达/西雅特/奥迪车型，虽然出自不同的厂家，外观以及车型定位也有很大的区别，但是在防盗系统上却是如出一辙。所以我们在学习大众集团旗下的车型防盗系统的时候，只要按防盗系统来区分学习就可以了。

大众集团旗下的防盗系统是按代区分的，有一代机械钥匙、二代防盗盒系统、三代仪表防盗系统、三代半仪表防盗系统、四代仪表防盗系统（个别车型使用舒适电脑防盗、电子转向柱锁防盗和 KESSY 系统防盗）、四代半 MQB 平台防盗系统、五代防盗系统和五代半 MLB 防盗系统。

二、防盗系统区分及钥匙匹配方法

1. 二代防盗盒系统

二代防盗盒系统是将防盗数据储存在防盗盒中，防盗盒和钥匙芯片进行验证，芯片 ID 验证通过后，防盗盒会通过 K 线或 W 线与发动机控制单元通信，解锁发动机。当我们匹配钥匙时是通过 OBD 的 7 号脚 K 线与防盗盒进行通信匹配的。

如图 11-2-1 所示，二代防盗盒系统的主要元件有点火开关上的读写线圈（天线）、点火芯片钥匙（送码器）、防盗盒控制单元、发动机控制单元、仪表板上的故障警报灯。

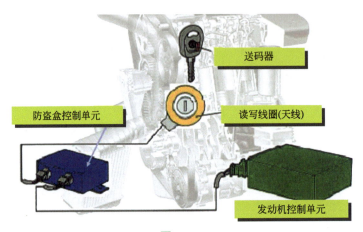

图 11-2-1

二代防盗盒系统的车型有 2006 年前的捷达、2007 年前的高尔、2008 年前的桑塔纳、2012 年前的桑塔纳志俊。它们分别使用不同的芯片型号，捷达使用专用 42 芯片，桑塔纳志俊使用专用 44 芯片，其他车型使用普通 48 芯片，都可以用 Xhorse 设备生成（图 11-2-2）。

图 11-2-2

（1）钥匙匹配方法

读取防盗密码—学习钥匙。有钥匙匹配和全丢匹配方法相同，设备匹配时需要登录防盗密码，大部分都可以用防盗设备 OBD 接口直接读取，匹配时登录通道号 01 来进行钥匙匹配，匹配钥匙时必须把全部钥匙同时与防盗盒控制单元匹配，支持匹配的设备有道通 808、TD-N51、朗仁 i80Pro、K518、VVDI 平板等。

（2）密码获取方法

方法一： 设备 OBD 接口直接读取。

方法二： 拆防盗盒读数据计算密码。

拆读数据时，捷达的防盗盒数据储存在 CPU 里，需要拆下 CPU 用编程器读取数据，捷达 42 芯片防盗盒密码位置在防盗数据中 090 行 1、2 字节，将十六进制数据转换成十进制即是密码（图 11-2-3）。

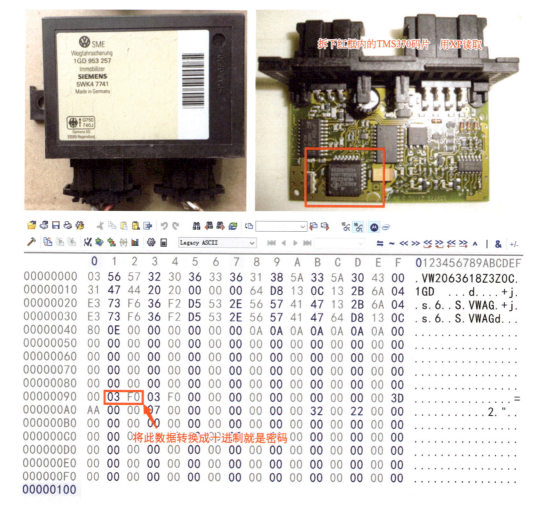

图 11-2-3

桑塔纳志俊 44 芯片的防盗盒数据储存在八脚码片 24C04 中，用编程器读取八脚码片数据，数据中密码位置在 060 行 6、7 字节，需要将这两个字节前后换位再将十六进制转换成十进制即是密码（图 11-2-4）。

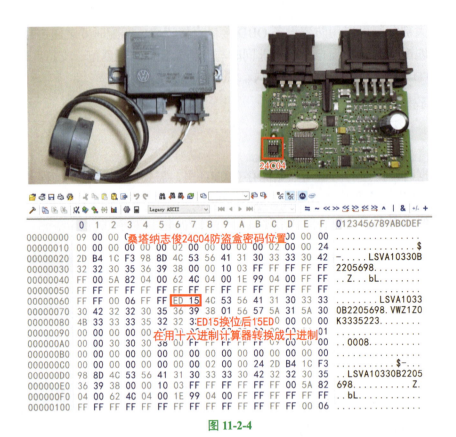

图 11-2-4

2. 三代仪表防盗系统

大众三代仪表防盗系统是将防盗数据储存在仪表中，仪表验证防盗芯片，芯片验证通过后，仪表与发动机电脑通过 W 线或 CAN 线建立通信，解锁发动机。同前一代防盗器相较，其具有更高的安全性。在第三代防盗器中，防盗器控制单元与组合仪表是集成在一起的，机械钥匙上压有"W"标记。

如图 11-2-5 所示，三代仪表防盗系统的主要元件有点火开关上的读写线圈（天线）、点火芯片钥匙（送码器）、组合仪表（内部包含防盗控制单元）、发动机控制单元、仪表板上的故障警报灯。

图 11-2-5

三代仪表防盗系统代表车型一般都是 2010 年前的，有帕萨特 B5、领驭、宝来、高尔夫、2012 年前捷达、POLO、2005 年前奥迪 A4、2006 年前奥迪 A6 等。用的是 48 芯片的遥控钥匙，用 Xhorse 设备可以生成（图 11-2-6）。

图 11-2-6

钥匙匹配方法：读取防盗密码—学习钥匙。

有钥匙匹配和全丢匹配方法相同，设备匹配时需要登录防盗密码，大部分都可以用防盗设备 OBD 接口直接读取，匹配时登录通道号 21 来进行钥匙匹配，匹配钥匙时必须把全部钥匙同时与防盗器控制单元匹配，支持匹配的设备有道通 808、TD-N51、朗仁 i80Pro、K518、VVDI 平板等。

2010～2012 年捷达是比较特殊的，属于三代仪表防盗系统，使用捷达专用 48 芯片，可用 Xhorse 设备生成 2010 款捷达专用 48 芯片。匹配时需要密码，可以拆读发动机电脑数据计算。

拆发动机电脑读数据时，需要读取八脚码片 93C86 数据，密码在数据中 060 行 0、1 字节，再将十六进制数据转成十进制即是密码（图 11-2-7）。

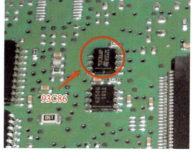

图 11-2-7

```
          0  1  2  3  4  5  6  7  8  9  A  B  C  D  E  F  0123456789ABCDEF
00000000  4B 16 4B 16 4B 16 94 00 94 00 94 00 03 00 03 00  K.K.K...........
00000010  03 00 00 00 00 00 00 00 00 00 00 00 0B 00 00 00  ................
00000020  0B 00 0B 00 00 00 00 00 00 00 00 00 05 00 00 00  ................
00000030  00 00 00 00 00 00 00 00 00 00 00 00 00 00 00 00  ................
00000040  00 00 37 00 37 00 37 00 A2 A1 A2 A1 A6 A5 .7.7.7...
00000050  A4 A3 A6 A5 A4 A3 A6 A5 A4 A3 A7 00 A7 00 A7 47  ...............G
00000060  06 47 06 47 06 00 00 10 00 00 10 00 00 10 FF FF  .G.G............
00000070  FF 56 5A 45 5A 30 4D 36 30 39 33 37 39 38 4C     .VWZEZ0M6093798L
00000080  46 56 32 41 31 31 33 33 35 35 34 31 31          FV2A11G3C3355411
00000090  06 19 01 00 02 00 80 80 80 80 80 80 80 80 80 80  ................
000000A0  80 80 80 80 80 80 81 04 36 39 37 31 30 36 41 39  ........697106A9
000000B0  30 36 32 33 32 41 44 20 7A 55 00 1B 00 00 00 00  06023AD.zU......
000000C0  BB 02 4C 02 80 80 80 80 80 80 80 80 80 80 80 80  ..L.............
000000D0  80 80 80 80 80 80 80 80 80 80 80 80 80 80 80 80  ................
000000E0  80 80 80 80 80 80 80 80 80 80 80 80 80 80 80 80  ................
000000F0  80 80 80 80 80 80 80 80 80 80 80 80 80 80 80 80  ................
```

图 11-2-7

钥匙匹配案例：2009 年帕萨特钥匙匹配

车型：2009 年帕萨特（图 11-2-8）

防盗类型：大众三代仪表防盗系统

钥匙类型：753DJ/315MHz 普通 48 芯片折叠遥控钥匙

匹配方法：设备 OBD 接口直接匹配

匹配设备：朗仁 i80Pro

图 11-2-8

以下是用设备朗仁 i80Pro 匹配的流程：

第一步：使用 Xhorse 设备生成专用钥匙，生成好的钥匙放入一个普通 48 芯片（图 11-2-9）。

图 11-2-9

第二步： 设备连接到车辆，选择车型进去，先读取防盗密码（图 11-2-10）。

图 11-2-10

图 11-2-10

> **第三步：** 开始匹配钥匙，选择【钥匙匹配】，进入系统按提示操作（图 11-2-11）。

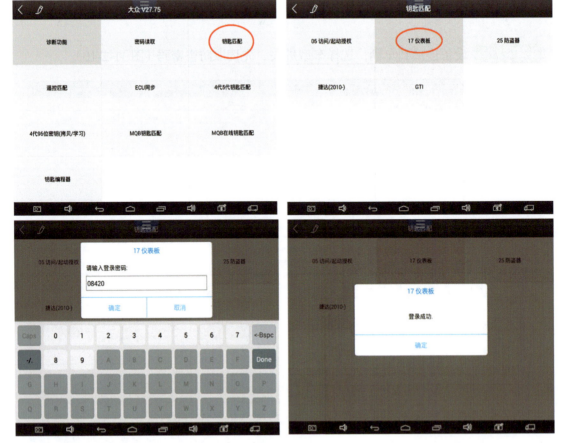

图 11-2-11

> **第四步：** 选择【通道号：21】（图 11-2-12）。

图 11-2-12

第五步： 输入钥匙数量（钥匙的数量是原车钥匙和增加的钥匙一共的数量，每把钥匙都要重新学习，没学习的钥匙将不能启动车辆），点击确定，按设备提示换钥匙（图 11-2-13）。

图 11-2-13

3. 三代半仪表防盗系统

三代半仪表防盗系统也是将防盗数据储存在仪表中，即仪表就是防盗控制单元，仪表来验证钥匙芯片是否合法，通过 CAN 总线与发动机电脑建立通信，解锁发动机。

如图 11-2-14 所示，三代半仪表防盗系统的主要元件也是点火开关上的读写线圈（天线）、点火芯片钥匙（送码器）、组合仪表（内部包含防盗控制单元）、发动机控制单元和仪表板上的故障警报灯。

使用三代半仪表防盗系统的车型有朗逸1.6、速腾1.6、途安、开迪、斯柯达明锐等。特点是防盗数据在三代的基础上进行了加密，使用的芯片是大众专用 TP23 芯片，属于三代防盗到四代防盗的一个过渡类型芯片，有了一个专用芯片的概念而已，钥匙匹配方法和四代匹配方法相同。

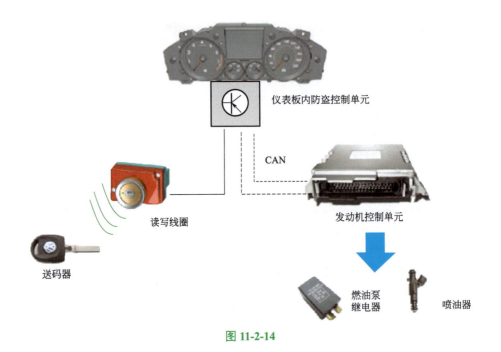

图 11-2-14

4. 四代防盗系统

从 2008 年起，大众汽车高端车型开始逐步地装配第四代防盗器。第四代防盗器不是一个单独的控制单元，而是一项功能（防盗控制单元是舒适系统中的一个集成部分），包括：

① 位于德国大众集团总部的 FAZIT（车辆信息和核心识别工具）中央数据库；
② 无钥匙进入/启动控制单元（集成了防盗器控制单元）；
③ 发动机控制单元；
④ 转向柱锁控制单元；
⑤ 遥控钥匙。

如图 11-2-15 所示，位于德国大众总部的中央数据库是第四代防盗器的核心部分，必须使用大众专用的测试仪 VAS5051 及后代产品，通过网络进入 FAZIT 获得车辆的防盗数据，否则无法完成防盗器的匹配。第四代防盗器与第三代防盗器相比，有如下改进：

① 第四代防盗器与发动机控制模块之间的数据通过动力 CAN 总线进行传输，数据传输的安全性得到提高。

② 大众不同品牌之间的防盗器数据传输协议并不相同。防盗器部件在大众不同品牌的某些车型之间可以互用，但一旦完成匹配，就不能在其他品牌的防盗器系统内使用。

③ 由于每一辆车的防盗数据都储存在大众总部的 FAZIT 中央数据库，而不是存储在车辆上的防盗控制单元内，并且进 FAZIT 数据库只能通过大众专用的测试仪，所以钥匙供应/更换过程中的安全性得到提高。

❹ 防盗器内的控制单元自动对准，无需手动输入安全 PIN。

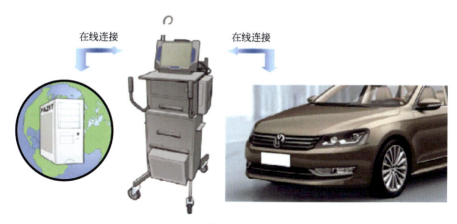

图 11-2-15

大众四代防盗系统为仪表防盗系统、舒适电脑防盗系统、电子转向柱锁防盗系统、KESSY 电脑防盗系统，每种防盗系统都有自己的特点。例如四代仪表防盗，防盗数据集成在仪表数据中，匹配芯片需要读取仪表中的防盗数据；舒适电脑防盗系统的防盗数据储存在舒适电脑中，匹配芯片需要读取舒适电脑的防盗数据。

使用四代防盗系统的车型，仪表上没有防盗故障灯显示，当钥匙不合法或防盗系统故障时，仪表中间显示屏会出现 "SAFE" "NO KEY" "没发现钥匙" "防盗系统激活" "防盗系统故障" 等提示（图 11-2-16）。

图 11-2-16

（1）四代仪表防盗系统

四代仪表防盗系统使用的芯片是专用 48 芯片，例如西雅特专用 48 芯片 TP22、大众专用 48 芯片 TP23、斯柯达专用 48 芯片 TP24、奥迪专用 48 芯片 TP25，这些专用 48 芯片可以使用 Xhorse 设备用普通 48 芯片生成或者用超模芯片生成。

四代防盗仪表种类包括 24C32 仪表、24C64 仪表、95320 仪表、35XX 仪表等（图 11-2-17）。

图 11-2-17

❶ 四代仪表防盗钥匙外观及型号区分（图 11-2-18）：
  a. 普通机械遥控钥匙型号：202AD/202L/202H 434MHz。
  b. 带智能遥控钥匙型号：202AJ/202Q 434MHz（一键启动类型）。
  注：普通钥匙需匹配遥控，智能钥匙配好芯片后遥控自动匹配。

图 11-2-18

❷ 钥匙匹配方法：
  获取防盗数据—生成经销商钥匙—学习钥匙。
  四代仪表防盗匹配方法与三代半相同，大多数仪表的增加和全丢步骤完全相同，只有个别的仪表全丢的步骤不相同。例如 24C64 仪表防盗钥匙全丢，设备 OBD 读不出防盗数据时，就要拆卸仪表写登录数据或者通过设备在线套取防盗数据，或第三方套数据。支持匹配的设备有 VVDI2、VVDI 平板、朗仁 i80Pro、道通 808、领世达 K518 等。

❸ 四代防盗钥匙匹配注意事项：
  a. 生成经销商钥匙时，普通经销商钥匙不支持 4S 在线诊断，选择生成 OEM 钥匙可以支持 4S 在线诊断，需要副厂芯片，或支持改写 ID 的芯片，生成时需要选择一把原厂钥匙 ID 来生成 OEM 钥匙。
  b. 智能钥匙匹配方法和不智能钥匙匹配方法相同，读数据或匹配钥匙时，需要将钥匙贴近感应区。
  c. 学习钥匙时每把钥匙都要重新学习，没学习的钥匙将不能启动车辆。

d. 有钥匙配钥匙时，也可以拷贝原车 48 芯片，使用 96 位 48 拷贝功能按提示操作即可（图 11-2-19）。

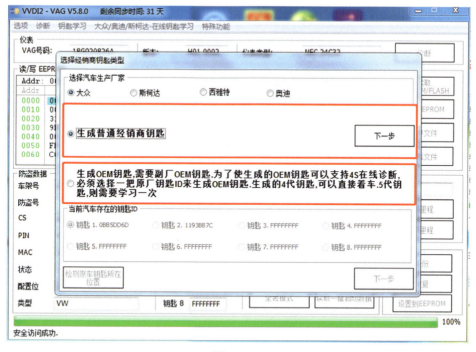

图 11-2-19

四代仪表防盗智能应急感应区位置在方向盘右侧，如图 11-2-20 所示。

图 11-2-20

钥匙匹配案例：2017 年大众速腾智能钥匙增加

车型：2017 年大众速腾（图 11-2-21）
防盗类型：大众四代 24C64 仪表防盗系统
钥匙类型：202AJ 434MHz 智能钥匙

图 11-2-21

以下是操作步骤：

❶ 使用 MX808IM 与车辆连接，选择正确的车型（注意：大众、奥迪系列车型的防盗匹配需连接网络，建议点击右上角记录笔后再继续做功能，如遇到问题再次点击右上角记录笔上传数据反馈给我们，功能成功则不需上传数据）。

❷ 选择【专家模式】，进入【CAN仪表】，通过自动检测功能识别到仪表类型为"VDO NEC+24C64 2014"（图 11-2-22）。

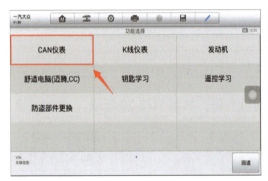 

图 11-2-22

❸ 首先读取防盗数据，有必要的话可以将读取的防盗数据通过截屏或者拍照的方式保存下来（注意，避免误操作造成数据丢失，读取防盗数据之前可以先备份EEPROM数据和防盗数据）（图 11-2-23）。

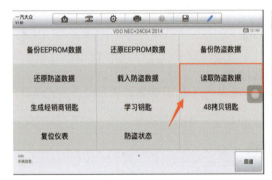 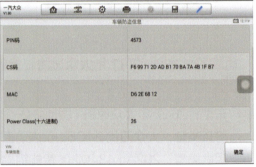

图 11-2-23

❹ 防盗数据读取完成后，回退，开始生成经销商钥匙，按照提示将空白钥匙放入编程器钥匙孔，直至经销商钥匙生成完成（图 11-2-24）。

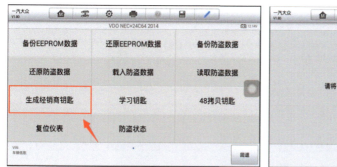

图 11-2-24

❺ 经销商钥匙生成完成后，最后执行【学习钥匙】功能，输入需要学习的钥匙数量。仔细阅读操作提示，依次将要学习的钥匙放到汽车感应线圈处，其他钥匙放到车外，并打到"ON"挡，直至所有钥匙学习完成（图 11-2-25）。

 注意：

如果未在规定的时间内完成学习或者操作不对导致学习失败，请勿退出，重新执行【学习钥匙】即可。

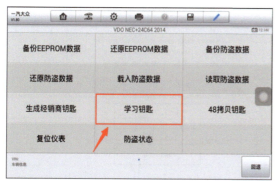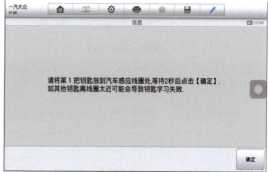

图 11-2-25

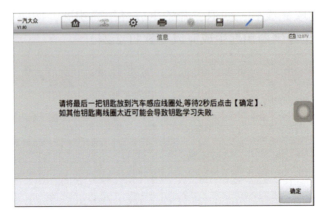

图 11-2-25

❻ 钥匙学习成功，每一把钥匙都可以正常着车，功能正常（图 11-2-26）。

图 11-2-26

（2）四代舒适电脑防盗系统

四代舒适电脑防盗系统只有大众迈腾和 CC 车型使用，防盗数据储存在舒适电脑的八脚码片 95320 中。这两款车型使用相同的防盗系统，相同款式的钥匙，匹配方法也相同（图 11-2-27）。

图 11-2-27

钥匙属于智能卡类型专用，分半智能和全智能钥匙。半智能钥匙是 48 芯片的，遥控和芯片分离，单独匹配，钥匙不带智能，启动方式是插卡启动。全智能钥匙是 46 芯片的，钥匙带智能，配好芯片遥控器自动匹配，启动方式是一键启动，一般用于 CC 车型（图 11-2-28）。

钥匙匹配方法：获取防盗数据—生成经销商钥匙—学习钥匙。

钥匙增加和全丢匹配方法一样，最安全的匹配方法是拆舒适电脑，读八脚码片数据，将数据加载到匹配设备里，设备会自动解析防盗数据（解析出 7 个固件保护字节和 5 位 PIN 码），然后生成经销商钥匙，再学习钥匙即可（图 11-2-29）。

图 11-2-28

图 11-2-29

舒适电脑安装在副驾驶杂物箱后面，拆舒适电脑读数据时，防盗数据储存在八脚码片 95320 中，用编程器读八脚码片 95320 数据，加载到设备即可解析出 7 个字节和 PIN 码（图 11-2-30）。

图 11-2-30

钥匙匹配案例：2014 年 CC 钥匙全丢匹配

车型：2014 年大众 CC（图 11-2-31）
防盗类型：四代舒适电脑防盗系统
钥匙类型：46 芯片全智能专用钥匙
匹配方法：拆电脑读数据，设备 OBD 匹配
匹配设备：道通 808

图 11-2-31

以下是操作步骤：

❶ 从车上拆下舒适电脑，该车舒适电脑安装在副驾驶杂物箱后面（图 11-2-32）。

图 11-2-32

❷ 使用 MX808IM 与车辆连接，进入车型选择【专家模式】，选择【舒适电脑（迈腾，CC）】，执行【拆片全丢模式】（图 11-2-33）。

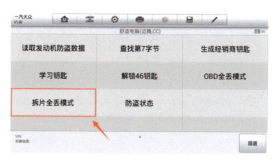

图 11-2-33

❸ 先读取防盗数据，由于该车不支持 OBD 全丢读取，需要通过拆读舒适电脑芯片的方法获取防盗数据。仔细阅读相关提示，将舒适电脑芯片拆下，通过编程器将车辆防盗数据读取出来（注意，为防止匹配过程中意外损坏车辆防盗数据，需要先保存防盗数据，保存的防盗数据可通过屏幕提示的步骤进行恢复）（图 11-2-34）。

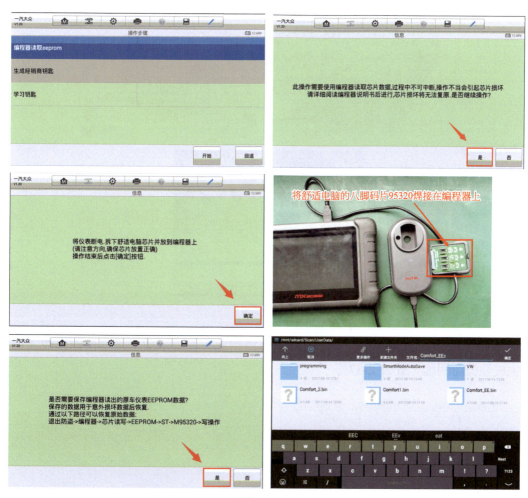

图 11-2-34

❹ 开始读取防盗数据，读取完成后，可以看到车辆信息以及防盗数据（图 11-2-35）。

图 11-2-35

❺ 读取防盗数据完成后,设备界面不要动,将八脚码片 95320 复原,舒适电脑装上车辆。因全丢无着车钥匙无法打开仪表给模块通电,接下来要短接供电继电器使模块通电,如图 11-2-36 所示。

图 11-2-36

❻ 通上电以后,开始在设备上生成经销商钥匙,按提示依次将空白钥匙放入编程器生成经销商钥匙(图 11-2-37)。

图 11-2-37

❼ 经销商钥匙生成完成后，开始钥匙学习，输入需要学习的钥匙数量，依照屏幕提示完成所有钥匙学习（注意，学习完成后可以通过仪表查看已学习的钥匙数据跟需要学习的钥匙数量是否相等，不相等的话可以重新学习）（图 11-2-38）。

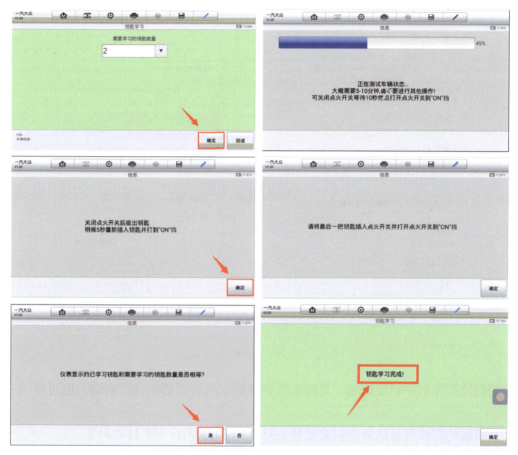

图 11-2-38

❽ 学习钥匙的时候，一定要看仪表显示"1-2"后，再更换下一把钥匙，钥匙要插入卡槽学习（图 11-2-39）。

 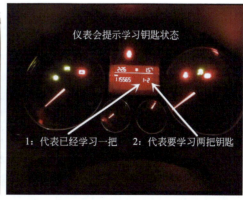

图 11-2-39

（3）四代电子转向柱锁防盗系统

四代电子转向柱锁（J518）防盗系统是防盗数据储存在电子转向柱锁J518模块中，只有2012年前的奥迪A6L和2016年前的奥迪Q7使用此系统，钥匙是电子8E芯片的折叠遥控钥匙（图11-2-40）。

图 11-2-40

钥匙分智能和不智能钥匙。高配是带智能的，既可以插钥匙拧启动，也可使用一键启动。

从钥匙的零件号可以看出钥匙型号，315MHz/433MHz（图11-2-41）。

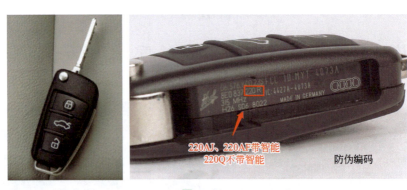

图 11-2-41

钥匙匹配方法：获取防盗数据—生成经销商钥匙—学习钥匙。

四代防盗匹配钥匙方法基本一致，只是获取防盗数据的方式不一样。四代电子转向柱锁J518防盗系统，需要从J518中获取防盗数据。数据获取的方法有两种，第一种是用设备通过OBD方式直接读取，另一种是拆J518读数据（图11-2-42）。

图 11-2-42

电子转向柱锁 J518 模块安装在方向盘管柱上，J518 数据储存在 CPU 中，使用 VVDI 编程器来读取防盗数据（图 11-2-43）。

图 11-2-43

使用 VVDI 编程器读取的选项和接线图如图 11-2-44 所示。

图 11-2-44

钥匙匹配案例：奥迪 Q7 4.2 排量智能钥匙全丢（A6L 和 Q7 钥匙匹配方法相同）

车型：2010 年奥迪 Q7（图 11-2-45）

防盗类型：四代电子转向柱锁防盗系统

钥匙类型：Q7 专用电子 8E 芯片折叠带智能遥控钥匙（220AF）

匹配方法：设备 OBD 接口直接匹配

匹配设备：VVDI2（阿福迪）

图 11-2-45

以下是操作步骤：

❶ 使用专用开锁工具打开车门，短接供电保险丝让车辆通电，通电过后设备才能通信。奥迪 Q7 钥匙全丢短接方法如下：

第一种短接方法：用一根导线短接图 11-2-46 中 30A 和 5A 的保险丝，该位置的保险丝在主驾驶仪表台侧保险盒中。

图 11-2-46

第二种短接方法：用一根导线短接图 11-2-47 中 30A 和 25A 的保险丝，该位置的保险丝也在主驾驶仪表台侧保险盒中。

图 11-2-47

第三种短接方法：打开前机盖，把前面的正极桩头与一个 5A 的保险丝短接，如图 11-2-48 所示。

图 11-2-48

奥迪 A6L 钥匙全丢短接方法：用一根导线短接下图 11-2-49 中 15A 和 30A 的保险丝，该位置的保险丝在主驾驶仪表台侧保险盒中。

图 11-2-49

以上的短接方法仅供参考，目的是钥匙全丢时，没法打开仪表给模块供电，短接供电保险丝，使设备通信。

❷ 接下来，用一把钥匙插到点火锁头里面，往前拧一挡，等待 15 分钟左右，等待期间不要做任何操作。15 分钟过后，用 VVDI2 选择相应的选项，选择【四代防盗系统 - 奥迪】—【A6L/Q7Allroad】（图 11-2-50）。

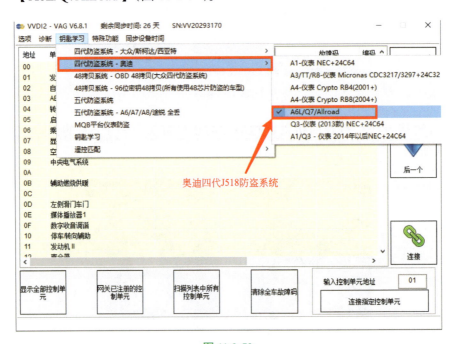

图 11-2-50

❸ 打开 A6L/Q7 选项界面后，点击【自动检测发动机（ECU）】，看设备提示等待 1 分钟左右，数据读取成功，然后保存数据。奥迪的四代防盗数据中有 6 个字节和 5 位的 PIN 码（图 11-2-51）。

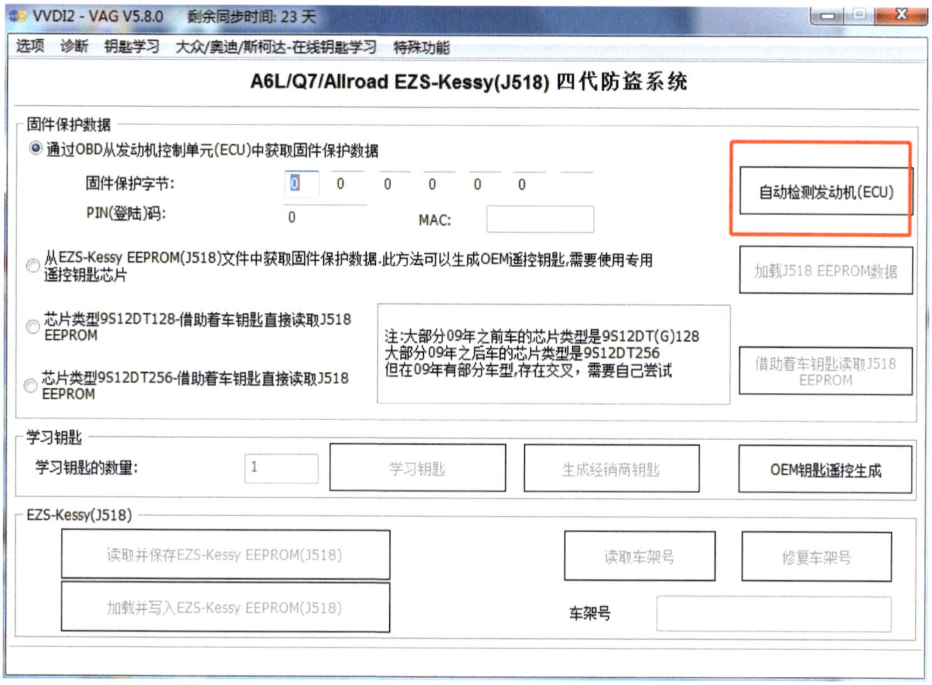

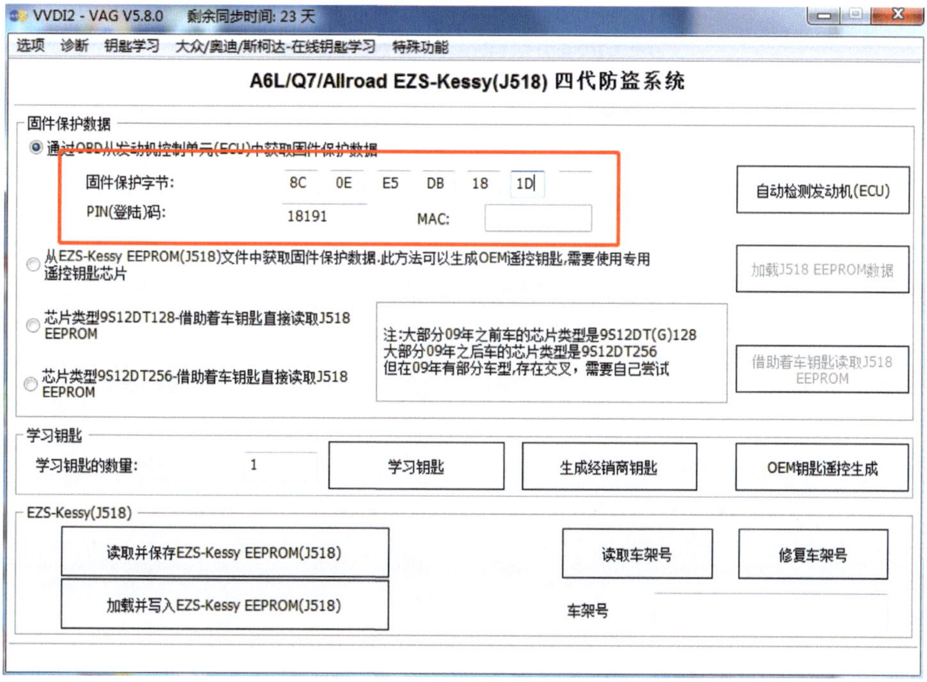

图 11-2-51

❹ 然后将新钥匙放入 VVDI2 设备线圈出，点击【生成经销商钥匙】（图 11-2-52）。

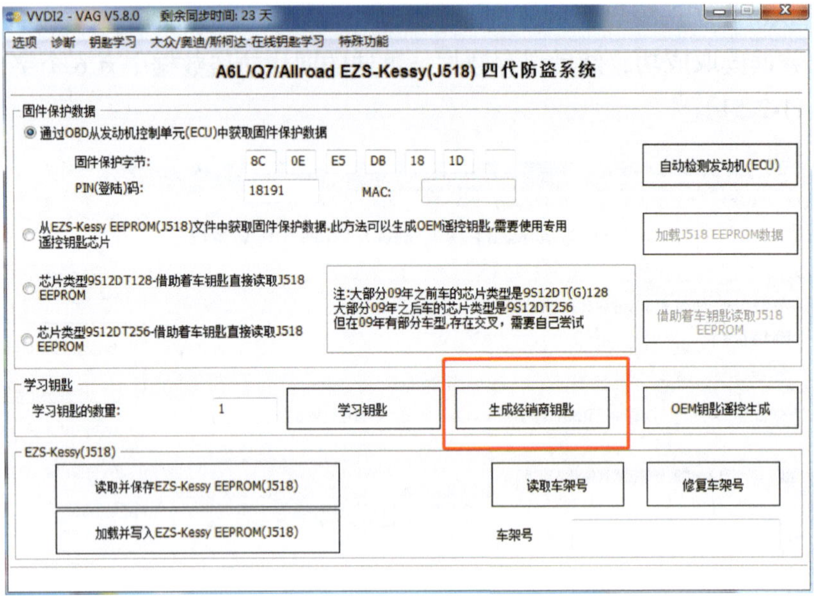

图 11-2-52

❺ 经销商钥匙生成成功后，将生成好的钥匙插入点火锁头拧开，修改好需要匹配的钥匙数量，点击【学习钥匙】，按设备提示操作，钥匙学习成功后，把短接的导线撤掉复原，即可尝试启动车辆（图 11-2-53）。

图 11-2-53

❻ 如果在前面的操作中，短接完保险丝后，数据还是读不出来，我们可以拆 J518 电脑读数据，将读出来的数据加载到 VVDI2 中获取固件保护字节和数据密码，然后来生成经销商钥匙，学习钥匙。

（4）四代 KESSY 防盗系统

四代 KESSY 防盗系统配于大众奥迪高端车型，防盗数据储存在 KESSY 电脑中，使用此防盗系统的车型有 2012 年前的辉腾、2011 年前的途锐、2012 年前的奥迪 A8/A8L、2011 年前的保时捷卡宴和 2012 年前的宾利（图 11-2-54）。

图 11-2-54

此系统的钥匙是专用折叠电子 46 芯片遥控钥匙，分带智能和不带智能的钥匙。带智能的车型是一键启动的，不带智能的车型是钥匙插锁头拧启动的。钥匙频率有 315MHz、433MHz 两种（图 11-2-55）。

图 11-2-55

❶ 钥匙匹配方法：

获取防盗数据—生成经销商钥匙—学习钥匙。这款防盗系统可以通过设备 OBD 读取发动机电脑中的防盗数据（CS 码和 PIN 码），或者拆读发动机电脑数据并加载到软件中自动解析出 CS 码和 PIN 码，也可以拆读 KESSY 电脑中的数据并加载到软件中自动解析出 CS 码和 PIN 码，有了 CS 码和 PIN 码后就可以生成经销商钥匙，学习钥匙（图 11-2-56）。

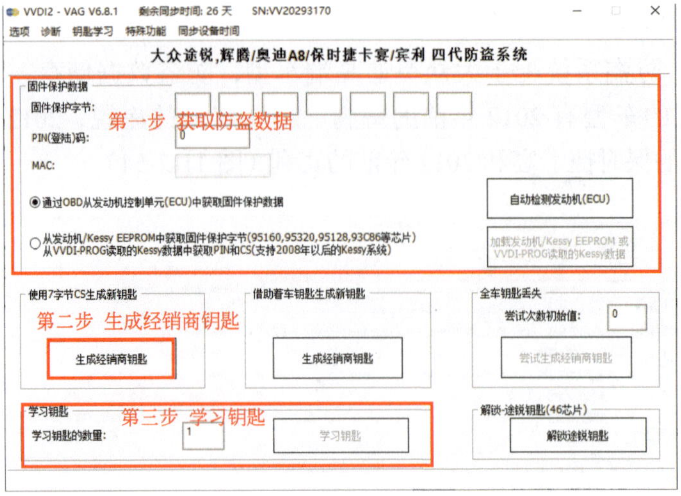

图 11-2-56

KESSY 电脑一般安装在主驾驶座椅地毯下方，保时捷卡宴和途锐的 KESSY 电脑安装在方向盘下方。KESSY 电脑的数据储存在八脚码片 93C86 中，使用编程器来读取八脚码片的数据（图 11-2-57）。

图 11-2-57

❷ VVDI2 写启动步骤：

读出 KESSY 模块数据后，我们还可以用 VVDI2 写启动，打开 VVDI2 防盗数据处理工具，选择对应车型，将数据记载进去，就能看到钥匙位数据和 PIN 码，然后选一个空白的钥匙位置，将空白的 46 芯片放入 VVDI2 感应线圈处，点击生成经销商钥匙，保存新数据并反写到 KESSY 电脑 93C86 码片里，然后装车，生成好的钥匙可以直接启动（图 11-2-58）。

图 11-2-58

5. 四代半 MQB 平台防盗系统

MQB 平台是大众集团最新的横置发动机模块化平台（Modular Querbaukasten），简称 MQB。MQB 不算是防盗系统，它只是一个大众生产汽车的平台，和四代仪表防盗系统原理相同，也使用 24C64 和 35XX 仪表防盗，还有最新的 MQB49/5C 芯片防盗系统（图 11-2-59）。

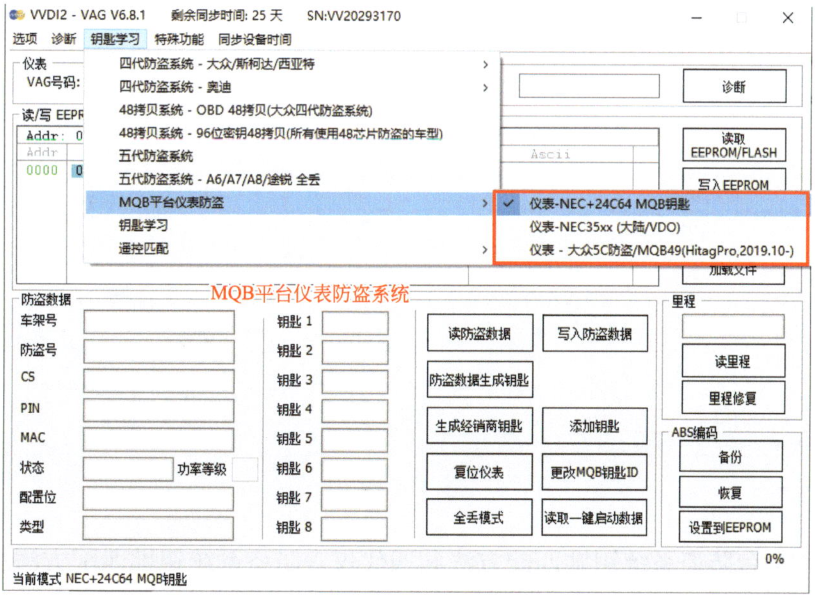

图 11-2-59

大众 MQB 平台打造的车型我们都叫 MQB 平台防盗系统或四代半防盗系统，我们可以通过车型年款、钥匙外观来区分车辆是否属于 MQB 平台防盗系统。

MQB 平台防盗系统代表车型有 2014 年后的高尔夫和奥迪 A3，2015 年后的凌度/明锐/奥迪 TT，2016 年后的途安/蔚揽/迈腾/速派，2017 年后途观 L/途昂/帕萨特/柯迪亚克，2018 年后朗逸/柯珞克，2019 年后速腾/宝来/CC/POLO/探岳/探歌/途岳，等等。

从钥匙类型上分可以分为不智能折叠遥控钥匙、带智能折叠遥控钥匙和智能卡钥匙，使用 MQB48 芯片、MQB49/MQB5C 芯片（2019 年后）（图 11-2-60）。

图 11-2-60

钥匙匹配方法：获取防盗数据—生经销商钥匙—学习钥匙（图 11-2-61）。

图 11-2-61

MQB 平台防盗系统钥匙匹配方法和四代仪表防盗系统钥匙匹配方法相同，只是在设备选项界面要区分防盗类型，其他步骤基本是相同的。钥匙可以使用 Xhorse 设备生成和匹配，用 Xhorse 生成的钥匙可以用设备生成 OEM 经销商钥匙。

钥匙匹配案例 1：大众凌度 MQB 机械钥匙增加

车型：2015 年大众凌度（图 11-2-62）
防盗类型：MQB 平台防盗系统
钥匙类型：MQB 普通折叠遥控钥匙 434MHz
匹配方法：设备 OBD 匹配，配好芯片遥控自动生成
匹配设备：道通 808

图 11-2-62

以下是具体操作步骤：

❶ 使用 Xhorse 设备生成凌度专用遥控钥匙（图 11-2-63）。

图 11-2-63

❷ 使用 MX808IM 与车辆连接，选择【自动检测】设备，自动解析车辆类型为上海大众，2015 年凌渡（图 11-2-64）（部分新车型暂时解析不了，可手动选择正确车型进【超级模式】—【MQB 仪表】）。

 注意：

　　大众、奥迪系列车型的防盗匹配需连接网络，建议点击右上角记录笔后再继续做功能，如遇到问题再次点击右上角记录笔上传数据反馈给售后，功能成功则不需上传数据。

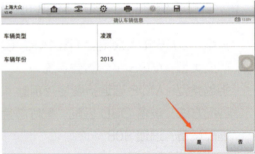

图 11-2-64

❸ 选择【备份 EEPROM 数据】。确定文件名后点击右上角【确定】,仔细阅读设备步骤提示,操作后点击右下角【确定】,设备将自动进行 EEPROM 数据备份(图 11-2-65)。

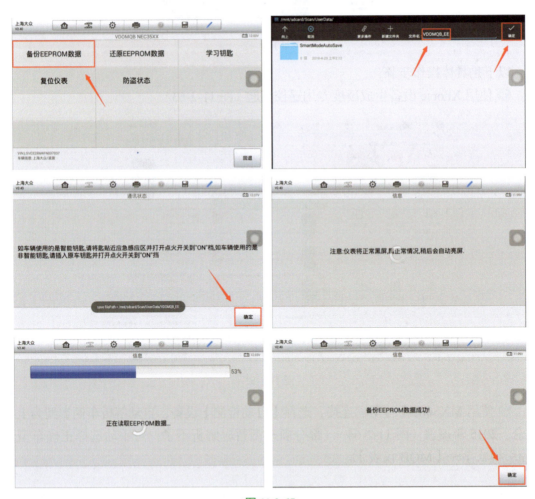

图 11-2-65

❹ 备份 EEPROM 数据成功后,选择【学习钥匙】。按设备步骤提示操作,设备将自动读取防盗数据(图 11-2-66)。

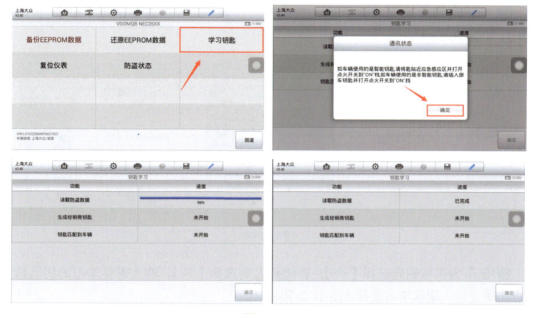

图 11-2-66

❺ 防盗数据读取成功后,进入生成经销商钥匙步骤。生成经销商钥匙需要读取原车钥匙数据,请将原车钥匙放入编程器钥匙孔,点击【确定】读取原车钥匙数据(图 11-2-67)。

图 11-2-67

❻ 读取原车钥匙数据成功后将一把已准备的空白钥匙放入编程器钥匙孔,点击【确定】直到经销商钥匙生成成功(图 11-2-68)。

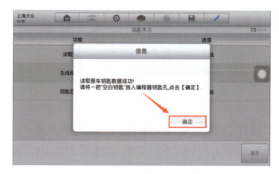

图 11-2-68

❼ 经销商钥匙生成成功后进入钥匙学习步骤（如需生成多把点【是】，否则点【否】）（图11-2-69）。

图 11-2-69

❽ 该车为机械钥匙选择【否】，智能钥匙则选择【是】。输入需要学习的钥匙数量后点击确定进入钥匙学习流程（图11-2-70）。

图 11-2-70

❾ 插入原车钥匙并打开点火开关到"ON"挡（图11-2-71）。

图 11-2-71

❿ 按设备步骤提示操作，将需要学习的钥匙依次插入点火开关，并打开点火开关到"ON"挡2秒、换钥匙间隔小于5秒，所有钥匙学习完成后再点击【确定】，钥匙进入学习状态，直到钥匙学习完成（图11-2-72）。

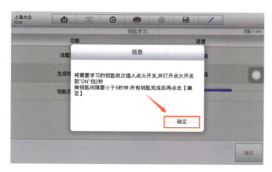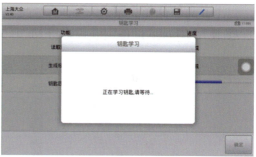

图 11-2-72

⓫ 钥匙学习完成，关闭点火开关，等待 5 秒，然后打开点火开关到"ON"挡。点击【确定】退出钥匙学习流程。依次使用钥匙，着车正常，遥控正常（钥匙配上遥控自动生成）（图 11-2-73）。

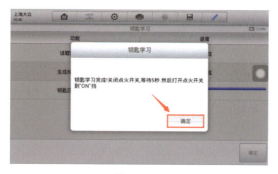

图 11-2-73

钥匙匹配案例 2：帕萨特 MQB 智能钥匙增加

车型：2018 年帕萨特（图 11-2-74）
防盗类型：四代半 MQB 平台防盗系统
钥匙类型：MQB 专用 48 钥匙（可生成）
匹配方法：OBD 接口直接匹配
匹配设备：道通 808

图 11-2-74

以下是具体操作步骤：

❶ 使用 Xhorse 设备生成帕萨特 MQB 专用智能钥匙（图 11-2-75）。

图 11-2-75

❷ 使用 MX808IM 与车辆连接，进入上海大众，选择【超级模式】—【四代 +MQB 钥匙】。设备将自动解析车辆防盗类型（图 11-2-76）。

图 11-2-76

❸ 选择【钥匙学习】。

图 11-2-77

❹ 此功能为按次付费功能，开通授权后方可使用，点【是】继续执行此功能，点【否】则退出功能（图 11-2-78）。

❺ 仔细阅读设备步骤提示，智能钥匙请贴近感应区并打开到"ON"挡，非智能钥匙则插入一把原车钥匙并打开点火开关到"ON"挡后点【确定】继续执行功能（图 11-2-79）。

图 11-2-78

图 11-2-79

❻ 选择支付方式，扫描二维码支付 50 元，支付成功后点击【确定】设备将自动计算防盗数据（图 11-2-80）。（确保网络畅通，避免网络问题导致支付失败）

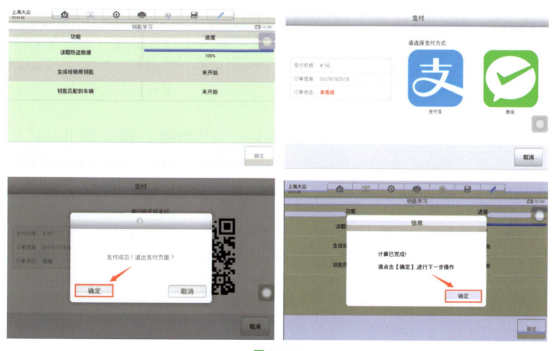

图 11-2-80

❼ 防盗数据计算完成后，进入生成经销商钥匙步骤（图 11-2-81）。

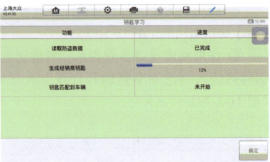

图 11-2-81

❽ 仔细阅读设备步骤提示，生成经销商钥匙需要读取原车钥匙数据，请将原车钥匙放入编程器钥匙孔，点击【确定】读取原车钥匙数据（图11-2-82）。

❾ 读取原车钥匙数据成功后将一把已准备的空白钥匙放入编程器钥匙孔，点击【确定】直至生成经销商钥匙（图11-2-83）。

图 11-2-82　　　　　　　　　　图 11-2-83

❿ 仔细阅读设备步骤提示，点击【是】锁定钥匙，经销商钥匙生成成功（图11-2-84）。

图 11-2-84

⓫ 经销商钥匙生成成功后，点【否】进入钥匙学习步骤（如需生成多把点【是】，否则点【否】）（图11-2-85）。

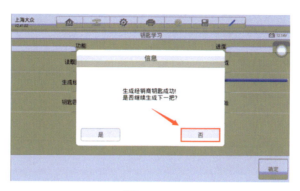

图 11-2-85

⑫ 该车为全智能钥匙选择【是】，若为非智能钥匙则选择【否】。输入需要学习的钥匙数量后点击【确定】进入钥匙学习流程（图 11-2-86）。

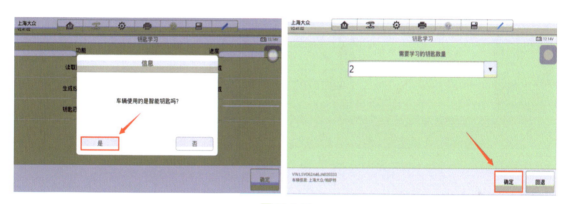

图 11-2-86

⑬ 仔细阅读设备步骤提示操作，将第 1 把钥匙放到汽车感应线圈处，等待 2 秒后点击【确定】（图 11-2-87）。注意，如其他钥匙离线圈太近可能会导致钥匙学习失败。

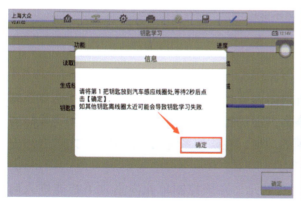 

图 11-2-87

⑭ 将最后一把钥匙放到汽车感应线圈处，等待 2 秒后点击【确定】（图 11-2-88）。

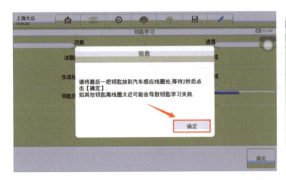
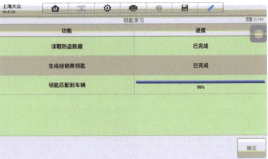

图 11-2-88

⓯ 钥匙学习完成。钥匙正常着车，功能正常，遥控自动生成，匹配流程结束（图 11-2-89）。

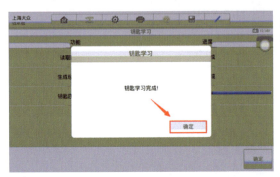

图 11-2-89

总结：

　　大众 MQB 平台防盗系统和四代仪表防盗系统钥匙匹配方法相同，钥匙增加和全丢基本都一致，部分车型增加或全丢读不出防盗数据时，可以使用设备里面的在线计算防盗数据功能，或找第三方专用人员付费计算防盗数据，来生成经销商钥匙，学习钥匙的时候，注意每把钥匙都要重新学习，没有参与学习的钥匙将不能使用。

6. 五代防盗系统

　　作为第四代防盗系统的升级版，第五代防盗系统从维修服务来看与第四代防盗系统基本一致，只是使用诊断仪进行有关防盗器方面的工作程序极大地简化了，如更换防盗器原件以后的匹配。配置了第五代防盗锁的车辆，在防盗系统执行任何操作之前必须先通过诊断仪与 FAZIT 数据库建立在线连接。

　　舒适系统控制单元 J393 是防盗器主控单元，在该控制单元内集成了智能进入启动控制单元 J518。图 11-2-90 中加深边框标注的组件都是防盗锁组件，而未做加深边框标注的组件仅用于传输防盗信息，例如数据总线诊断接口 J533 和电子点火锁 E415。

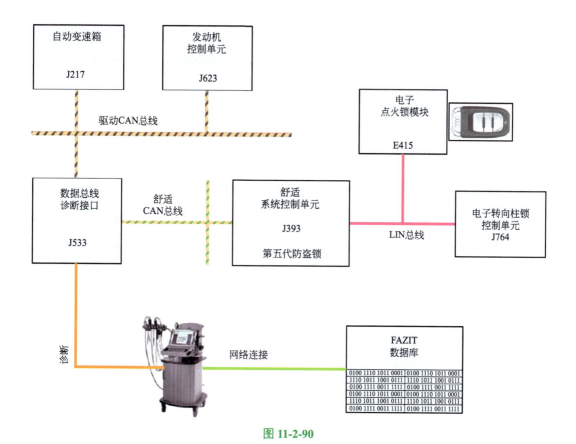

图 11-2-90

五代防盗系统将防盗数据储存在 BCM2 中，匹配钥匙时需要读取 BCM2 的数据。代表车型有 A4L、A5、Q5、2012 年后 A6L、A7、2011 年后 A8、2011 年后途锐等。

五代防盗系统的车型都是专用的智能卡钥匙，钥匙分半智能和全智能。半智能是插卡启动，类型有 754C、754G；全智能是一键启动，类型有 754J（图 11-2-91）。

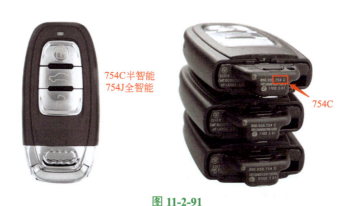

图 11-2-91

钥匙匹配方法：获取防盗数据—生经销商钥匙—学习钥匙（图 11-2-92）。

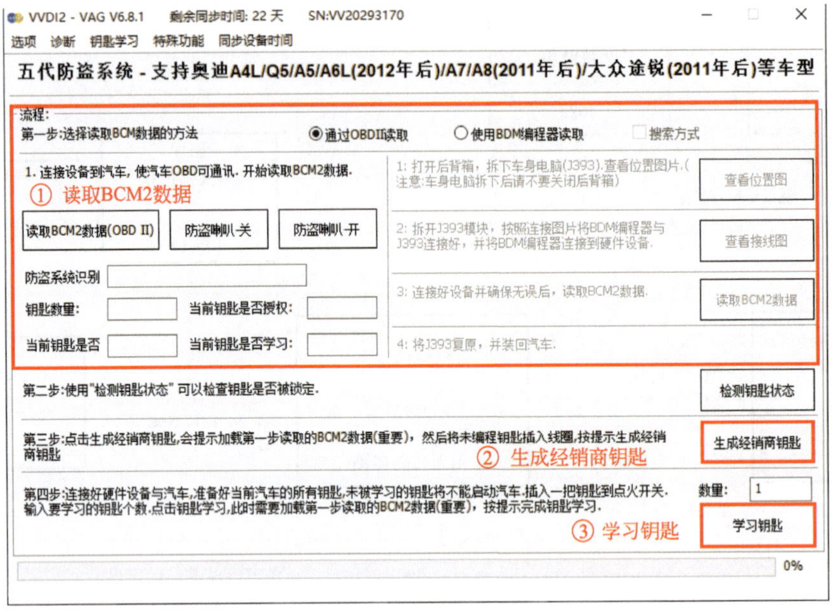

图 11-2-92

（1）有钥匙配钥匙方法

使用防盗设备 OBD 直接匹配，按流程操作即可。支持的设备有 VVDI2、VVDI 平板、道通 808、i80Pro、TD-N51 等。

（2）钥匙全丢匹配方法

方法一： 使用 VVDI2+VVDI 超级编程器设备，计算防盗数据，生成经销商钥匙并学习（只支持 A6/A7/A8/ 途锐全丢）（图 11-2-93）。

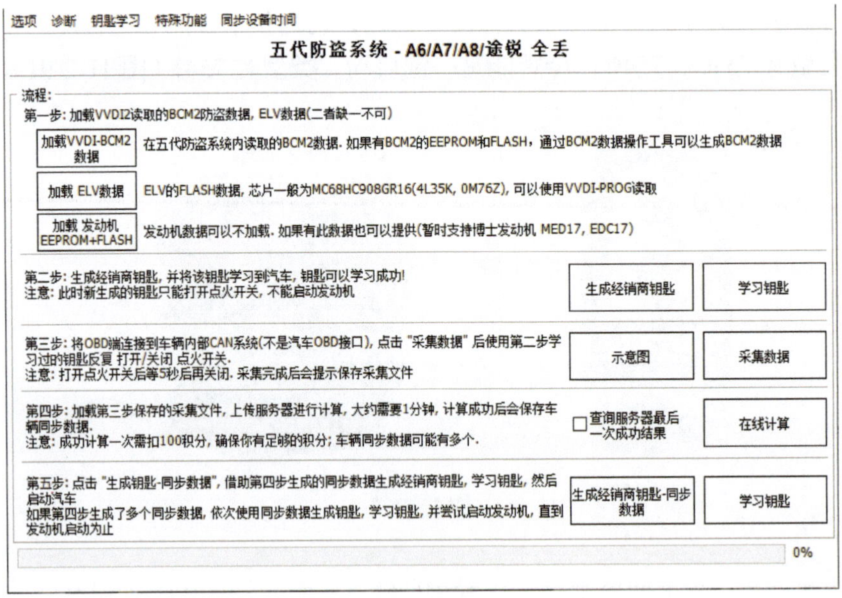

图 11-2-93

> **方法二：** 使用道通 808 里面的超级模式，或 i80Pro 里面的五代在线模式，或其他支持计算防盗数据的设备，此功能要付费获取防盗数据，然后用计算的防盗数据来生成经销商钥匙并学习。

> **方法三：** 半智能插卡启动的车型，可以拆读 BCM2 数据，加载到 VVDI2 设备里面，生成经销商钥匙并学习（加密的 BCM2 不支持）（图 11-2-94）。

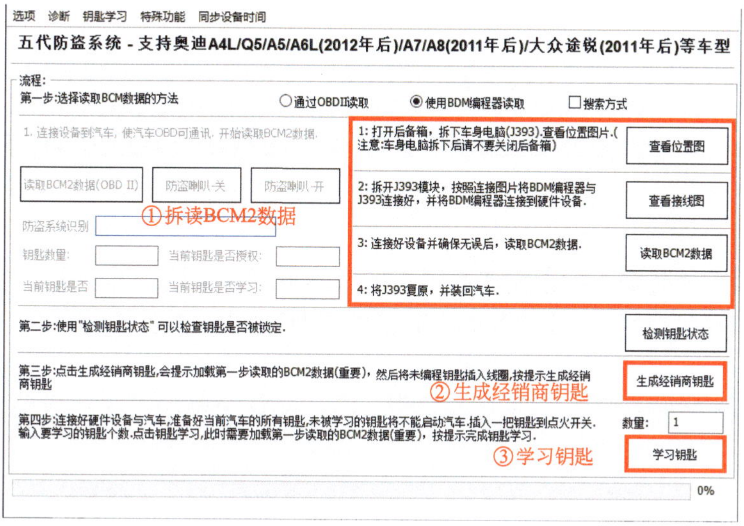

图 11-2-94

钥匙匹配案例 1：奥迪 A6L 智能卡钥匙增加

车型：2014 年奥迪 A6L（图 11-2-95）
防盗类型：奥迪五代防盗系统
钥匙类型：奥迪五代专用智能钥匙 754J
匹配方法：设备 OBD 接口直接匹配
匹配设备：朗仁 i80Pro

图 11-2-95

以下是朗仁 i80Pro 操作的流程：

❶ 使用 i80Pro 连接车辆，选择车型，进入后选择【4 代 5 代钥匙匹配】（图 11-2-96）。

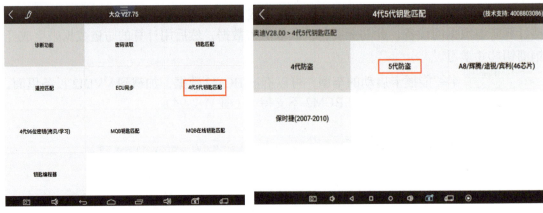

图 11-2-96

❷ 选择【5代防盗匹配】读取数据，如果读不出数据或钥匙全丢，可以选择【5代在线模式】计算防盗数据，按设备提示流程操作即可（图11-2-97）。

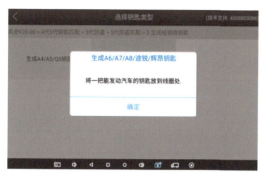

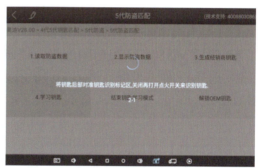

图 11-2-97

钥匙匹配案例 2：奥迪 A5 半智能钥匙全丢

车型：2015 年奥迪 A5（图 11-2-98）
防盗类型：奥迪五代防盗系统
钥匙类型：奥迪五代专用半智能钥匙 754C
匹配方法：设备 OBD 接口直接匹配
匹配设备：道通 808

图 11-2-98

以下是道通 808 操作的匹配流程：

❶ 使用 MX808IM 与车辆连接。注意，大众、奥迪系列车型的防盗匹配需连接网络。选择正确的车型，进入 Q5 专用菜单【Q5（2015-2017）】，选择【钥匙全丢】（图 11-2-99）。

图 11-2-99

❷ 按照屏幕提示打开双闪灯，将其中一把空白钥匙插入钥匙孔，点击【确定】继续下一步，程序将开始连接服务器获取防盗数据，此过程大概需要花费 20 分钟，请耐心等待，由于耗时较长，请外接电源保持车辆电压稳定（注意，该过程无需打开点火开关）（图 11-2-100）。

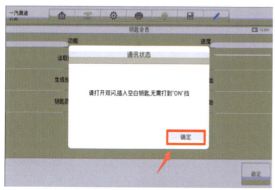
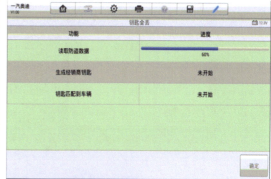

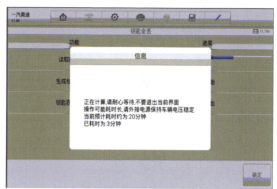

图 11-2-100

❸ 待屏幕信息提示"计算已完成"后,点击【确定】继续下一步,可以看到读取防盗数据状态为"已完成"(图 11-2-101)。

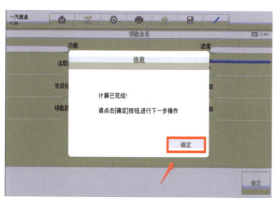
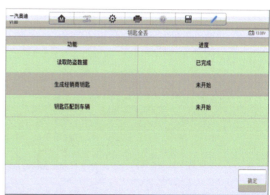

图 11-2-101

❹ 由于购买的是空白钥匙,做钥匙学习之前需先将空白钥匙生成经销商钥匙。按照屏幕提示,将第一把空白钥匙放入编程器钥匙孔,点击【确定】开始生成经销商钥匙。第一把钥匙生成成功后从编程器中取出,参照第一把的方法将另一把空白钥匙也生成经销商钥匙。两把钥匙都生成成功后可以看到生成经销商钥匙状态为"已完成"(图 11-2-102)。

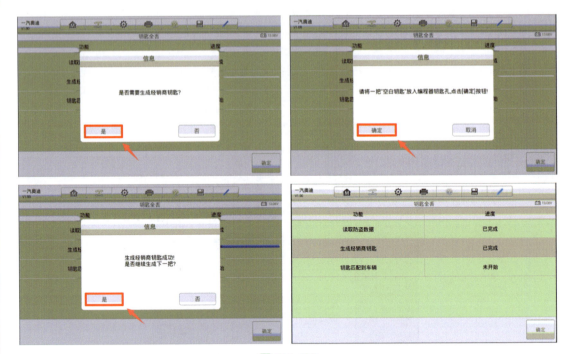

图 11-2-102

❺ 接下来将经销商钥匙匹配到车辆，输入需要匹配的钥匙数量，按照屏幕提示依次把要学习的钥匙放到点火开关处，并将点火开关打到"ON"挡，所有钥匙学习完成后屏幕会提示"钥匙学习成功"（注意，所有钥匙必须在屏幕上提示的钥匙学习倒计时结束之前学习完成）（图 11-2-103）。

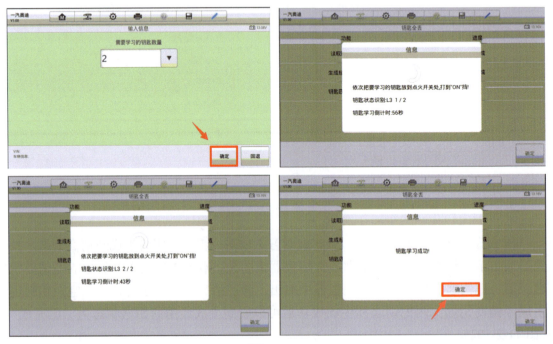

图 11-2-103

❻ 钥匙学习成功之后，可以看到状态为"已完成"，查看防盗状态可以看到车辆当前存储的钥匙数量为 2 把，使用匹配好的钥匙可以正常着车，钥匙功能正常，问题成功解决（图 11-2-104）。

图 11-2-104

第三节　宝马防盗系统

一、防盗系统介绍

宝马集团旗下的车辆品牌有宝马、MINI、劳斯莱斯等，当然它们的防盗系统也是相同的，钥匙匹配方法都一样。其实宝马的防盗系统并不难，只要区分出防盗系统类型，按类型选择匹配方法即可。

防盗系统有三种类型：

❶ EWS 防盗系统：EWS1、EWS2、EWS3、EWS4。

❷ CAS 防盗系统：CAS1、CAS2、CAS3、CAS3+/CAS3++、CAS4、CAS4+。

❸ FEM/BDC 防盗系统：FEM、BDC。

我们日常工作中钥匙匹配，仪表校准，车辆维修都涉及底盘号的运用，还有对应的防盗系统属于哪种类型，表 11-3-1 是目前市面上所有的宝马车按车系、年款、底盘号对应的防盗系统类型表格，方便我们以后工作中查询使用。

表 11-3-1　宝马车系防盗类型一览表

车系	底盘号	年款	防盗类型
BMW 宝马 1 系	E81（3 门掀背版）	2007—2011	CAS3/CAS3+
	E82（Coupe 版）	2007—2014	CAS3/CAS3+
	E87（5 门掀背版）	2004—2011	CAS2/CAS3/CAS3+
	E88（Convertibie）	2008—2015	CAS3+
	F20（5 门掀背版）	2011—2018	FEM
	F21（3 门掀背版）	2012—2018	FEM
	F52（Sedan 四门版）	2016—	BDC
	F40（5 门掀背版）	2018	FEM or BDC

续表

车系	底盘号	年款	防盗类型
BMW 宝马 2 系	F22、F23	2014—	FEM
	F44（Gran Coupe 版）	2020—	BDC
	F45（Active Tourer 版）	2014—	BDC
	F46（Gran Tourer 版）	2015—	BDC
BMW 宝马 3 系	E36	1992—1999	EWS1/EWS2
	E46	1998—2006	EWS3
	E90（Sedan 版）	2005—2012	CAS3/CAS3+
	E91（旅行版）	2005—2013	CAS3/CAS3+
	E92（Coupe 版）	2006—2010	CAS3/CAS3+
	E93（Convertible 版）	2007—2014	CAS3/CAS3+
	F30（Sedan 版）	2012—2018	FEM
	F31	2012—2018	FEM
	F34（Gran Turismo 版）	2013—2020	FEM
	F35	2015—	FEM
	G20/（Sedan 版）	2018—	BDC
	G21（旅行版）	2018—	BDC
BMW 宝马 4 系	F32（Coupe 版）	2013—2020	FEM
	F33（Convertible 版）	2013—2020	FEM
	F36（Gran Coupe 版）	2014—	FEM
BMW 宝马 5 系	E34	1988—2003	EWS
	E39	1995—2003	EWS1/EWS2/EWS3
	E60（Sedan 版）	2002—2010	CAS3/CAS3+
	E61（旅行版）	2002—2010	CAS3/CAS3+
	F07（Gran Turismo 版）	2009—2016	CAS4/CAS4+
	F10（标轴轴距版）	2010—2016	CAS4/CAS4+
	F11（旅行版）	2011—2016	CAS4/CAS4+
	F18（长轴距版）	2010—2016	CAS4/CAS4+
	G30（标轴轴距版）	2016—	BDC
	G31（旅行版）	2017—	BDC
	G38（长轴距版）	2017—	BDC

续表

车系	底盘号	年款	防盗类型
BMW 宝马 6 系	E63/E64	2002—2007	CAS3/CAS3+
	F06（Gran Coupe 版）	2011—	CAS4/CAS4+
	F12（Convertible 版）	2012—2019	CAS4/CAS4+
	F13（Coupe 版）	2011—2018	CAS4/CAS4+
	G32（Gran Turismo 版）	2017—	BDC
BMW 宝马 7 系	E38	1994—2001	EWS1/EWS2/EWS3
	E65（标准轴距）	2001—2008	CAS1
	E66（长轴距版）	2001—2008	CAS2
	F01（标准轴距）	2008—2012	CAS4/CAS4+
	F02（长轴距版）	2008—2012	CAS4/CAS4+
	F03（Protection 版）	2009—2012	CAS4/CAS4+
	F04（混合动力版）	2010—2012	CAS4/CAS4+
	G11（标准轴距）	2016—	BDC
	G12（长轴距版）	2016—	BDC
BMW 宝马 8 系	E31	1989—1999	EWS
	G14（Convertible 版）	2018—	BDC
	G15（Coupe 版）	2018—	BDC
	G16（Gran Coupe 版）	2018—	BDC
BMW 宝马 X1	E84	2009—2016	CAS3/CAS3+
	F48	2015—	BDC
	F49（长轴距版）	2016—	BDC
BMW 宝马 X2	F39	2018—	BDC
BMW 宝马 X3	E83	2003—2010	EWS4
	F25	2011—2018	CAS4/CAS4+
	G01（海外版）	2017—	BDC
	G08（国内版）	2018—	BDC
BMW 宝马 X4	F26	2014—2018	CAS4/CAS4+
	G02	2018—	BDC
BMW 宝马 X5	E53	1999—2006	EWS2/EWS3/EWS4
	E70	2006—2013	CAS3/CAS3+
	F15	2013—2018	BDC
	G05	2018—	BDC

续表

车系	底盘号	年款	防盗类型
BMW 宝马 X6	E71	2008—2015	CAS3/CAS3+
	E72（混合动力版）	2010—2015	CAS3/CAS3+
	F16	2014—2019	BDC
	G06	2019—	BDC
BMW 宝马 X7	G07	2019—	BDC
BMW 宝马 M Power 系列 M2	F87	2015—	BDC
BMW 宝马 M Power 系列 M3	E90（Sedan 版）	2005—2012	CAS3/CAS3+
	E92（Coupe 版）	2006—2010	CAS3/CAS3+
	E93（Convertible 版）	2007—2010	CAS3/CAS3+
	F80（Sedan 版）	2014—2018	FEM
BMW 宝马 M Power 系列 M4	F82（Coupe 版）	2014—	FEM
	F83（Convertible 版）	2014—	FEM
BMW 宝马 M Power 系列 M5	E60	2003—2009	CAS2/CAS3/CAS3+
	F10	2010—2016	CAS4/CAS4+
	F90	2018—	BDC
BMW 宝马 M Power 系列 M6	E63（Coupe 版）	2005—2010	CAS3/CAS3+
	E64（Convertible 版）	2006—2010	CAS3/CAS3+
	F06（Gran Coupe 版）	2012—	CAS4/CAS4+
	F12M（Convertible 版）	2012—	CAS4/CAS4+
	F13M（Coupe 版）	2012—	CAS4/CAS4+
BMW 宝马 M Power 系列 M8	F91（Convertible 版）	2020—	BDC
	F92（Coupe 版）	2020—	BDC
BMW 宝马 M Power 系列 X3 M	F97	2020—	BDC
BMW 宝马 M Power 系列 X4 M	F98	2020—	BDC
BMW 宝马 M Power 系列 X5 M	E70	2006—2013	CAS3/CAS3+
	F85	2014—	BDC
	F95	2020—	BDC
BMW 宝马 M Power 系列 X6 M	E71	2008—2015	CAS3/CAS3+
	F86	2014—	BDC
BMW 宝马 M Power 系列 X7 M	F94	2019—	BDC

续表

车系	底盘号	年款	防盗类型
BMW 宝马 i 电动系列 i8	I12	2014—2016	BDC
	I15（Roadster 车型）	2016—	BDC
BMW 宝马 i 电动系列 i3	I01	2013—	BDC
BMW 宝马 Z 系列 Z3	E36	1992—1999	EWS2（99 款）
	E37	1992—1999	EWS2（99 款）
BMW 宝马 Z 系列 Z4	E85（Roadster 版）	2002—2009	EWS2
	E86（Coupe 版）	2006—2009	CAS2
	E89（Roadster 版）	2009—2016	CAS3/CAS3+
	G29（软顶敞篷版）	2019—	BDC
BMW 宝马 Z 系列 Z8	E52（Roadster 版）	1999—2003	EWS2/EWS3
MINI	R50（Cooper）	2000—2006	EWS
	R52（Convertible）	2002—2008	EWS/CAS
	R53（Coopers）	2000—2006	EWS/CAS
	R54（ClubMan）	2015—	BDC
	R55（ClubMan）	2007—2014	CAS3/CAS3+
	R56	2005—2012	CAS3/CAS3+
	R57（Convertible）	2001—2015	CAS3
	R57（Cabrio）	2013—	CAS3
	R58（Couper/Roadster）	2012—2019	CAS3
	R60（ContryMan）	2010—2017	CAS3
	R61（PaceMan）	2013—	BDC
	F54（ClubMan）	2013—2019	BDC
	F55/F56	2013—2019	BDC
	F60（ContryMan）	2015—2019	BDC

部分老款的车型，属于老爷车级别的了，年代久远还没有防盗系统，近代的部分老款车型，涉及的年份跨度较大，会出现一个底盘号使用几种防盗系统的情况，在实际的钥匙匹配，仪表校准，车辆维修的过程，大家可以结合模块的外壳和设备的提示来确定防盗系统的最终类型。

从钥匙类型区分可以分为直柄遥控钥匙和智能卡钥匙（部分老款直柄钥匙可以用 Xhorse 设备来生成）（图 11-3-1）。

图 11-3-1

二、防盗系统区分及钥匙匹配方法

宝马的三种防盗系统匹配原理基本一致,都是以写启动的方式匹配钥匙。不同的是防盗电脑,读取数据的方法也不一样。接下来我们了解下宝马的每种防盗系统,用什么样的钥匙及匹配方法。

不管是什么设备,匹配的流程步骤都是一样的,只是设备不一样操作的界面不一样而已。写启动流程如下:

❶ 确认防盗系统类型;
❷ 获取防盗数据(钥匙信息);
❸ 选择空白钥匙位;
❹ 生成经销商钥匙。

1. EWS 防盗系统

老款宝马车系是 EWS 防盗盒系统,常见的是 EWS3 和 EWS4 的防盗系统,此类防盗系统的车型使用的是直柄遥控钥匙,7935 类型(44 或 73)芯片。代表车型有老款的 3 系、5 系、7 系、X3、X5 等(图 11-3-2)。

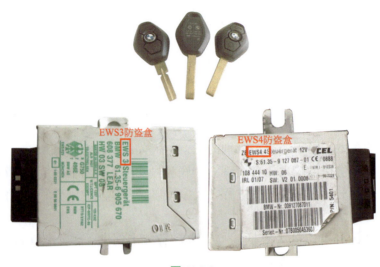

图 11-3-2

（1）钥匙匹配方法

钥匙增加和全丢的匹配方法相同，都是以写启动的方式，需要拆读防盗盒数据，然后将数据加载到支持写启动的设备里面，生成一个芯片即可。

拆读数据时，EWS3 的防盗盒，数据储存在 CPU 里，CPU 型号是 0D46J、2D47J 等，用 VVDIProg 编程器就可以读取，需要专用的适配器。图 11-3-3 是 VVDIPro 编程器读取数据的选项及接线图。

图 11-3-3

EWS4 的防盗盒也是将数据储存在 CPU 中，CPU 的型号是 9S12 系列，用 VVDIProg 编程器就可以读取。图 11-3-4 是 VVDIProg 编程器读取数据的选项及接线图。

图 11-3-4

(2) EWS 防盗系统钥匙写启动方法（图 11-3-5）

❶ 从车上拆下 EWS 防盗盒，其一般安装在方向盘下方护板内。

❷ 用编程器将 EWS 的防盗数据读出来，然后进行保存。

❸ 将保存好的数据加载到支持写启动的设备里，选择一个未使用的钥匙位置生成芯片。

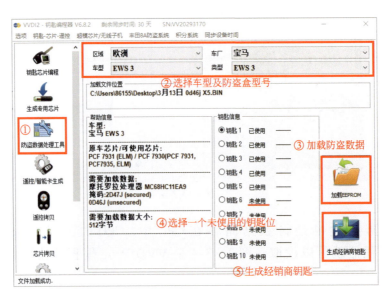

图 11-3-5

❹ 保存设备给的新数据，将新数据反写回 EWS 电脑。

❺ 将 EWS 电脑复原试车。

2. CAS 防盗系统

宝马控制单元 CAS 是便携进入及启动系统的名称缩写，CAS 控制单元集成了车身电器、舒适系统和防盗等，主要控制点火开关和行车电脑。CAS 防盗可细分为 CAS1、CAS2、CAS3、CAS3+/CAS3++、CAS4、CAS4+（"+"就是 CAS 电脑数据加密）。

下面详细介绍 CAS 的防盗系统及钥匙匹配方法。

（1）CAS1 防盗系统

宝马 CAS1 的防盗系统用在老款七系的 E65/E66 等底盘车上，钥匙是专用智能卡类型，插卡启动（图 11-3-6）。

图 11-3-6

钥匙匹配方法：钥匙增加和全丢匹配方法一致，读 CAS 数据写钥匙。用设备 OBD 接口可直接读取，或者拆读 CAS 数据，加载到设备里面写钥匙。

❶ 设备 OBD 接口直接匹配方法。以 VVDI2 为例,操作的步骤流程如图 11-3-7 所示。

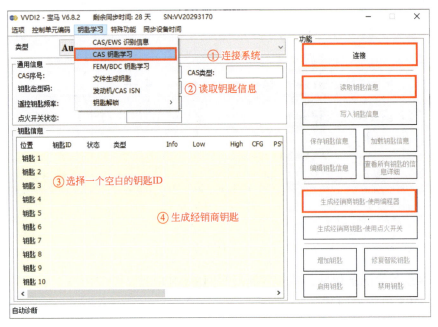

图 11-3-7

❷ 拆读 CAS1 电脑数据,写钥匙方法。CAS1 模块集成在钥匙卡槽点火开关上,需要拆下点火开关总成,用编程器读取数据,然后加载到设备里面写钥匙(图 11-3-8)。

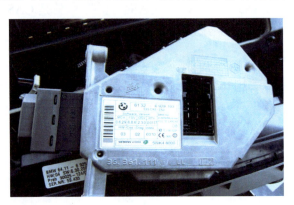

图 11-3-8

a. 使用 VVDIProg 编程器读写 CAS1 数据(图 11-3-9)。

b. CAS1 数据读取成功后,将数据加载到阿福迪 VVDI2 软件,在【防盗数据处理工具】或【宝马-文件生成钥匙】里面生成启动钥匙(图 11-3-10)。

(2)CAS2 防盗系统

宝马 CAS2 的防盗系统,用在老款 E 底盘的车型上,钥匙是电子 46 芯片的直柄遥控钥匙,机械钥匙拧启动方式(图 11-3-11)。

图 11-3-9

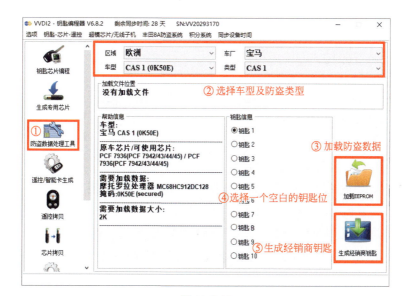

图 11-3-10

图 11-3-11

钥匙匹配方法：钥匙增加和全丢匹配方法一致，读 CAS 数据写钥匙。用设备 OBD 接口可直接读取，或拆读 CAS 数据，加载到设备里面写钥匙。

❶ 设备 OBD 接口直接读数据写钥匙方法（图 11-3-12）。

图 11-3-12

❷ 拆读 CAS2 电脑数据写钥匙方法。CAS2 模块安装在方向盘下方护板内，一个白色盒子，上面标签写有"CAS2"字样，拆下后用 VVDIProg 编程器读写数据，然后将数据加载到 VVDI2 等支持写启动的设备上，在写启动功能里面写钥匙（图 11-3-13）。使用 VVDIProg 编程器读写 CAS2 数据的选项及接线图如图 11-3-14 所示。

图 11-3-13

图 11-3-14

a. 在 VVDI2 的【防盗数据处理工具】里面生成启动钥匙（图 11-3-15）。

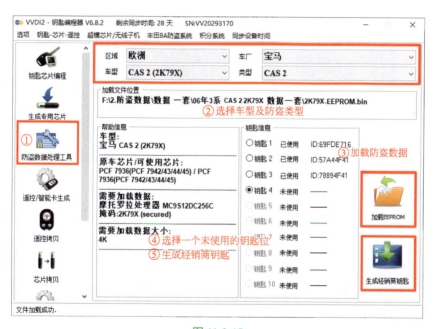

图 11-3-15

b. 在 VVDI2 的【宝马 - 文件生成钥匙】里面生成启动钥匙（图 11-3-16）。

（3）CAS3 防盗系统

CAS3 的防盗系统细分为 CAS3、CAS3+、CAS3++，用在老款 E 底盘的车型上。钥匙是 46 芯片的智能卡（小卡），区分半智能钥匙和全智能钥匙。

半智能是指车辆不带智能，插卡启动。全智能是指车辆带智能，有无钥匙进入及无钥匙启动功能，可一键启动也可插卡启动（图 11-3-17）。

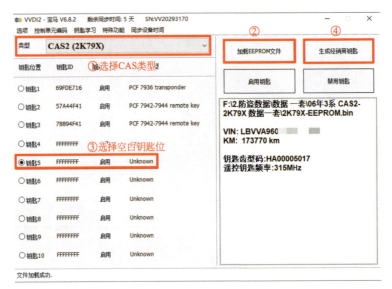

图 11-3-16

图 11-3-17

钥匙匹配方法一：设备 OBD 接口读取数据写钥匙（图 11-3-18）。

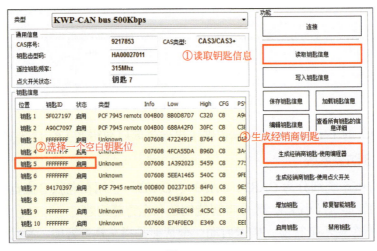

图 11-3-18

由于 CAS3+/CAS3++ 系统是加密的，部分设备 OBD 接口读不出数据，设备会提示需要更新 CAS 的 Flash 才能读取成功（图 11-3-19），也就是给 CAS 降级（更新 CAS 前需要给车辆接上稳压编程电源，不触碰车上任何按钮，这样能大大降低编程风险）。CAS 更新成功后即可读出数据，然后选择一个钥匙位置生成经销商钥匙就可以了。

图 11-3-19

钥匙匹配方法二：拆读 CAS3 电脑读数据写钥匙。

❶ CAS3 模块一般安装在方向盘下方护板内，宝马 MINI 的 CAS3 模块是安装在方向盘正前方仪表台下的一个黑色盒子，上面有白色标签写有"CAS3"字样。而 CAS3+/CAS3++ 只是数据加密，外观是相同的（图 11-3-20）。

图 11-3-20

❷ CAS3 模块数据储存在 CPU 中，CPU 的掩码型号有 0L01Y、0L15Y、0M23S，可用 VVDIProg 等编程器来读写数据，图 11-3-21 是读写数据的选项及接线图。

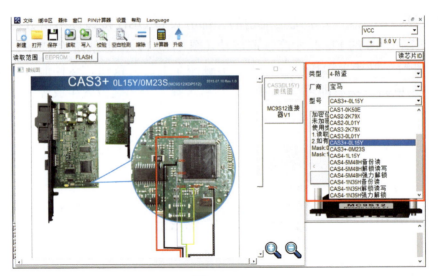

图 11-3-21

❸ 数据读写成功后,将数据加载到设备 VVDI2 中,生成经销商钥匙。

a. 在 VVDI2 的【防盗数据处理工具】里面生成启动钥匙(图 11-3-22)。

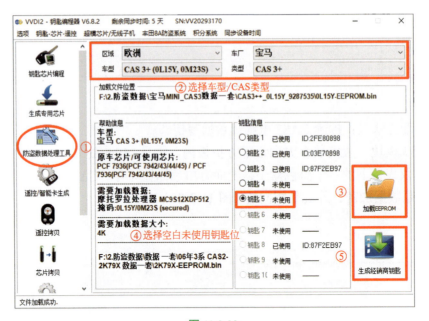

图 11-3-22

b. 在 VVDI2 的【宝马 - 文件生成钥匙】里面生成启动钥匙(图 11-3-23)。

由于 CAS3+/CAS3++ 系统数据是加密的,生成经销商钥匙时设备软件会提示"CAS3 加密版本,需要着车钥匙或发动机数据或 ISN 支持"(图 11-3-24)。根据软件提示选择相应选项,增加钥匙时将原车钥匙放入 VVDI2 感应线圈处,然后进行下一步。没有着车钥匙(钥匙全丢)时,需要获取同步码 ISN 或发动机数据,然后进行下一步。CAS3 不加密的系统钥匙增加和全丢则不需要此步骤。

图 11-3-23

图 11-3-24

 总结：

① CAS3 不加密的系统在匹配钥匙时，无论有无着车钥匙都可以通过设备 OBD 读数据写钥匙。

② CAS3 加密的系统使用设备 OBD 方式读取数据时，部分需要给 CAS 的 FLASH 降级才能读取成功，需要降级时设备会有所提示。

③ CAS3 加密的系统在匹配钥匙时，无论有无着车钥匙都需要借助着车钥匙或发动机数据或 ISN 支持来生成生经销商钥匙。当钥匙全丢时，还需要获取 ISN 码，或者发动机电脑数据。

④ CAS3 系统只能同时拥有两个带智能钥匙，如果想要增加一把带智能钥匙，需要将其中一个钥匙位禁用掉，这样后配的带智能钥匙才能使用（图 11-3-25）。

图 11-3-25

钥匙匹配案例：2009 年宝马 3 系半智能钥匙增加

车型：2009 年宝马 3 系（图 11-3-26）

防盗类型：宝马 CAS3+ 防盗系统

钥匙类型：宝马小卡半智能专用钥匙

匹配方法：设备 OBD 接口读取数据写钥匙

匹配设备：VVDI2（阿福迪）

图 11-3-26

以下是具体操作步骤（图 11-3-27）：

图 11-3-27

连接好设备以后，打开设备 VVDI2 软件，点击【钥匙学习】，选择【CAS 钥匙学习】（图 11-3-28）。

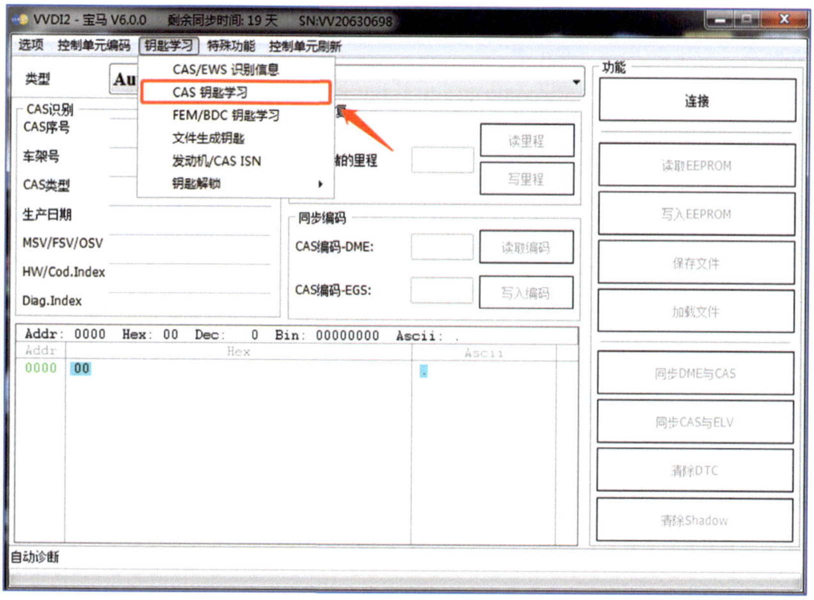

图 11-3-28

点击【CAS 钥匙学习】进去以后，出现图 11-3-29 界面。

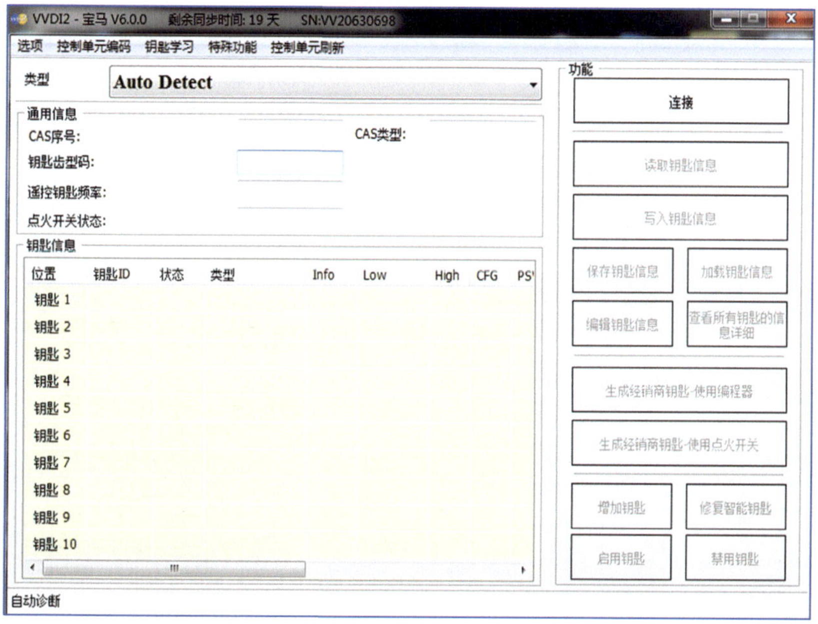

图 11-3-29

第一步： 点击连接，连接成功后，会出现如图 11-3-30 红框内信息，CAS 序号、CAS 类型等。

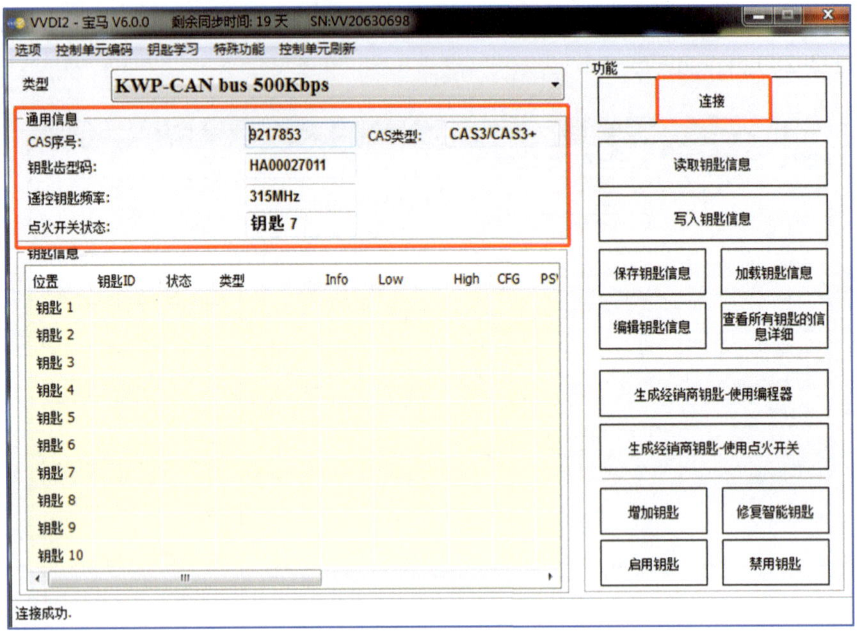

图 11-3-30

第二步：点击【读取钥匙信息】，设备会提示选择钥匙匹配方法，点击增加钥匙，需要将一把着车钥匙插入点火开关并打开仪表。如果钥匙全丢，将一把空白钥匙插入点火开关即可，然后点击【下一步】（图 11-3-31）。

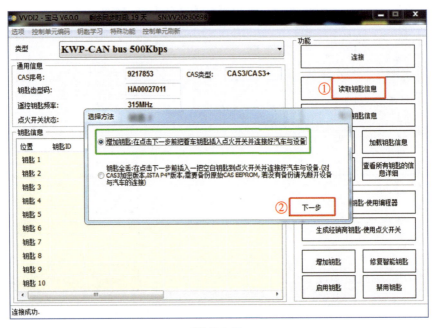

图 11-3-31

选择【增加钥匙】，点击【下一步】，会出现如图 11-3-32 红框内提示，按照设备的提示操作完，再点击确定。

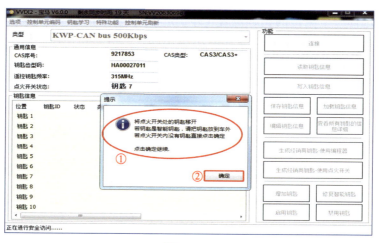

图 11-3-32

第三步： 数据读取成功，使用【保存钥匙信息】保存原始钥匙数据（图 11-3-33）。

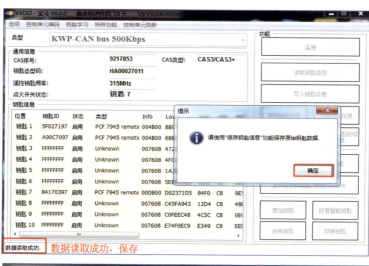

图 11-3-33

🎵 **第四步：** 选择一个空白的钥匙位置（即钥匙 ID 为 FFFFFFFF），并且状态显示为启用（启用表示该钥匙位可以使用，禁用表示该钥匙位已被禁止使用。启用改成禁用相当于删除不想使用的钥匙）（图 11-3-34）。

图 11-3-34

生成经销商钥匙，可以选择方法一使用编程器生成，也可选择方法二使用点火开关生成，我们一般选择方法一来生成经销商钥匙（图 11-3-35）。

经销商钥匙生成成功后，需要将钥匙插入点火开关识别，能打开仪表以后即可着车，遥控才能使用。如果生成好的钥匙打不开仪表，可多次按启动按钮尝试打开仪表。如果尝试失败，请更换新的空白钥匙生成经销商钥匙继续尝试。

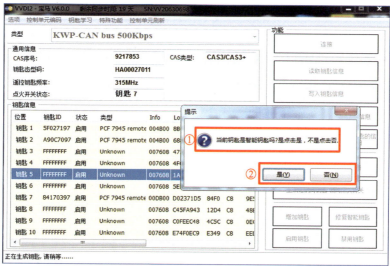

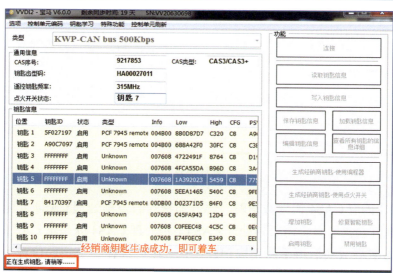

图 11-3-35

(4) CAS4 防盗系统

CAS4 的防盗系统用在宝马 F 底盘的车型上,系统可分为不加密 CAS4 和加密 CAS4+ 两种。钥匙是电子 49 芯片的专用智能卡(大卡),与刀锋款式的智能卡通用。用于 CAS4 的防盗系统,着车都是一键启动的方式(图 11-3-36)。

图 11-3-36

CAS4 防盗系统和 CAS3 的防盗系统钥匙匹配方法相同,方法如下:

方法一:设备 OBD 接口读取数据写钥匙(图 11-3-37)。

图 11-3-37

设备 OBD 读取 CAS4 钥匙数据时,部分加密的需要预处理 CAS4 才能生成经销商钥匙,设备软件会提示是否需要预处理 CAS4。预处理 CAS4 就是给 CAS 的 FLASH 更新降级。CAS 更新成功后再重新读取钥匙信息,然后选择一个钥匙位置生成经销商钥匙就可以了(图 11-3-38)。

图 11-3-38

方法二： 拆读 CAS4 电脑数据写启动。

❶ CAS4 模块安装在油门踏板上方护板里，一个白色的盒子，上面有白色标签写有"CAS4"字样。CAS4+ 只是数据加密，电脑外观一样（图 11-3-39）。

图 11-3-39

❷ CAS4 模块数据储存在 CPU 中，CPU 的掩码型号有 1L15Y、5M48H、1N35H 三种，可用 VVDIProg 等编程器来读写数据，图 11-3-40 是读写数据的选项及接线图。

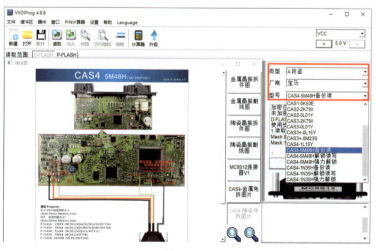

图 11-3-40

❸ 数据读写成功后，将数据加载到设备 VVDI2 软件【宝马 - 文件生成钥匙】里面来生成经销商钥匙（图 11-3-41）。

图 11-3-41

由于 CAS4+ 系统数据是加密的，生成经销商钥匙时设备软件会提示"CAS4 加密版本，需要着车钥匙或发动机数据或 ISN 支持"。根据软件提示选择相应选项，增加钥匙时将原车钥匙放入 VVDI2 感应线圈处，然后进行下一步（图 11-3-42）。没有着车钥匙（钥匙全丢）时，需要获取同步码 ISN 或发动机数据，然后进行下一步。CAS4 不加密的系统钥匙增加和全丢则不需要此步骤。

图 11-3-42

总结：

① CAS4/CAS4+ 系统使用设备 OBD 方式读取数据时，部分需要给 CAS 的 FLASH 降级才能读取成功（预处理 CAS），需要预处理 CAS 时设备会有所提示。

② CAS4 加密的系统在匹配钥匙时，无论有无着车钥匙都需要借助着车钥匙或发动机数据或 ISN 支持来生成生经销商钥匙。当钥匙全丢时，还需要获取 ISN 码，或者发动机电脑数据。（CAS4 不加密的系统则不需要）

③ CAS4 防盗系统的钥匙生成成功后，需要将新钥匙激活才能正常使用。将配好的新钥匙贴近应急感应区位置，然后按启动按钮直到点亮仪表。感应区位置如图 11-3-43 所示。

图 11-3-43

3. FEM/BDC 防盗系统

宝马的 FEM 和 BDC 系统是两个模块，FEM 是前部电子模块，是车载网络中的中央控制单元，同时也是其他控制单元的网关。前部电子模块（FEM）承担了源自旧控制单元——脚部空间模块（FRM）、便捷进入及启动系统（CAS）、接线盒电子装置（JBE）和中央网关模块（ZGM）的功能。而 BDC 是主域控制器，相当于车身电脑，防盗信息也包含在里面，同时也具备 FEM 的功能，其目的是减少控制单元以及优化组件的联网。

FEM 和 BDC 系统用于宝马的 F 底盘和 G 底盘。G 底盘是 BDC+ 系统，暂时还没有破解，无法匹配钥匙。我们现在能做增加和全丢的是 FEM 和 BDC 系统用于 F 底盘的车型。

代表车型有 2012 年后的 1 系、2 系、3 系、4 系等，2014 年后的宝马 X1、X5、X6、MINI（F56）等，使用专用的智能卡钥匙，钥匙频率分 315MHz、433MHz。外观有宝马刀锋款式、宝马 F 底盘大卡钥匙和宝马液晶钥匙，如图 11-3-44 所示。

图 11-3-44

FEM 和 BDC 模块外观区分如图 11-3-45 所示。

图 11-3-45

FEM 和 BDC 模块内部区分如图 11-3-46 所示。

图 11-3-46

（1）钥匙匹配方法

宝马 FEM 和 BDC 系统的钥匙匹配方法是相同的，需要在测试平台上操作，测试平台就是模块之间的连接线束和 OBD，拆下 FEM/BDC 模块连接测试平台，方便我们操作，减少风险。图 11-3-47 就是 FEM/BDC 的测试平台线束。

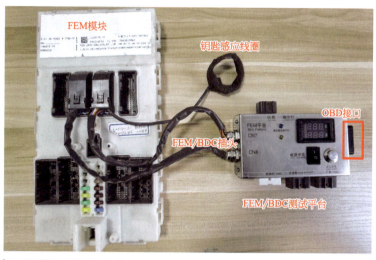

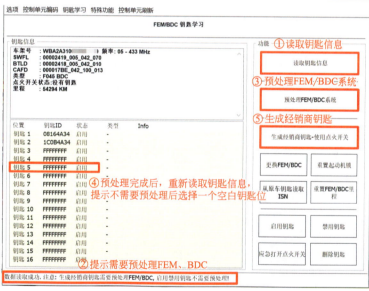

图 11-3-47

（2）FEM、BDC 系统钥匙匹配流程

❶ 在车上操作，连接设备进入 FEM/BDC 选项，读取钥匙信息。

❷ 钥匙信息读取成功后，如果设备提示需要预处理才能生成经销商钥匙，开始下一步操作。如果设备提示不需要预处理，那么可以直接生成经销商钥匙，新钥匙生成好直接启动。

❸ 预处理 FEM/BDC 操作如下：

  a. 在车上备份 FEM/BDC 的编码信息，或者拆下 FEM/BDC 链接平台，在平台上备份编码。

  b. 拆下 FEM/BDC，分解开模块，找到八脚码片。FEM 模块是 95128，BDC 模块是 95256，读取八脚码片的原始数据进行保存。

  c. 保存好数据后，将数据加载到设备里生成服务模式数据，设备会给出一个新的数据，然后将新数据写入八脚码片。写入成功后，焊回八脚码片，装到模块里。

  d. 在平台上连接好 FEM/BDC 模块，连接好设备。在软件里点击编程 FEM/BDC 模块。

  e. FEM/BDC 模块编程成功后，断开平台的连接。分解 FEM/BDC，吹下八脚码片，用编程器将原始的八脚码片数据写回。

  f. 数据恢复成功后，将 FEM/BDC 模块连接好平台，连接好设备，再点击恢复编码，将第一步备份的原始编码写回去。此过程预处理 FEM/BDC 完成。

④ 重新读取钥匙信息，设备软件会提示不需要预处理，直接生成经销商钥匙。

⑤ 选择一个启用状态的空白钥匙位置，来生成经销商钥匙。

⑥ 注意，如果是钥匙全丢，还需要 ISN 码，可以读发动机电脑的数据获取。

案例　2014 年宝马 218i/F45 钥匙增加

车型：2014 年宝马 218i/ 底盘 F45（图 11-3-48）
防盗类型：宝马 BDC 系统
钥匙类型：宝马 F 底盘专用智能卡（大卡）
匹配方法：按 FEM/BDC 钥匙匹配流程
匹配设备：VVDI2（阿福迪）、VVDIProg 编程器、FEM 平台

图 11-3-48

以下是具体操作流程：

① 设备 VVDI2 连接车辆，打开宝马软件找到【FEM/BDC 钥匙学习】选项，进去后点击【读取钥匙信息】（图 11-3-49）。

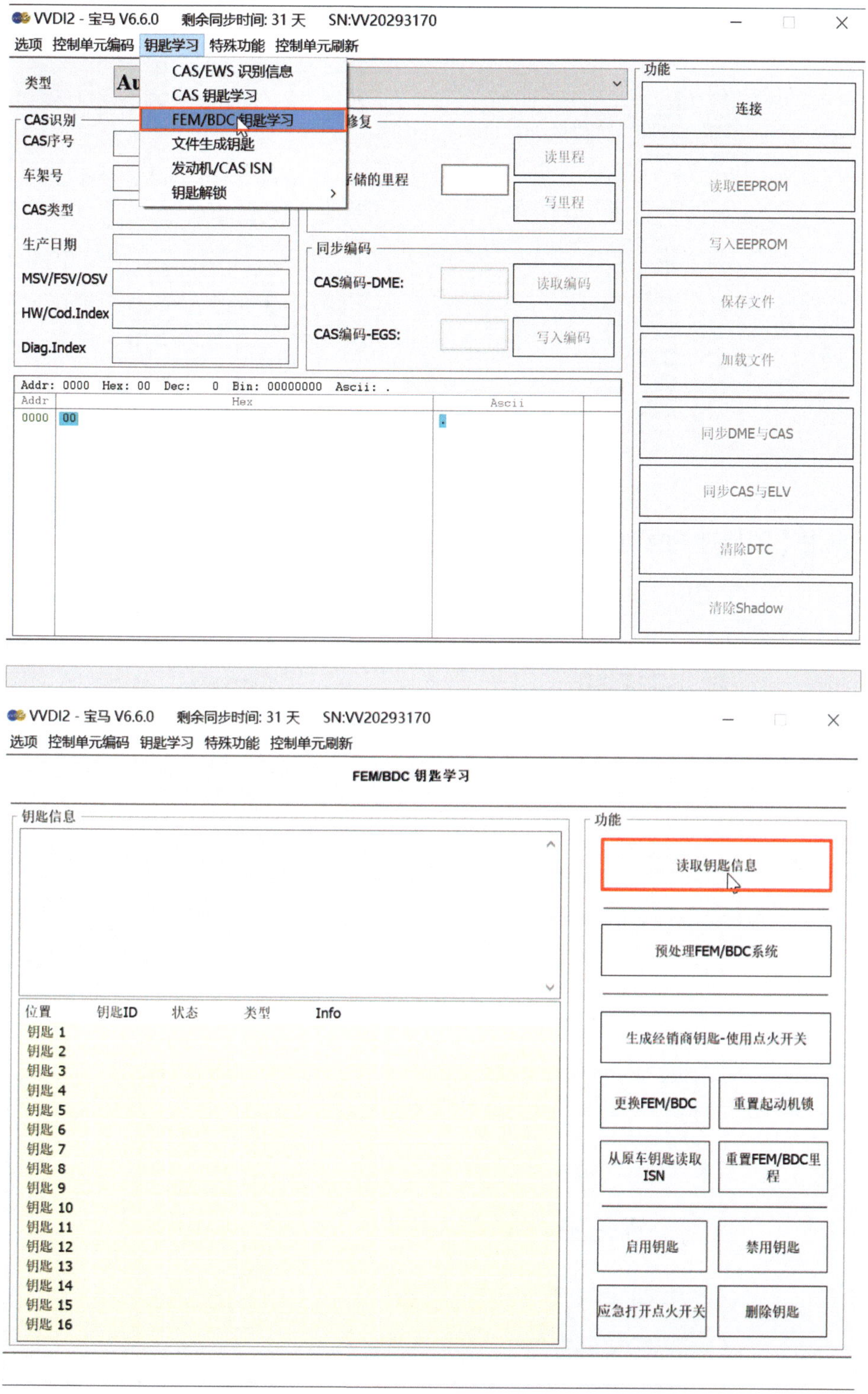

图 11-3-49

❷ 钥匙信息读取成功。注意，生成经销商钥匙需要预处理 FEM/BDC，启用和禁用钥匙不需要预处理（图 11-3-50）。

图 11-3-50

❸ 点击【预处理 FEM/BDC 系统】(图 11-3-51)。

图 11-3-51

❹进入预处理 FEM/BDC 系统，按流程操作。

第一步： 备份 BDC 模块编码。可以在车上 OBD 备份或者将 BDC 模块拆下来连接平台，在平台上 OBD 备份（图 11-3-52）。

图 11-3-52

编码信息读取成功，将编码信息保存（图 11-3-53）。

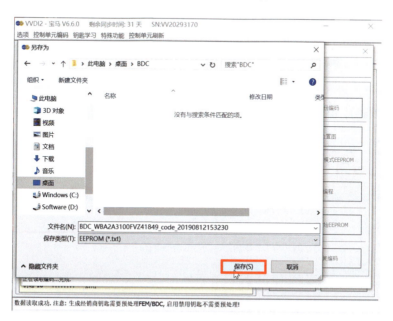

图 11-3-53

第二步： 编码备份成功后，需要拆下 BDC 模块，找到 BDC 模块内的八脚码片 95256，用编程器读取数据（图 11-3-54）。

图 11-3-54

FEM/BDC 模块安装在副驾驶 A 柱护板内，拆下来后分解开找到 BDC 模块的八脚码片 95256（图 11-3-55）。

图 11-3-55

然后将八脚码片 95256 的数据用编程器读出并保存为原始数据（图 11-3-56）。

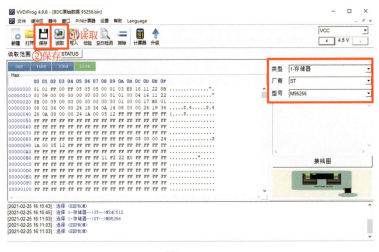

图 11-3-56

接下来在 VVDI2 设备软件上开始第二步，点击【确定】加载刚读取的原始八脚码片 95256 数据（图 11-3-57）。

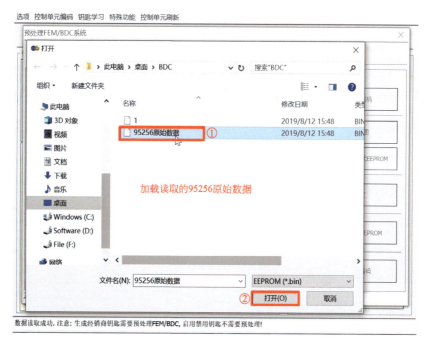

图 11-3-57

原始 95256 数据加载进去后，设备软件自动给出一个新数据，此数据为服务模式数据，需要将此数据保存（图 11-3-58）。

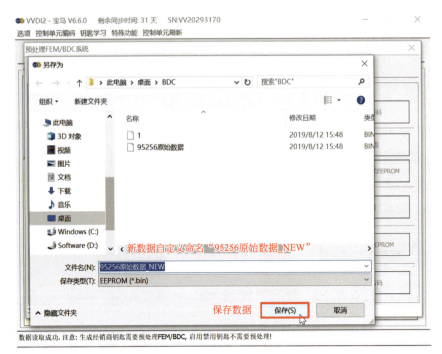

图 11-3-58

将新保存的服务模式数据用编程器写入八脚码片 95256 中（图 11-3-59）。

图 11-3-59

数据写入成功后，将 BDC 模块恢复，并连接 FEM/BDC 测试平台，将设备 VVDI2 在平台上连接好 OBD（图 11-3-60）。

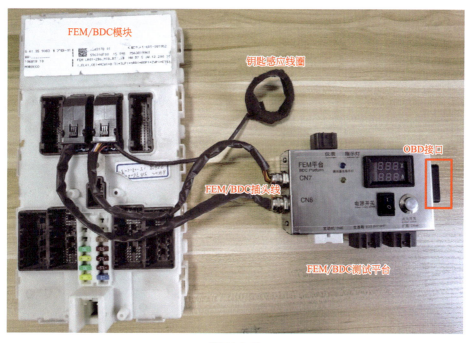

图 11-3-60

第三步： 完成第一步和第二步以后，点击【是】开始编程 BDC 模块（图 11-3-61）。BDC 模块编程成功，软件直接提示开始下一步操作。

图 11-3-61

图 11-3-61

第四步： 拆开 BDC 模块，将第二步读取的原始 95256 数据写回码片中，再重新连接 FEM/BDC 测试平台（图 11-3-62）。按提示操作完成后，点击【确定】开始下一步。

图 11-3-62

第五步： 恢复 BDC 模块原始编码信息（图 11-3-63）。

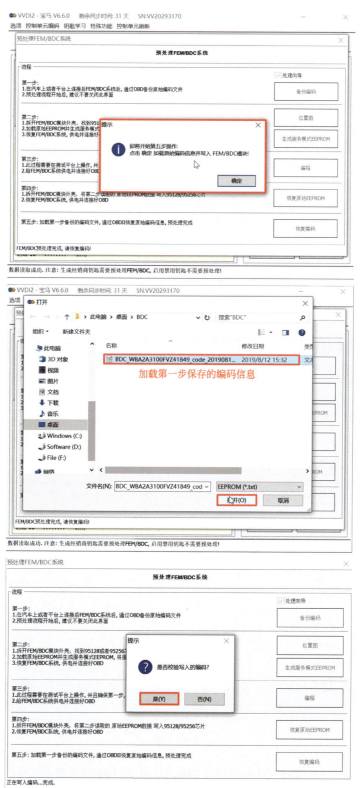

图 11-3-63

❺ 编码恢复成功，整个预处理 BDC 系统就完成了（图 11-3-64）。

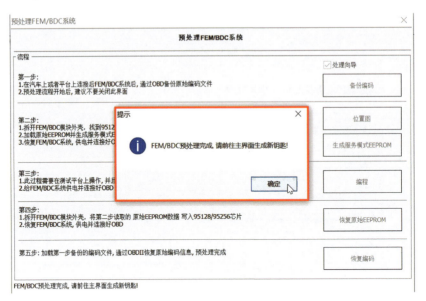

图 11-3-64

❻ 软件回到主界面，重新读取钥匙信息。"数据读取成功，注意：此系统不需要预处理，可以直接在主界面生成经销商钥匙或校正里程！"（图 11-3-65）。

图 11-3-65

❼ 然后选择一个空白的钥匙位置（钥匙 ID 是 FFFFFFFF 就是空白未使用的钥匙位置），并且是启用的状态，来生成经销商钥匙（图 11-3-66）。

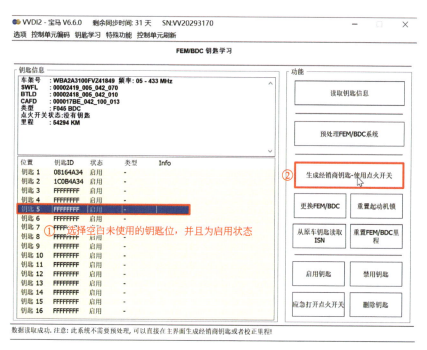

图 11-3-66

❽ 提示 FEM/BDC 系统需要着车钥匙或者 ISN 支持。

有一把着车钥匙，用着车钥匙打开点火开关后点击【下一步】。如果没有着车钥匙需要通过发动机电脑的数据获取 ISN 码，然后在已知 ISN 位置手工填写 ISN 码后点击【下一步】（图 11-3-67）。

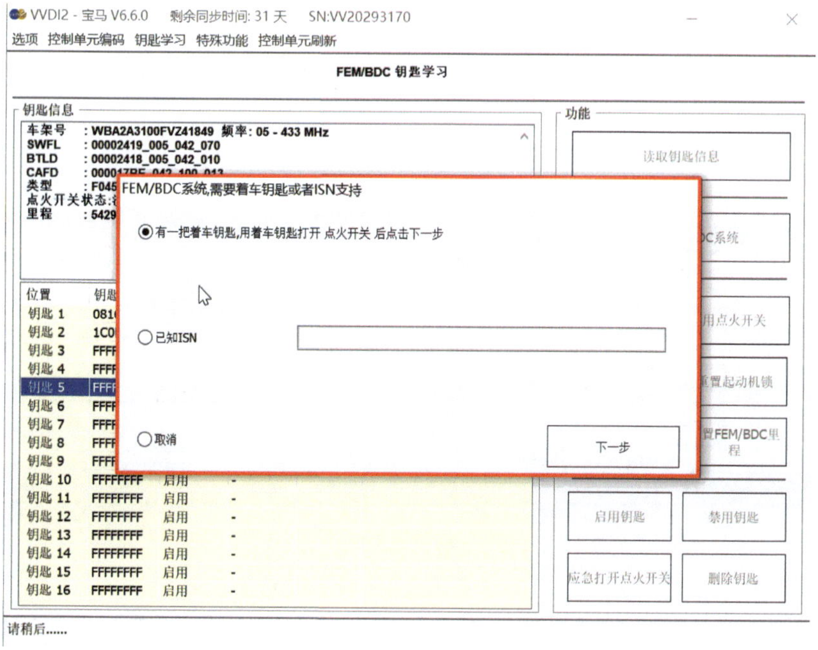

图 11-3-67

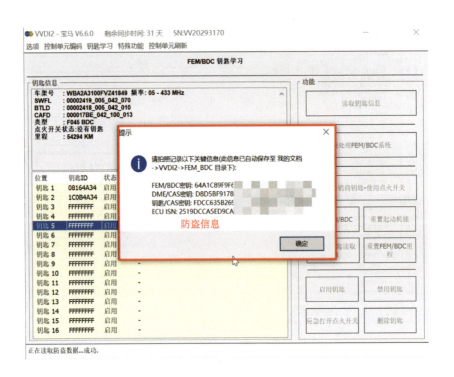

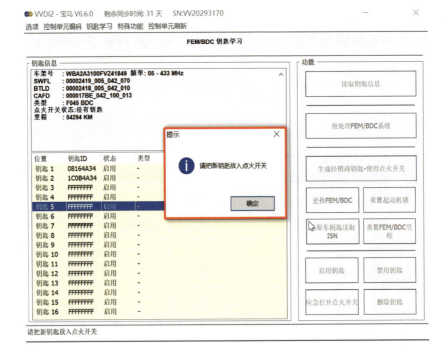

图 11-3-67

❾ 将新钥匙放入 FEM/BDC 测试平台的钥匙感应线圈中,"正在学习钥匙,请保持钥匙稳定…"(图 11-3-68)。

⑩ 新钥匙匹配完成，将 BDC 模块恢复，装车测试。

（3）宝马 F 底盘更换 FEM/BDC 模块匹配方法

FEM/BDC 主要集成了防盗（CAS）、网关以及脚步空间模块等功能，下面是宝马 F 底盘更换 FEM/BDC 的匹配方法，供大家参考。

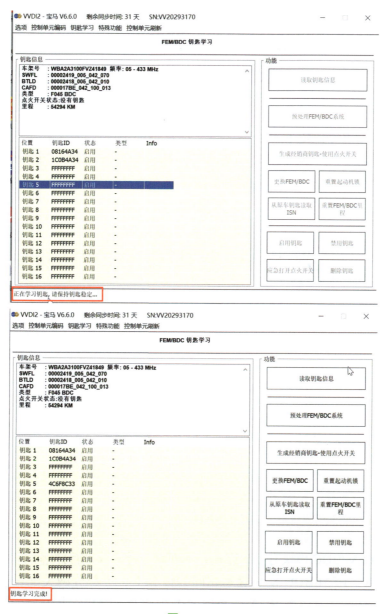

图 11-3-68

❶ 更换全新 FEM/BDC 模块：

更换全新 FEM/BDC 模块，需要使用车架号来订购。订购完成后，使用宝马原厂设备进行编程，按照车架号查出配置码，再使用宝马原厂设备导入到 FEM/BDC 即可使用（图 11-3-69）。

图 11-3-69

❷ 更换二手 FEM/BDC 模块：

首先需要确定二手 FEM/BDC 的版本号。建议使用版本相近的 FEM/BDC 模块进行更换，如果版本差异比较大，可能会导致车辆存在故障无法清除。版本号可在 FEM/BDC 模块外壳上直接看到，如图 11-3-70 所示。

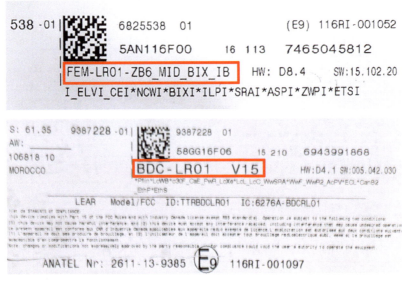

图 11-3-70

更换二手 FEM/BDC 模块有三种方式，下面对三种方式进行详解。

a. 移植芯片。FEM/BDC 模块版本相同的情况下，上部分网关配置基本相同，移植码片只需要挪下部分防盗 BGA 芯片以及八脚码片（95128 或 95256），即可启动车辆（图 11-3-71）。

b. 数据克隆。在原车 FEM/BDC 能通信的情况下，使用 VVDI2、K518 或道通 808 等设备预处理原车模块及二手模块。预处理完成后，借助原车钥匙或发动机电脑 ISN 码，获取原车 FEM/BDC 防盗数据。将原车车辆信息、编码及防盗数据写入到二手模块中，写入完成后，还需重置起动机锁学习原车钥匙。

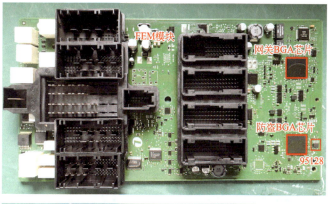

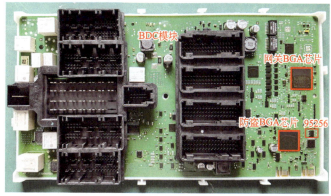

图 11-3-71

案例 2016 年宝马 3 系更换 FEM 模块

车型：宝马 3 系（图 11-3-72）
生产日期：2015 年 12 月
发动机型号：N20B20D（图 11-3-73）
VIN：LBV8V3100G×××××××

图 11-3-72

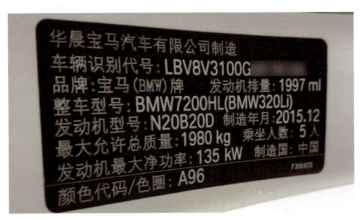

图 11-3-73

使用设备：VVDI2。

故障现象：客户抱怨雨刮喷水不工作，空调不工作。

维修历史：该车是其他修理厂开送过来的，之前他们更换过压缩机，清洗过空调管道，故障还是依旧，因此将车开来我厂维修。

维修过程：该车由我们技术部在修理厂值班的人员维修，在维修过程中，经过检查，车辆并没有报相应的故障码，检查过外围线路也是好的，因此确定是 FEM 模块（前部电子模块）内部损坏导致，于是将 FEM 模块拆下进行检查测量，测量无果后，决定更换一个新的 FEM 模块（图 11-3-74）。

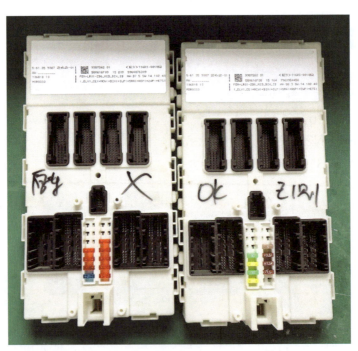

图 11-3-74

更换全新的或者二手 FEM 模块需要进行编码和匹配防盗，更换 FEM 模块的具体匹配方法如下。

❶ 获取原车 FEM 模块的防盗数据。

a. 将 FEM 模块接上平台，连接好设备 VVDI2，并打开软件，从软件里选择【FEM/BDC 钥匙学习】，点击读取 FEM 模块钥匙信息（图 11-3-75）。

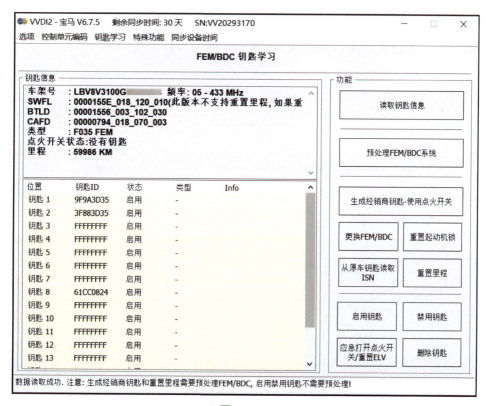

图 11-3-75

要想获取防盗数据，需要先获取 ISN 码，点击【从原车钥匙读取 ISN】选项，出现图 11-3-76 所示的界面，提示需要先预处理 FEM/BDC 系统，再读取钥匙信息。

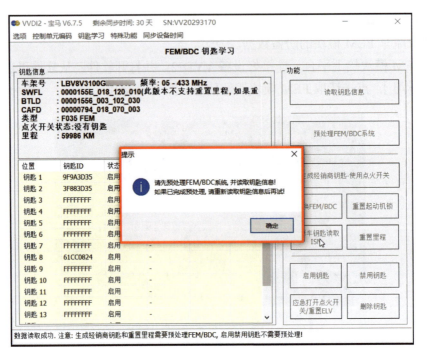

图 11-3-76

b. 接下来，开始预处理 FEM/BDC 系统（图 11-3-77）。

图 11-3-77

根据预处理 FEM/BDC 系统流程一步步操作：备份原车 FEM 编码—生成服务模式 EEPROM 数据—编程 FEM/BDC 系统—恢复原始 EEPROM 数据—恢复编码（图 11-3-78）。

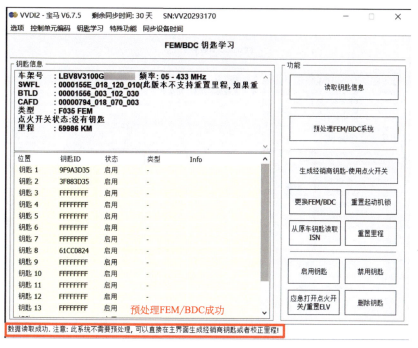

图 11-3-78

c. 按预处理 FEM/BDC 系统流程操作完成后，再重新读取钥匙信息，就可以从原车钥匙中读取到 ISN 码等相关密钥信息了（图 11-3-79）。

d. 接下来，点击【更换 FEM/BDC】选项，进去后点击【读取 FEM/BDC 数据】，然后填入相关密钥信息，再保存 FEM/BDC 数据即可（图 11-3-80）。

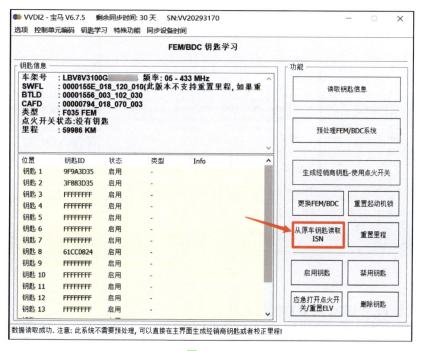

图 11-3-79

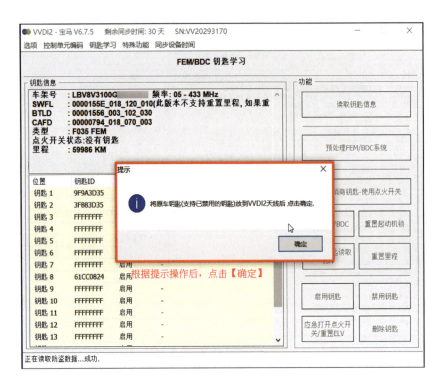

图 11-3-79

❷ 将原车 FEM/BDC 防盗数据写入新的模块。

a. 将平台上原车的 FEM 模块断开，然后连接新的 FEM 模块，并连接好 VVDI2（图 11-3-81）。

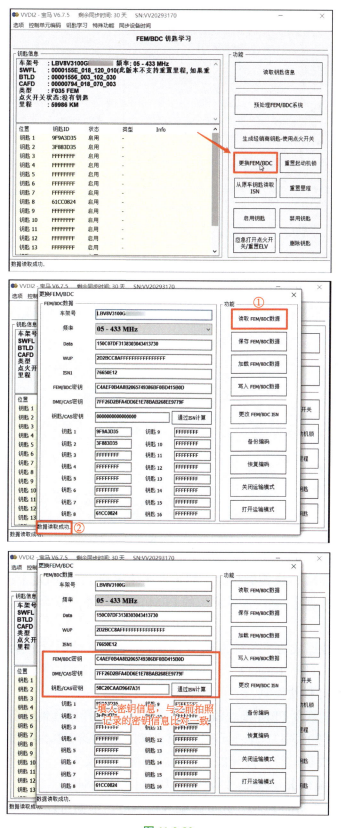

图 11-3-80

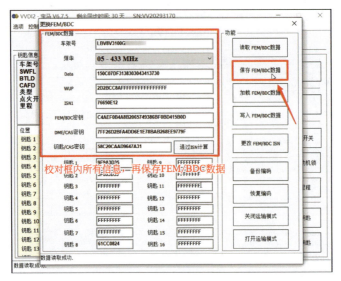

图 11-3-80

图 11-3-81

b. 读取新的 FEM 模块钥匙信息，然后点击【更换 FEM/BDC】选项，进去后点击【读取 FEM/BDC 数据】，然后加载原车的 FEM/BDC 数据，最后写入 FEM/BDC 数据即可（图 11-3-82）。

c. 原车 FEM 数据成功写入新的 FEM 模块后，在写入编码后重置起动机锁，就完成 FEM 模块的更换了（图 11-3-83）。

❸ 给新的 FEM 模块设码。

当 VVDI2 不能恢复 FEM 模块编码时，我们可以选择用其他设备进行设码，例如：宝马工程师、道通 908、431 等。下面以 431 为例，介绍给 FEM 设码的步骤。

新的 FEM 模块装车后，打开仪表。然后连接诊断仪 431，进入诊断，选择宝马进去，点击【编码/编程】，再点击【设码】即可（图 11-3-84）。

故障排除：更换新的 FEM，完成匹配和设码后，车辆可以启动，空调和雨刮喷水都可以正常工作了。

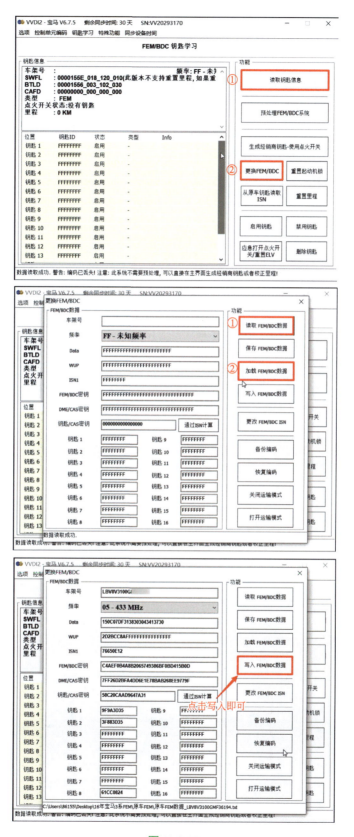

图 11-3-82

图 11-3-82

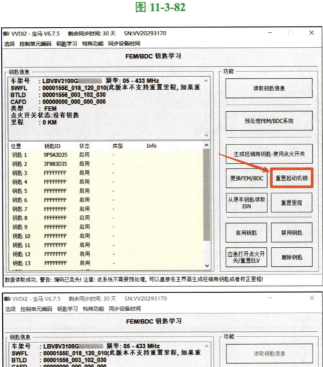

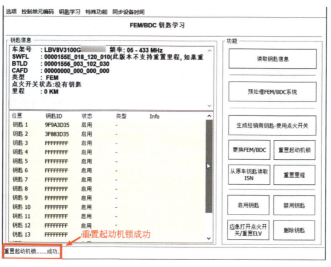

图 11-3-83

图 11-3-84

图 11-3-84

故障总结：此故障案例，主要教大家如何匹配新更换的 FEM 模块和设码，根据上述步骤一步步操作即可。并且匹配新更换的 BDC 模块和设码方法是一样的。

❹ 制作数据。当我们的 FEM/BDC 不通信时，需要读取原车发动机电脑获取车辆 ISN 码，并且记录原车车架号及原车智能卡频率，制作 FEM/BDC 数据（图 11-3-85）。

图 11-3-85

制作数据方法：以设备 808IM 为例，选择【宝马】—【电控单元参数刷新】—【防盗电控单元】—【FEM/BDC 参数刷新】—【计算参数刷新】。

首先点击【写防盗数据】，设备会自动提示加载车辆 VIN、遥控器频率以及原车 ISN 码并自动制作 FEM/BDC 数据。数据制作成功，写入到二手 FEM/BDC 中。然后点击【修复编码】，写入车辆配置数据。接着使用制作完成的 FEM/BDC 数据以及原车发动机电脑 ISN 码生成钥匙并学习。最后重置起动机锁（图 11-3-86）。

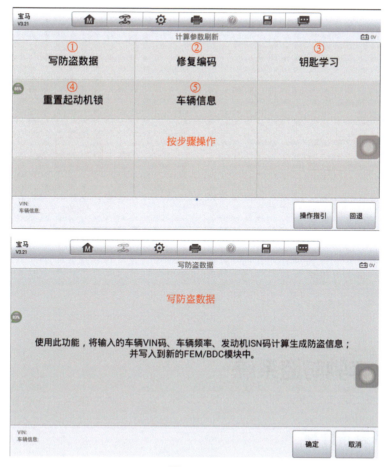

图 11-3-86

有些车型还带有方向锁模块,制作完数据后,FEM/BDC 模块与方向锁不能同步,无法打开点火开关,将方向锁里的 95040 芯片改为初始化状态,装车后就能自动同步了(图 11-3-87)。

图 11-3-87

如图 11-3-88 所示,左为原车数据,右为初始化数据。将红框标记的位置改为 00 写回即可。

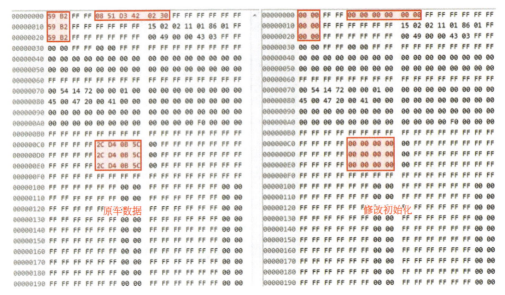

图 11-3-88

第四节　奔驰防盗系统

一、防盗系统介绍

奔驰的防盗系统有两种类型：芯片钥匙防盗系统和红外线钥匙防盗系统。

1. 芯片钥匙防盗系统

芯片钥匙防盗系统，钥匙是折叠的，和普通车型的芯片钥匙防盗系统原理相同。这种钥匙在早期的车型中使用，现在几乎见不到了，钥匙里面的芯片是 7935 芯片（图 11-4-1）。

图 11-4-1

钥匙匹配方法：老奔驰 S 系的得拆读防盗盒数据写启动，防盗盒在仪表后面，防盗盒上有编码 1298203726 或 2108203226。防盗盒数据储存在 CPU 中，CPU 的掩码型号为 1D69J 或 0D53J，用 XPROG 等编程器读出数据，按照设备接线图操作。然后使用支持写启动的设备，例如 VVDI2 将数据写入 7935 芯片即可（图 11-4-2）。

图 11-4-2

2004 年前 ML 系列的车型，防盗 EAM（AAM）电脑在方向盘左下方。防盗数据储存在 CPU 中，CPU 掩码型号有 0G47V 等，用 VVDI 编程器或 XPROG 编程器读出数据，然后使用支持写启动的设备，例如 VVDI2 将数据写入 7935 芯片即可（图 11-4-3）。

图 11-4-3

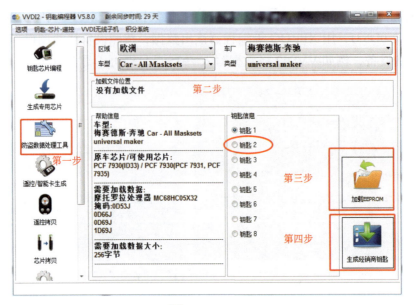

图 11-4-3

2. 红外线钥匙防盗系统

红外线钥匙防盗系统，目前是最常见的。红外线钥匙可分为四代，奔驰车是大约在 2000 年左右开始有了第一代红外线钥匙；2000 年到 2008 年之间是二代红外线 NEC 钥匙（老款黑边 51/NEC 版本），还有车型用三代红外线 NEC 钥匙（新款亮边 57/NEC 版本钥匙）；2008 年后基本都是第四代红外线亮边 BGA 版本钥匙，以及最新款智能卡钥匙，如图 11-4-4 所示。

(a) 第一代红外钥匙　　(b) 第二代红外钥匙　　(c) 第三代红外钥匙

(d) 第四代红外钥匙　　(e) 新款智能卡钥匙

图 11-4-4

（1）红外线钥匙防盗原理

红外线钥匙防盗系统均属锁头防盗，利用红外线对码的原理，打开和关闭防盗系统。钥匙里面有密码 SSID，是通过锁头 EIS 配置出来的。当钥匙发出的红外线 SSID 和锁头 EIS 一致时候，锁头就会吸合打开，解除防盗。所以匹配钥匙的时候，需要把锁头数据读出来，计算出钥匙数据，再把钥匙数据写到钥匙里面（图 11-4-5）。

图 11-4-5

奔驰锁头是以车型底盘型号来区分的，图 11-4-6 所示的 "215 545 06 08" 就是锁头型号，对应车型底盘型号是 W215。

老款 2007 年前锁头是摩托罗拉的型号，指锁头里面的 CPU 是摩托罗拉型号；2008～2014 年锁头是 NEC 的型号，指锁头里面的 CPU 是 NEC 的型号，2015 年后是 FBS4 的锁头。

2007 年前摩托罗拉锁头如 W203/209/211/215/219/220 等。

图 11-4-6

2008～2014 年 NEC 锁头如 W164/169/166/204/207/212/220 等（图 11-4-7）。

图 11-4-7

2015 年后 FBS4 锁头如 W197/222/477/453/253/292 等（图 11-4-8）。

图 11-4-8

（2）红外线钥匙匹配方法

目前来说，2014 年前的奔驰钥匙我们都能匹配，也就是奔驰 FBS3 防盗系统。2015 年后是 FBS4 的防盗系统，暂时还匹配不了。而部分车型虽然年份较新，比如 2016 年买的车，但还是 2014 款库存车，那么防盗系统可能是 FBS3 的系统。

因此我们可以看副驾驶 B 柱上的生产名牌的"型式/type"，如图 11-4-8 所示，"型式/type221 195"，说明这车是 W221 的底盘。

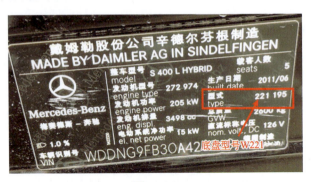

图 11-4-9

可以支持匹配的车辆生产名牌上的底盘号：

164，166，169，172，197，201，202，203，204，207，208，209，210，211，212，215，216，218，220，221，230，246，463，639，906。钥匙匹配流程如图 11-4-10 所示。

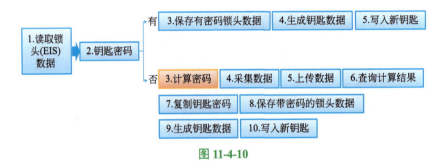

图 11-4-10

支持奔驰红外钥匙匹配的设备有 VVDIMB-TOOL、CGMB（奔驰怪兽）、i80PRO 豪华版、VVDI 超级平板、道通 808IM+XP401 等（图 11-4-11）。

图 11-4-11

下面以 VVDIMB-TOOL 设备为例介绍匹配奔驰红外线半智能钥匙的流程。

❶ 设备连接好车辆以后，打开 VVDIMB-TOOL 设备软件，点击【锁头 /EIS】读取锁头 /EIS 数据，并保存（图 11-4-12）。

图 11-4-12

❷ 锁头数据读取成功后，在锁头 /EIS 钥匙信息显示区域，钥匙密码全部为"00"，并没有读出钥匙密码（图 11-4-13）。

图 11-4-13

❸ 接下来，点击【密码计算】，采集数据计算钥匙密码，按设备提示操作即可（图 11-4-14）。

图 11-4-14

按设备提示将着车钥匙插入设备红外天线位置（图 11-4-15）。

图 11-4-15

根据设备流程提示操作（图 11-4-16）。

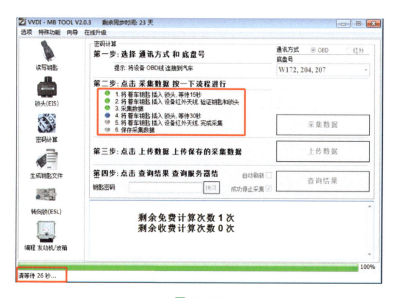

图 11-4-16

图 11-4-16

数据采集成功，提示保存采集的数据，将数据保存到文件夹里（图 11-4-17）。

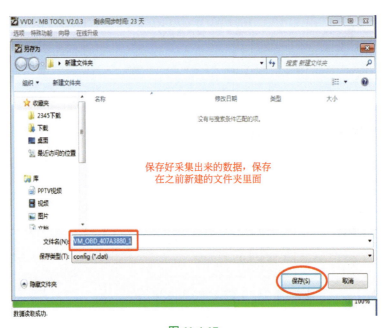

图 11-4-17

❹ 数据采集完成，点击【上传数据】上传已保存的数据来计算钥匙密码（图 11-4-18）。打开之前采集出的数据（图 11-4-19）。

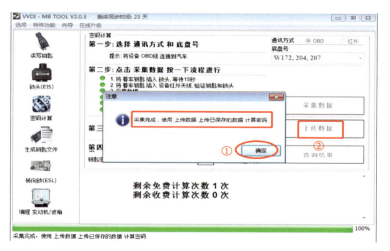

图 11-4-18

图 11-4-19

数据加载进去以后,设备服务器会自动计算钥匙密码,这整个过程需要连接网络才能完成(图 11-4-20)。

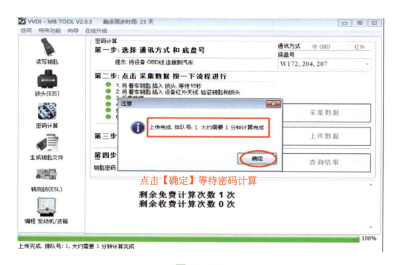

图 11-4-20

图 11-4-20

❺ 钥匙密码采集成功，点击【拷贝】复制密码，并拍照记录。点击【生成钥匙文件】，计算钥匙数据（图 11-4-21）。

图 11-4-21

❻ 将钥匙密码粘贴，并加载第一次读取出的锁头数据（图 11-4-22 和图 11-4-23）。

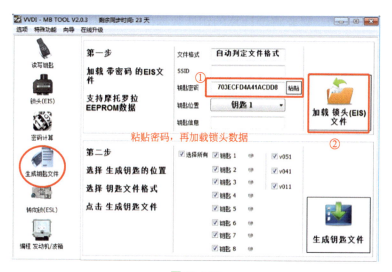

图 11-4-22

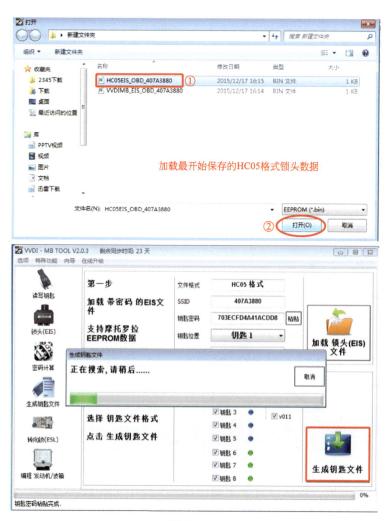

图 11-4-23

钥匙文件加载成功，需要将要计算的钥匙数据保存到文件夹（图11-4-24）。

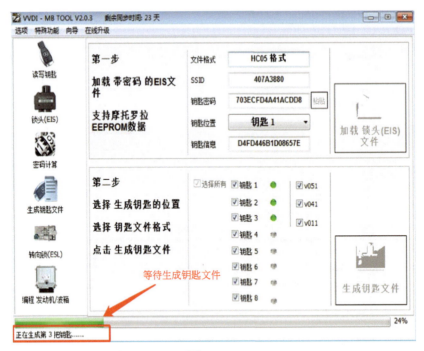

图 11-4-24

钥匙数据计算完成，默认位置在之前保存的文件中（图11-4-25）。

❼ 点击【读写钥匙】，将新钥匙放入设备线圈中，先识别钥匙，然后加载一个钥匙数据到新钥匙中（图11-4-26）。

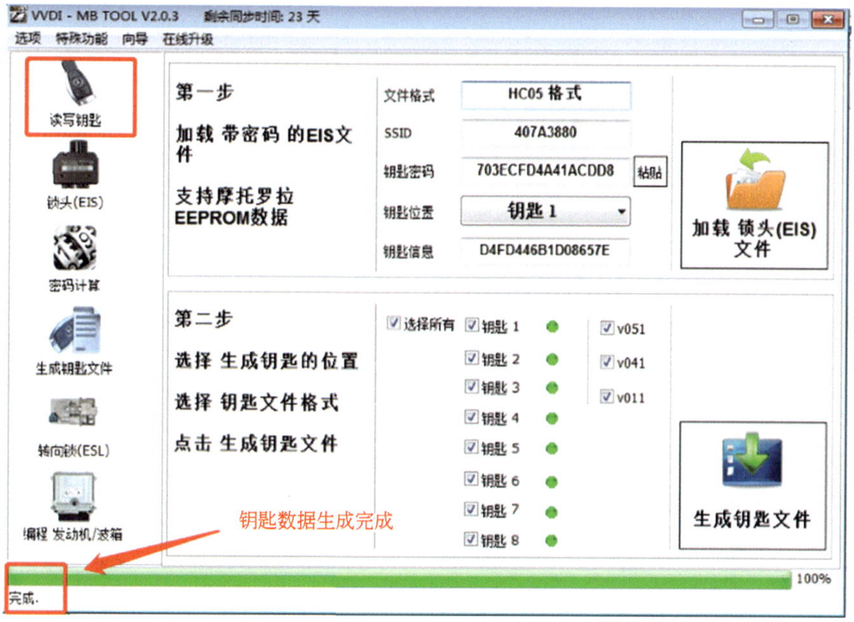

图 11-4-25

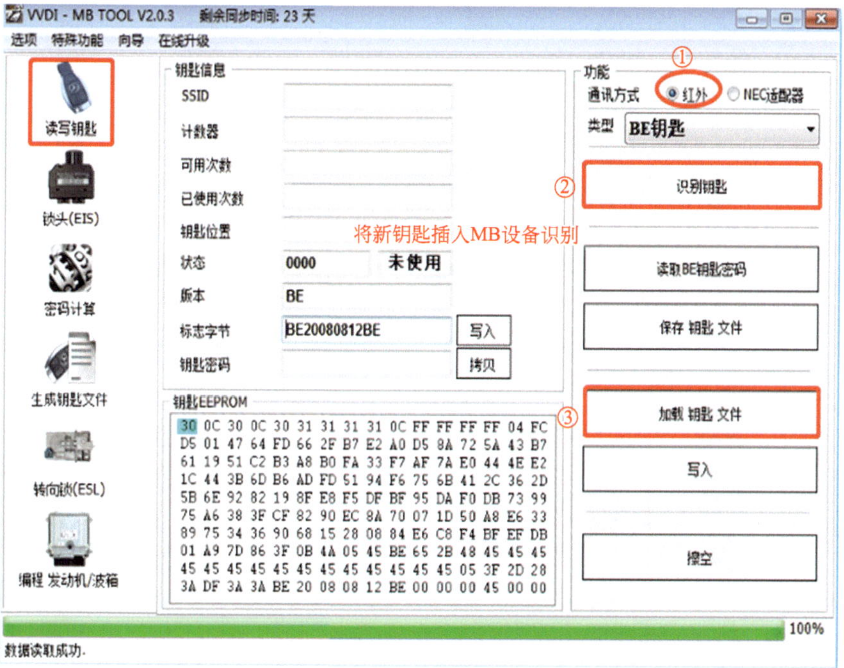

图 11-4-26

钥匙数据中，一共有 8 个钥匙位，每个钥匙位有两个数据，分别是 41 版本智能钥匙数据和 51 版本普通钥匙数据。根据类型加载普通 51 版本的数据，并是未使用的钥匙位数据（图 11-4-27）。

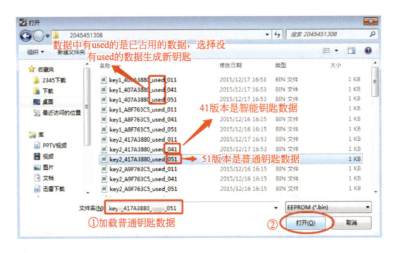

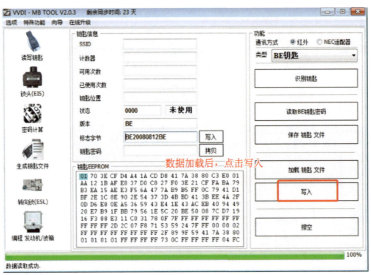

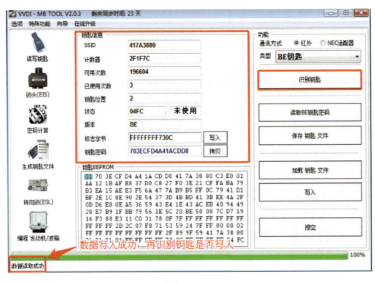

图 11-4-27

新的钥匙写入成功后，用钥匙打开仪表等待5秒即可着车，然后再试遥控器各项功能。下面以道通808IM设备为例介绍奔驰红外线半智能钥匙匹配流程（需要编程器XP401）（图11-4-28）。

图 11-4-28

步骤一：

❶ 使用MX808IM与车辆连接，选择【奔驰】，选择【专家模式】（图11-4-29）。

图 11-4-29

❷ 选择【锁头（EIS）】（图11-4-30）。

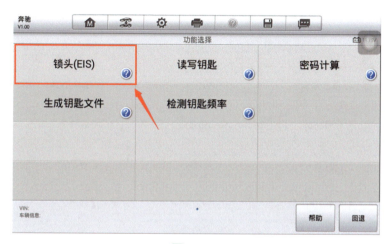

图 11-4-30

❸ 选择【读取锁头信息】(图 11-4-31)。

图 11-4-31

❹ 选择【OBD】(图 11-4-32)。

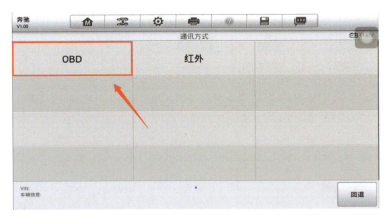

图 11-4-32

❺ 选择【自动检测】,自动检测出当前锁头类型为 W204 及锁头基本信息(注意,已知锁头类型可手动选择)(图 11-4-33)。

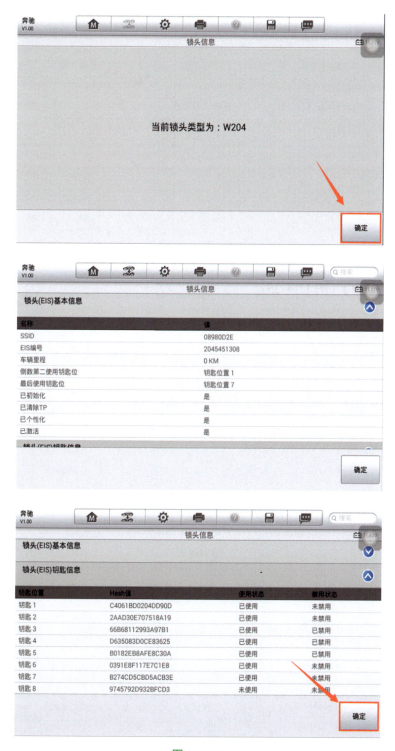

图 11-4-33

步骤二：

❶ 选择【密码计算】（图 11-4-34）。

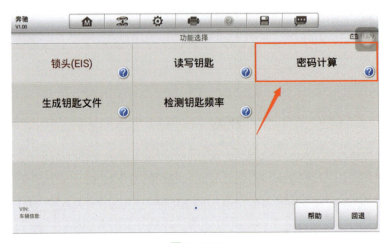

图 11-4-34

❷ 选择【OBD】(图 11-4-35)。

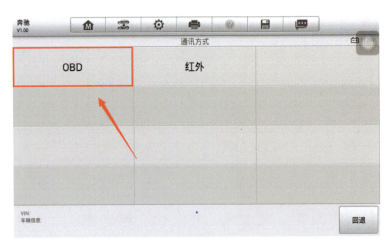

图 11-4-35

❸ 选择【自动检测】,自动检测出当前锁头类型为 W204(图 11-4-36)。

图 11-4-36

❹ 点击右下角【开始】进入密码计算流程，仔细阅读设备步骤提示，将着车钥匙插入锁头点击【确定】后等待 5 秒（图 11-4-37）。

图 11-4-37

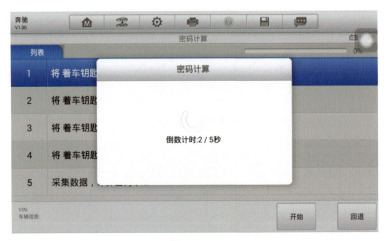

图 11-4-37

❺ 将着车钥匙从锁头上取出并点击【确定】（图 11-4-38）。

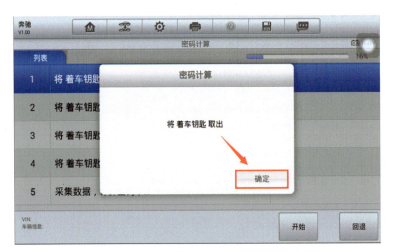

图 11-4-38

❻ 将着车钥匙插入锁头点击【确定】后等待 2 秒（图 11-4-39）。

图 11-4-39

❼ 将着车钥匙从锁头上取出后，将其插入编程器的红外钥匙孔并点击【确定】（图 11-4-40）。

图 11-4-40

❽ 正在采集数据计算密码，整个过程需耗时 10～30 分钟不等，请耐心等待（请保持网络畅通，设备与车辆电源充足，以便正常采集数据计算密码）（图 11-4-41）。

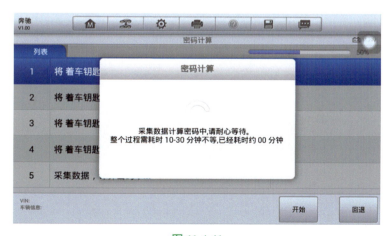

图 11-4-41

❾ 计算密码成功，钥匙密码如图 11-4-42 所示，点击【确定】进入下一步（如需要可记录钥匙密码）。

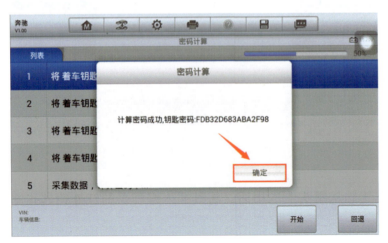

图 11-4-42

❿ 将着车钥匙插入锁头点击【确定】后等待 30 秒（图 11-4-43）。

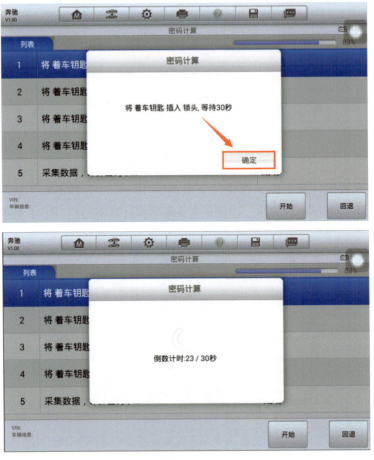

图 11-4-43

⓫ 密码计算完成后点击右下角【确定】并退出密码计算流程，进入生成钥匙文件（计算完钥匙密码之后，着车钥匙可能需要多次拔插锁头之后才能正常启动车辆）（图 11-4-44）。

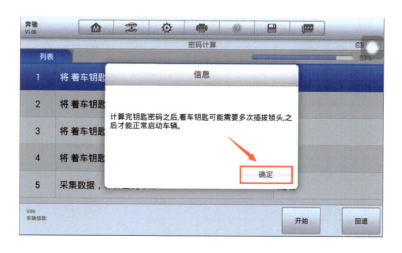

图 11-4-44

步骤三：

❶ 选择【生成钥匙文件】，确定锁头信息及钥匙密码后点击右下角【确定】（图 11-4-45）。

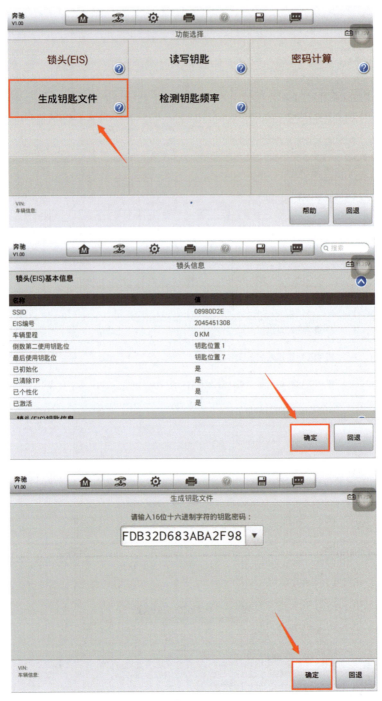

图 11-4-45

❷ 选择未使用、未禁用的钥匙位置后点击右下角【确定】（图 11-4-46）。

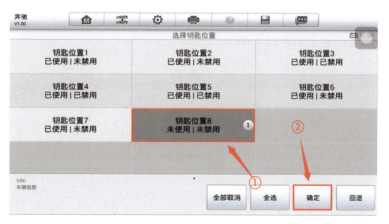

图 11-4-46

❸ 该车为半智能钥匙，选择【v51（非智能钥匙）】并点击右下角【确定】，直到生成钥匙文件成功，智能钥匙则选择【v21（智能钥匙）】（图 11-4-47）。

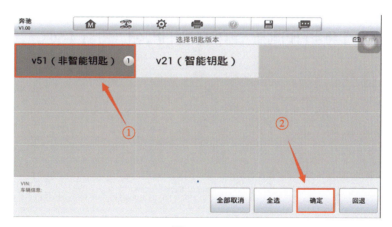

图 11-4-47

❹ 文件保存路径为：ES 文件浏览器 /sdcard/Scan/UserData/VehicleImmo/Benz/Expert/20180711_2045451308（图 11-4-48）。

图 11-4-48

步骤四：

❶ 选择【读写钥匙】（图 11-4-49）。

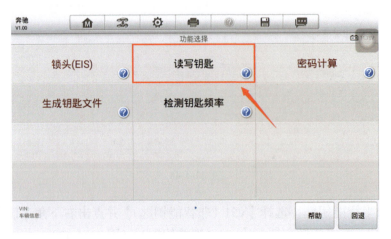

图 11-4-49

❷ 选择【红外】将空白钥匙插入编程器红外钥匙孔（图 11-4-50）。

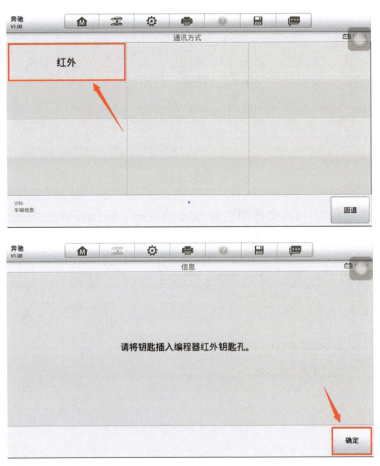

图 11-4-50

❸ 选择【写入钥匙文件】，选择正确的钥匙文件并写入空白钥匙里（图 11-4-51）。

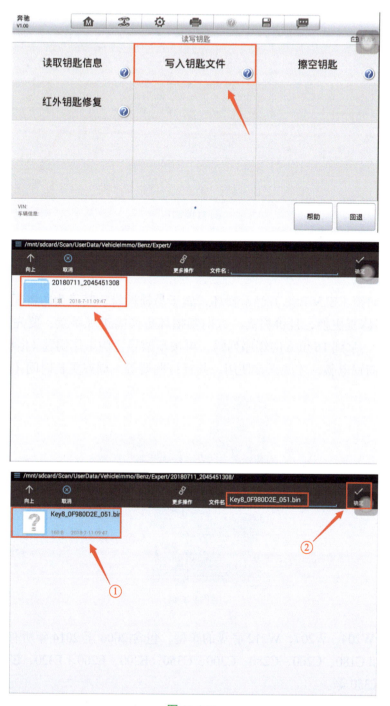

图 11-4-51

❹ 写入钥匙文件完成，功能结束。使用钥匙正常着车，钥匙功能正常。如果钥匙功能异常，请尝试拔插钥匙多次（图 11-4-52）。

图 11-4-52

二、奔驰电子转向柱锁 ELV 维修方法

奔驰的方向锁（ELV/ESL）经常损坏，属于易损耗材，其又为防盗配件，以前必须 4S 店授权才能修复更换，且价格高。方向锁损坏更换需正规手续，要先订购方向锁电脑（ELV/ESL），拿到 16 位方向锁序列码，再按车架号订购工作钥匙（俗称绿钥匙），装车激活全新方向锁电脑，才能正常使用，并且订购要等一周或更长时间（图 11-4-53）。

图 11-4-53

涉及奔驰 W204、W207、W212 底盘的车型，包含 2006 至 2014 年所有的 C 系、E 系及 GLK 系，如 C180、C200、C280、C300、C350、E200、E260、E320、E350、GLK200、GLK280、GLK350 等。

故障现象：遥控器开关门正常，钥匙插入锁头 EIS 打开电门，不能点亮仪表，方向盘锁不能打开（部分没锁方向盘），车不能启动（检测钥匙是好的情况下，出现这种症状都属于通病）。

故障原因：方向锁内部电机损坏，或者里面 NEC 芯片锁死（多数情况是电机坏了）。

解决方案：首先判断是内部电机损坏还是 NEC 芯片锁死，可用奔驰匹配设备

VVDIMB-TOOL 或 CGMB 奔驰怪兽连接车辆 OBD 接口，打开软件界面，进方向锁，检查方向锁 ELV 是否损坏。

图 11-4-54

如图 11-4-54 所示方向锁（ELV）正常，只要更换内部电机就可以解决。但是如果显示方向锁损坏，就需要修复 NEC 芯片的数据，再匹配方向锁才可以解决（图 11-4-55）。

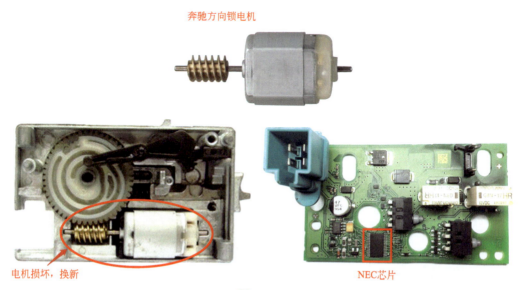

图 11-4-55

方向锁 ELV 不正常，修复 NEC 芯片数据（图 11-4-56）。

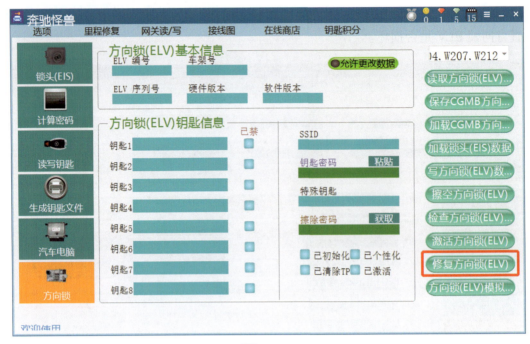

图 11-4-56

在更换方向锁电机和修复方向锁电脑 NEC 芯片的过程中,方向锁拆卸分解比较麻烦,于是就有了奔驰 ELV 模拟器(图 11-4-57)的出现,其实它就是原车方向锁 ELV 的替代品。因为奔驰 ELV 模拟器比换原厂 ELV 成本要低很多,而且以后都不会锁死。

如果原车方向锁 ELV 电机损坏或者锁死,可以不用修,直接换上奔驰 ELV 方向锁模拟器,然后再用奔驰匹配设备 VVDIMB-TOOL 或 CGMB 奔驰怪兽匹配一下就可以了,然后插入钥匙激活。但有一个缺点就是没有方向锁功能,锁止不了方向盘。奔驰 ELV 拆卸方法如下。

❶ ELV 是安装在方向管柱上的,需要将整个方向管柱锁拆卸下来(图 11-4-58)。

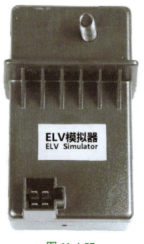

图 11-4-57

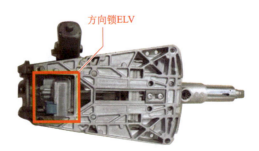

图 11-4-58

❷ 拆下来以后，在图 11-4-59 箭头位置上锯开一个豁口，用坚硬物将里面的电机往一个方向转，直到 ELV 上的螺栓可以往下按。

图 11-4-59

❸ 安装 ELV 的时候，原位安装，将螺栓上的螺母拧紧即可。

匹配 ELV 模拟器步骤：读取 EIS 数据—保存 EIS 数据—获取钥匙密码—保存有钥匙密码的 EIS 数据—读取 ELV 数据—保存 ELV 数据—加载 EIS 数据—写入 ELV 数据—激活钥匙。

下面以 CGMB 奔驰怪兽为例，介绍匹配 ELV 的流程。

第一步：读取锁头 EIS 文件。打开设备软件，选择【锁头 EIS】，读取锁头 EIS 数据，然后保存（图 11-4-60）。

图 11-4-60

第二步：获取钥匙密码。

方法一：如果原车有后配钥匙，可以通过读取后配钥匙信息，获取密码。一般后配副厂钥匙都是 BE 版本的，从 BE 版本钥匙可以获取钥匙密码（图 11-4-61）。

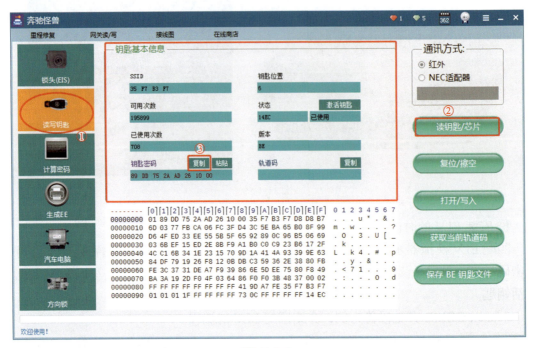

图 11-4-61

方法二：如果从钥匙里面获取不到钥匙密码，就需要采集数据计算密码（图 11-4-62）。

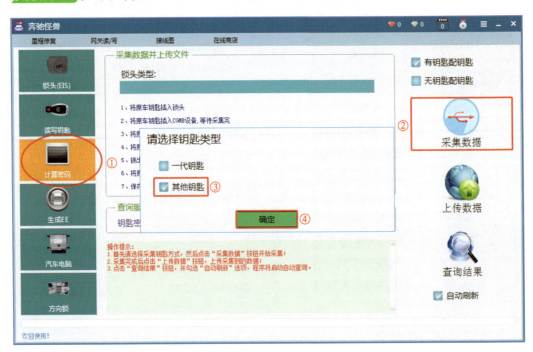

图 11-4-62

按照设备的提示一步步操作，完成采集数据（图 11-4-63）。

请按提示操作!

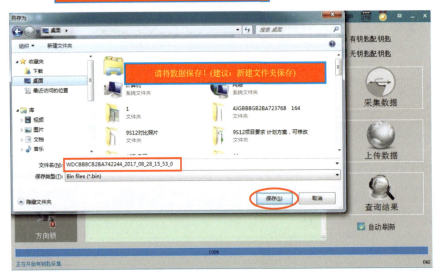

请将数据保存!(建议:新建文件夹保存)

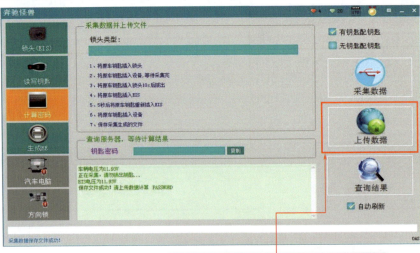

点击【上传数据】

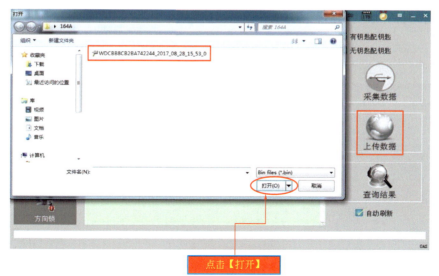

点击【打开】

请按提示操作！

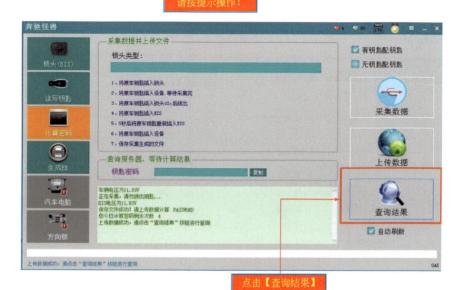

点击【查询结果】

图 11-4-63

钥匙密码计算成功以后，点击复制（图 11-4-64）。

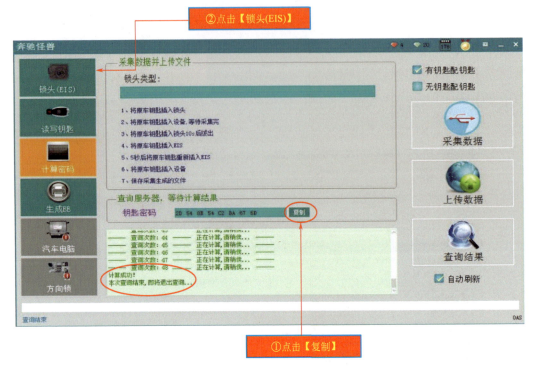

图 11-4-64

第三步： 保存有钥匙密码的锁头 EIS 文件（图 11-4-65）。

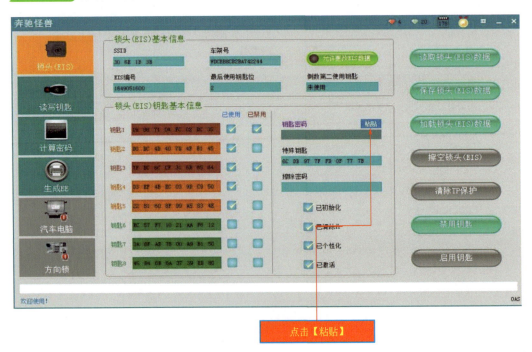

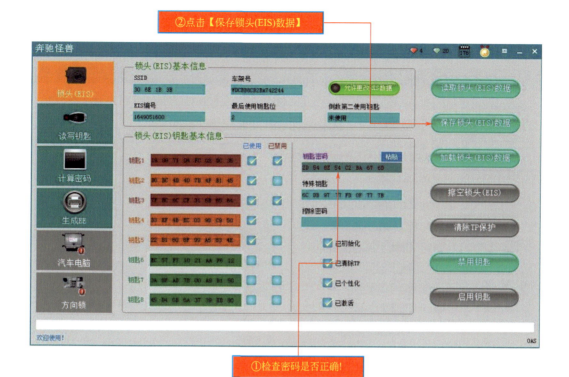

图 11-4-65

第四步： 读取方向锁 ELV 文件，并保存（图 11-4-66）。

图 11-4-66

📌 **第五步：**电脑软件界面不操作，更换新的方向锁 ELV 模拟器。加载锁头 EIS 文件，然后写入方向锁 ELV 数据（图 11-4-67）。

图 11-4-67

📌 **第六步：**方向锁数据写入成功，激活钥匙。将钥匙插入锁头，打开仪表，即可着车。

第五节 路虎/捷豹防盗系统

一、防盗系统介绍

路虎和捷豹的防盗系统基本一致，老款路虎的防盗系统和宝马的防盗系统相同。防盗系统可以分为芯片钥匙防盗系统和智能钥匙防盗系统。

从钥匙类型上分可以分为分体遥控钥匙、直柄遥控钥匙、折叠遥控钥匙和智能卡钥匙（部分老款直柄钥匙可以用 Xhorse 设备来生成）（图 11-5-1）。

图 11-5-1

二、防盗系统区分及钥匙匹配方法

1. 2009 年前芯片钥匙防盗系统

老款路虎是芯片钥匙防盗系统，使用的芯片有 7935 芯片、普通 46 芯片、电子 46 芯片。代表车型有揽胜、发现 3 等。

（1）钥匙匹配方法

方法一： 46 芯片的普通钥匙可以使用 Xhorse 等设备拷贝芯片，或者拆防盗盒读数据写启动。

方法二： 电子 46 芯片的遥控钥匙，用设备 OBD 接口直接匹配，钥匙全丢时需要订购专用钥匙。

方法三： 7935 芯片需要拆防盗盒写启动。

（2）老款芯片钥匙写启动方法

拆防盗盒读数据写启动时，防盗盒的数据储存在 CPU 中，CPU 的掩码型号有 3L40K、4L40K 等，使用 VVDI 编程器来读写数据（图 11-5-2）。

图 11-5-2

防盗盒安装位置有两处，看点火锁头的位置区分，点火锁头在方向盘管柱右侧的，防盗盒安装在挡风玻璃下仪表台中间下方。点火锁在挡位边上的，防盗盒安装在挡位边上的下方（图11-5-3）。

图 11-5-3

图 11-5-4 是使用 VVDI 超编读写数据的选项及接线图。

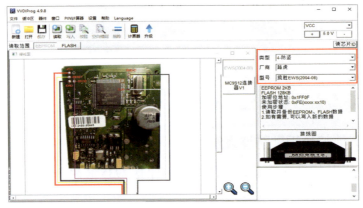

图 11-5-4

数据读出后需要加载到设备里面写启动芯片，支持的设备有 VVDI2、探戈 Tango、TM100 等，图 11-5-5 是使用 VVDI2 写启动的方法。

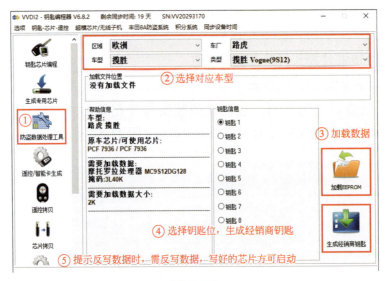

图 11-5-5

(3) 遥控器手工匹配方法

❶ 关闭所有车门，钥匙开关仪表一次后拔出。

❷ 同时按住需要匹配的遥控器闭锁键和开锁键一秒，然后同时松开，再连续按锁键三次，中控动作匹配成功。

2. 2009 年后智能钥匙系统

智能钥匙系统的车型使用的是专用智能卡，遥控器频率有两种，走私进口水车为 315MHz，正规 4S 店的为 433MHz。

钥匙增加和全丢匹配方法相同，必须要两个智能卡钥匙匹配。支持的设备有 VVDI 平板、i80Pro、TD-N51、道通 808、K518 等，匹配时按设备提示操作即可。代表车型有路虎极光、揽胜、神行者、捷豹 XF、捷豹 XJ 等（图 11-5-6）。

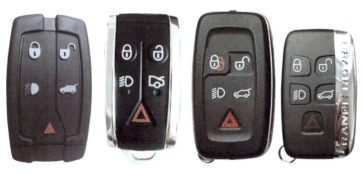

图 11-5-6

3. 2015 年后智能钥匙系统

2015 年后的智能钥匙也是专用的，和 2015 年前的智能钥匙匹配的方法不同，2015 年后的车型暂不支持设备 OBD 直接匹配。

区分方法：设备会读出智能盒的零件号信息，零件号为"DPLA-"开头的为 2015 年前的智能系统，可以 OBD 直接匹配钥匙；如果读出零件号不是"DPLA-"，是其他的型号，则说明是 2015 年后的智能钥匙系统。

(1) 钥匙匹配方法（增加和全丢匹配方法相同）

方法一： 刷新智能盒 KVM/RFA 的数据，然后用路虎/捷豹专检 SDD 编程钥匙即可。

方法二： 使用设备写启动（部分 315MHz 的不支持），支持写新款路虎/捷豹钥匙的设备有 VVDI2、朗仁 i80Pro 等。写启动的钥匙没有应急启动功能，应急启动功能需要 BCM 的数据，不建议拆 BCM。

(2) 2015 年后路虎/捷豹钥匙写启动流程

拆 KVM/RFA 模块—用编程器读数据并保存—加载到 VVDI2 中—选择空白钥匙位—生成经销商钥匙—保存新数据—将保存的数据反写回 KVM/RFA 模块中—装车试钥匙（图 11-5-7）。

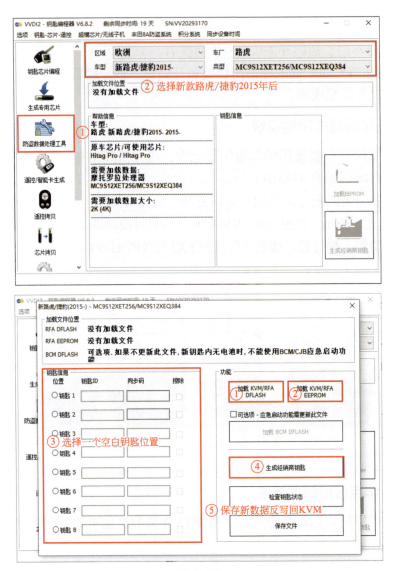

图 11-5-7

图 11-5-8 是路虎/捷豹智能盒 KVM/RFA 外观及内部。

图 11-5-8

图 11-5-9 是使用 VVDI 编程器读写 KVM/RFA 模块数据的选项及接线图。

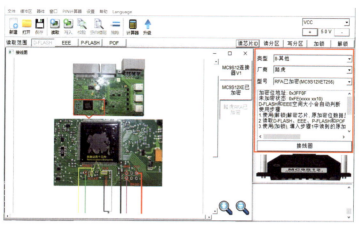

图 11-5-9

(3) 捷豹路虎 KVM/RFA 模块位置介绍

第一种：2018 款路虎极光 KVM 位置在面对后备箱的左侧，保险盒下面，如图 11-5-10 所示。

 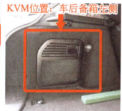  

图 11-5-10

第二种：2017 款揽胜 KVM 在面对后备箱的左侧，保险盒下面或者鼓风机上面（高配带鼓风机），如图 11-5-11 所示。

图 11-5-11

第三种：2018 款路虎星脉 KVM 在面对后备箱的右侧，保险盒下面，如图 11-5-12 所示。

图 11-5-12

第四种：2017 款捷豹 XFL、2018 款捷豹 XEL 的 KVM 在后排副驾驶侧座椅的右手边，如图 11-5-13 所示。

图 11-5-13

第五种：2018 款捷豹 XJL、2017 款捷豹 F-TYPE 的 KVM 在前排副驾驶右脚右侧位置，如图 11-5-14 所示。

图 11-5-14

第六种：2018 款捷豹 F-PACE 的 KVM 在面对后备箱的右侧，保险盒下面，如图 11-5-15 所示。

图 11-5-15

钥匙匹配案例：2016 年捷豹 XE 智能钥匙增加

图 11-5-16

车型：2016 年捷豹 XE（图 11-5-16）
防盗类型：2015 年后智能钥匙系统
钥匙类型：专用智能卡钥匙 433MHz
匹配方法：写启动
所需设备：VVDI2、VVDIProg 编程器

操作流程如下：

❶ 将车上的 RFA 模块拆下，位置在后排副驾驶侧座椅的右手边，如图 11-5-17 所示。

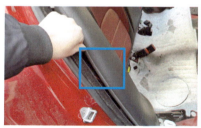

图 11-5-17

❷ 使用 VVDIProg 编程器读取 RFA 的 EEPROM 数据、D-FLASH 数据、P-FLASH 数据，并全部保存（图 11-5-18）。

图 11-5-18

图 11-5-19 是用 VVDIProg 编程器读取的选项及接线图。

图 11-5-19

a. 读 D-Flash 数据，并保存。读取数据时，软件提示芯片为加密状态，该操作需要先解密，点击【解锁】选项解密芯片，解密成功后即可读取数据（图 11-5-20）。

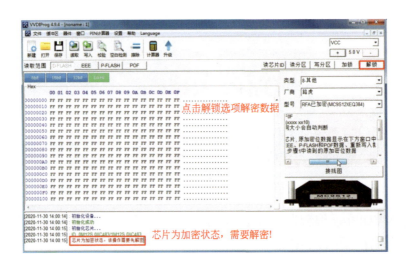

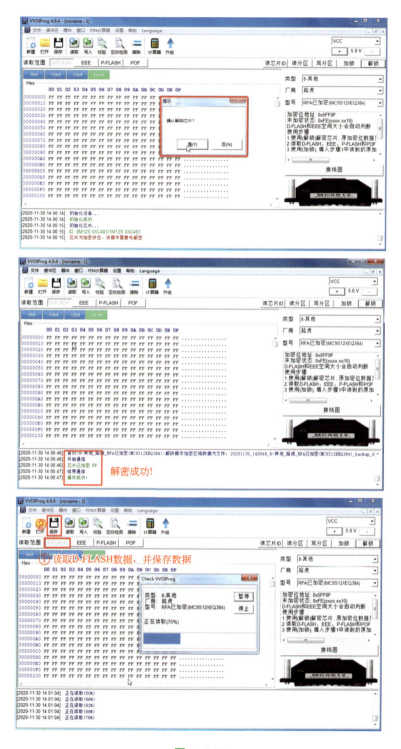

图 11-5-20

b. 读取 EEPROM 数据,并保存(图 11-5-21)。

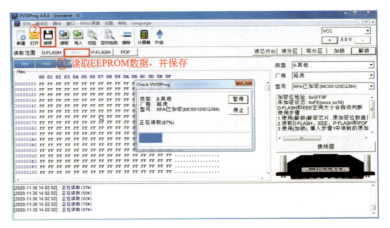

图 11-5-21

c. 读取 P-FLASH 数据，并保存（图 11-5-22）。

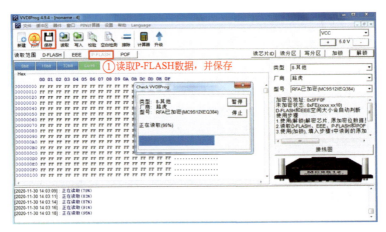

图 11-5-22

❸ 打开 VVDI2 软件，选择【钥匙编程器】—【防盗数据处理工具】，选择车型【新路虎/捷豹 2015-】（图 11-5-23）。

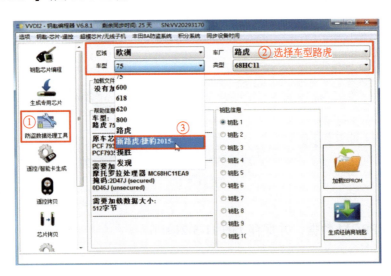

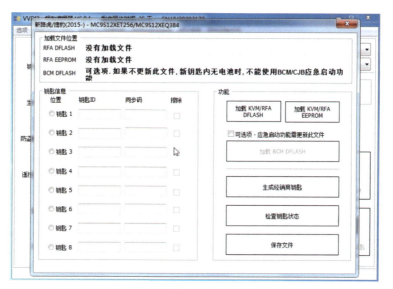

图 11-5-23

❹ 分别加载 KVM/RFA 的 DFLASH 和 EEPROM 数据（图 11-5-24）。

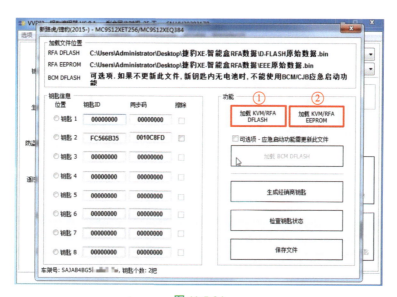

图 11-5-24

❺ 将新钥匙放入 VVDI2 的感应区，然后选择一个空白的钥匙位，点击生成经销商钥匙（图 11-5-25）。

❻ 钥匙生成成功，新数据默认保存在加载的位置，需要反写数据（图 11-5-26）。

❼ 使用 VVDIProg 编程器反写保存的新数据，依次将新保存的 DFLASH 和 EEPROM 数据，写回到 RFA 模块（图 11-5-27）。

图 11-5-25

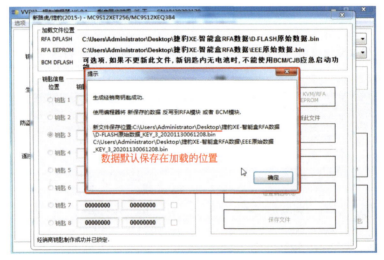

图 11-5-26

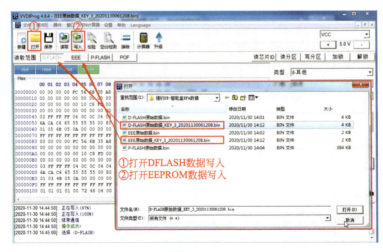

图 11-5-27

❽ DFLASH 和 EEPROM 数据写入成功后，将 RFA 模块装车试钥匙（图 11-5-28）。

图 11-5-28

总结：

此方法写启动匹配好的钥匙只有智能，没有应急启动功能。如需要应急启动功能需要在生成经销商钥匙之前加载 BCM 的数据，然后生成经销商钥匙，这样才有应急启动功能。

第六节　沃尔沃防盗系统

沃尔沃的防盗系统按钥匙来区分可分为两种类型，普通钥匙防盗系统和智能钥匙防盗系统。

一、普通钥匙防盗系统

普通钥匙是指机械钥匙，插钥匙拧启动的类型，钥匙有分体遥控钥匙和折叠式遥控钥匙（图 11-6-1）。

图 11-6-1

沃尔沃普通机械钥匙系统一般使用 48 芯片。分体钥匙暂时只能匹配芯片，遥控器配不了。折叠的需要买专用钥匙匹配。

（1）分体机械钥匙匹配方法

钥匙增加和全丢匹配方法相同，需要拆下车身 CEM 电脑，用编程器读取 EEPROM

数据，然后将数据加载到支持写启动的设备里写钥匙。有着车钥匙也可以拷贝芯片。

❶ 车身电脑安装在方向盘下方护板内或右侧杂物箱后，外观有三种，如图 11-6-2 所示。

第一种：EERPOM 数据储存在 28F400 芯片中。

图 11-6-2

第二种：EEPROM 数据储存在八脚码片 93C86 中（图 11-6-3）。

图 11-6-3

第三种：EEPROM 数据储存在 9S12 型号的 CPU 中（图 11-6-4）。

图 11-6-4

❷ 数据读出后进行保存，用支持写启动的设备写芯片，例如 VVDI2。将数据加载到设备软件中，选择一个空白未使用的钥匙位生成经销商钥匙即可（图 11-6-5）。

图 11-6-5

（2）折叠机械钥匙匹配方法

折叠钥匙都是专用的，钥匙增加和全丢匹配方法相同，使用设备领世达 K518 来匹配。K518 是目前国内唯一支持快速匹配沃尔沃智能与非智能钥匙的设备，最大的优势就是全方位技术指引式操作，即使新手刚使用此设备也一样游刃有余，所以当操作沃尔沃钥匙匹配时，基本上遇到的问题设备上都有详细说明（图 11-6-6）。

在领世达 K518 设备中有具体的操作匹配流程（图 11-6-7）。

图 11-6-6

图 11-6-7

❶ 需要拆读车身电脑 CEM 主控 CPU 数据和八脚码片 93C86 数据［车身电脑 CEM（图 11-6-8）安装在方向盘左下方］，以及车内后视镜电脑 CPU 数据（图 11-6-9）。数据读写需要使用 K518 配套的 KProg 适配器。

图 11-6-8

图 11-6-9

❷ 读出数据之后请把数据保存到电脑中，然后在电脑端浏览器打开官网"领世达产品服务中心"，登录 K518 账号。在【功能管理】里面有个【K518 计算任务】，找到"沃尔沃—折叠/分体钥匙"，进入界面后上传您备份的数据，系统将为您计算数据转换成专用数据（图 11-6-10）。

图 11-6-10

❸ 之后请把 K518 连接电脑，把专用数据放入 K518 的 customfile 文件夹下，即可进行钥匙匹配操作（图 11-6-11）。

图 11-6-11

❹ 折叠钥匙匹配遥控时，需要输入遥控器的 ID 和遥控器的校验码。如图 11-6-12 所示，新钥匙的包装上 1 是遥控器 ID，2 是遥控器的校验码。

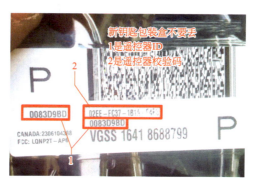

图 11-6-12

二、智能钥匙防盗系统

沃尔沃的智能钥匙系统按钥匙类型区分有直柄钥匙（旋钮式启动），智能卡钥匙（一键启动）两种（图 11-6-13）。

图 11-6-13

1. 直柄钥匙智能系统（旋钮式启动）

直柄钥匙智能系统分半智能和全智能。半智能是指需要将钥匙插入点火开关，拧启动。全智能是指钥匙不需要插入点火开关，直接旋钮启动（图 11-6-14）。

图 11-6-14

直柄钥匙有两款（P型和L型），款式与包装盒都不一样。需要用来匹配的新钥匙必须对应原车钥匙款式。匹配钥匙时，不带智能的钥匙在匹配过程中，需要输入新钥匙的遥控ID和遥控安全码（需要选择16位/24位），在新钥匙包装盒上有显示。

P型款式钥匙如图11-6-15所示，1为8位数遥控ID，2为16位数遥控安全码。

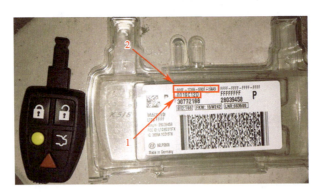

图 11-6-15

L型款式钥匙如图11-6-16所示，1为8位数遥控ID，2为24位数遥控安全码。

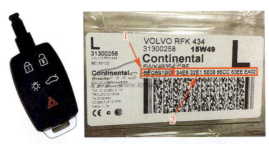

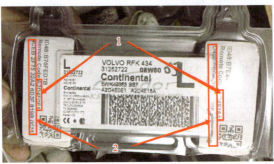

图 11-6-16

（1）区分直柄钥匙全智能与半智能的方法

全智能钥匙：如图11-6-17所示，左边有线圈的钥匙为全智能款，包装盒上有"PK"字样，并且没有16或24位遥控安全码，钥匙匹配好遥控自动生成。

半智能钥匙：如图11-6-17所示，右边没有线圈的钥匙为半智能款，包装盒上有"RFK"字样，并且有16或24位遥控安全码。匹配钥匙过程中，需要输入新钥匙的遥控ID和遥控安全码（需要选择16位/24位）。

图 11-6-17

（2）钥匙匹配方法

钥匙增加和全丢匹配方法相同，用 K518 设备来匹配，根据设备的操作指引和注意事项来匹配钥匙。

❶ 旋钮式半智能钥匙匹配方法。

a. 做半智能钥匙需要拆车身电脑 CEM，用 K518 的适配器 KPROG 来读取车身电脑 CEM 的数据。车身电脑 CEM 安装在副驾驶杂物箱后方，电脑有两款，接线位置有所不同，请参照 K518 设备的操作指引，设备内有车身电脑 CEM 接线图，按流程操作（图 11-6-18）。

图 11-6-18

b. 车身电脑 CEM 数据读取的是两份，分别是左右两个 CPU 的数据。读出数据之后请把数据保存到电脑，然后在电脑端浏览器打开官网"领世达产品服务中心"，登录 K518 账号。在【功能管理】里面有个【K518 计算任务】，找到"沃尔沃—直板钥匙"，进入界面后上传您备份的数据，系统将为您计算数据并转换成专用数据（图 11-6-19）。

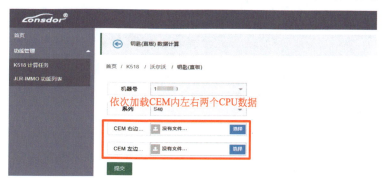

图 11-6-19

c. 然后将 K518 设备连接电脑，把专用数据放入 K518 设备的 customfile 文件夹下，即可进行钥匙匹配操作（图 11-6-20）。

注意，匹配过程中需要输入新钥匙的遥控 ID 和遥控安全码（需要选择 16 位 /24 位）。

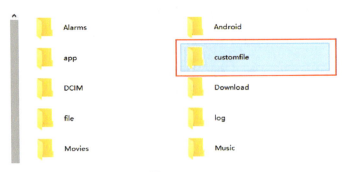

图 11-6-20

❷ 旋钮式全智能钥匙匹配方法。做全智能钥匙的方法和半智能钥匙相同，部分车做全智能的钥匙不仅要读取车身电脑 CEM 的数据，还要读取智能盒 KVM 的数据。

a. 使用 K518 来操作，需要用适配器 KPROG 来读取数据。车身电脑 CEM（图 11-6-21）安装在副驾驶杂物箱后方，智能盒 KVM（图 11-6-22）位于驾驶座座椅下面。请参照 K518 设备的操作指引，按流程操作（图 11-6-23）。

图 11-6-21

图 11-6-22

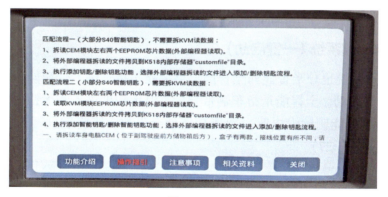

图 11-6-23

b. 读出数据之后请把数据保存到电脑，然后在电脑端浏览器打开官网"领世达产品服务中心"，登录 K518 账号。在【功能管理】里面有个【K518 计算任务】，找到"沃尔沃—智能钥匙（旋钮启动）"，进入界面后上传您备份的数据，系统将为您计算数据并转换成专用数据（图 11-6-24）。

图 11-6-24

❸ 然后将 K518 设备连接电脑，把专用数据放入 K518 设备的 customfile 文件夹下，即可进行钥匙匹配操作（图 11-6-25）。

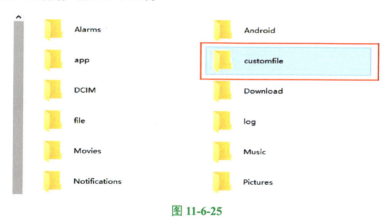

图 11-6-25

注意，带智能的钥匙匹配好后，遥控器自动生成。

2. 智能卡钥匙系统（一键启动）

智能卡钥匙系统也分半智能和全智能。半智能是指车辆不带智能，钥匙需要插入卡槽，然后按键启动。全智能是指车辆带智能，有无钥匙进入和无钥匙启动功能，一键启动车辆。当智能钥匙没电时，智能功能就会失效，可将钥匙插入卡槽应急启动（图 11-6-26、图 11-6-27）。

图 11-6-26

图 11-6-27

全智能和半智能钥匙增加和全丢匹配方法相同，用 K518 设备来做，根据设备的操作指引和注意事项来匹配钥匙。

❶ 半智能插卡启动钥匙匹配方法。K518 做半智能插卡启动的钥匙需要拆读车身 CEM 电脑数据，车身电脑 CEM 安装在副驾驶杂物箱后方（图 11-6-28），用 KPROG 来读取，数据会自动保存到 K518 中，然后执行钥匙增加和全丢的操作，无需转换数据，根据设备中的操作指引操作（图 11-6-29）。

图 11-6-28

车身电脑 CEM 数据使用 K518 的 PROG 编程器来读写，数据读取成功后，自动保存到 K518 设备中，然后按设备中的操作指引和注意事项匹配即可。

❷ 全智能一键启动钥匙匹配方法。全智能一键启动的钥匙使用 K518 匹配时，需要拆读车身电脑 CEM 数据和智能盒 KVM 数据，数据读出后自动保存到设备中，根据 K518 设备中的操作指引来完成操作（图 11-6-30）。

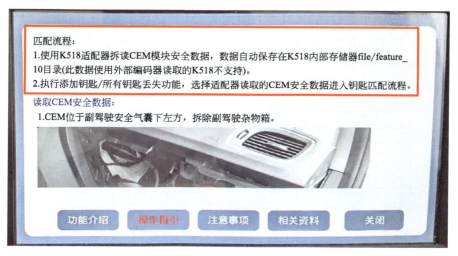

图 11-6-29

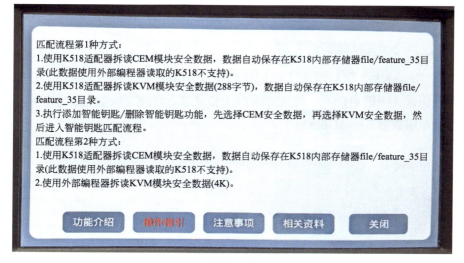

图 11-6-30

a. 全智能系统的车身电脑 CEM 和半智能系统的 CEM 电脑相同，安装位置也相同。该系列车型的智能盒 KVM 模块均位于汽车后备箱，右后车轮上方位置（2016 款 S60L 建议从右后门往车轮方向拆）（图 11-6-31）。

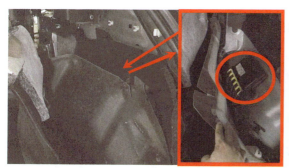 

图 11-6-31

b. 该系列车型的车身电脑 CEM 和智能盒 KVM 数据均由 K518 的 KPROG 适配器来读写。车身电脑 CEM 的数据无需计算转换成专用数据，而智能盒 KVM 的数据需要计算转换成专用数据（图 11-6-32）。

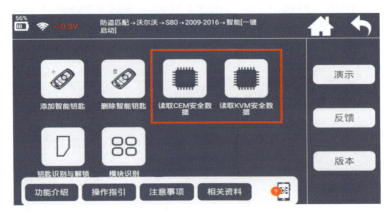

图 11-6-32

c. 读出数据之后请把数据保存到电脑，然后在电脑端浏览器打开官网"领世达产品服务中心"，登录 K518 账号。在【功能管理】里面有个【K518 计算任务】，找到"沃尔沃—智能钥匙（一键启动）"，进入界面后上传您备份的 KVM 数据，系统将为您计算数据转换成专用数据（图 11-6-33）。

图 11-6-33

d. 然后将 K518 设备连接电脑，把专用数据放入 K518 设备的 file/feature_35 文件夹下，即可进行匹配操作。

第七节 保时捷防盗系统

保时捷的防盗系统可分为直柄钥匙防盗系统、折叠钥匙防盗系统和智能卡钥匙防盗系统这三种，从钥匙外观上区分有直柄遥控钥匙、折叠遥控钥匙和智能卡钥匙（图 11-7-1）。

图 11-7-1

1. 直柄钥匙防盗系统

老款保时捷车用直柄钥匙的，使用的是电子 46 芯片，防盗系统集成于车身 BCM 中，代表车型有 911、977、Boxter（博古斯特）、Cayman。

匹配钥匙时需要获取三组密码，第一组为授权码（设定启用代码）、第二组为 6 位芯片密码、第三组为 12 位芯片密钥，配好芯片后，遥控器自动生成（图 11-7-2）。

图 11-7-2

如果是钥匙增加，如图 11-7-3 所示我们可以借助相应的设备，解码原车电子 46 芯片来获取上面三组密码，例如艾迪 900、掌中宝等芯片设备。

如果是钥匙全丢，目前只能使用车架号找第三方查询。

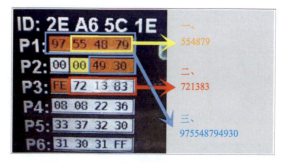

图 11-7-3

市面上专用的防盗匹配设备几乎都可以支持该类型钥匙的匹配，匹配的流程差不多。图 11-7-4 是用 K518 设备匹配该类型钥匙的流程。

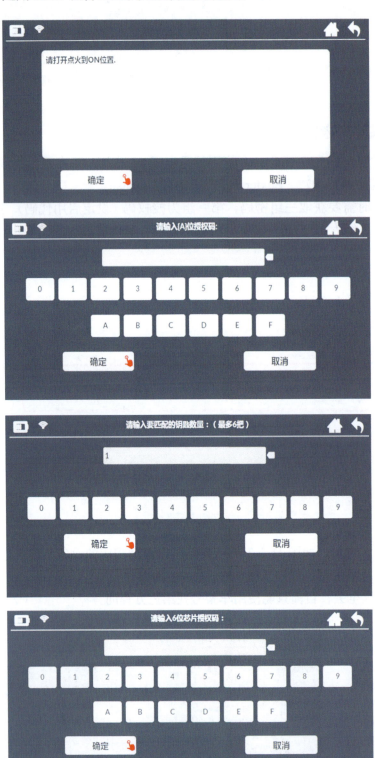

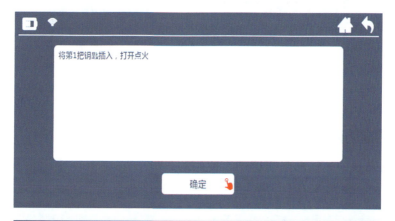
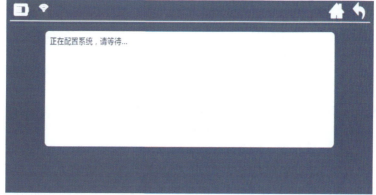

图 11-7-4

图 11-7-4

如果匹配失败，查看钥匙数据信息，识别出芯片看 P3 行显示的数据，与车匹配过的 P3 行是"FE"，未匹配过的 P3 行是"3E"，把 FE 改成 3E 后即可匹配（图 11-7-5）。

图 11-7-5

2. 折叠钥匙防盗系统

2010 年前老款卡宴钥匙是折叠的，使用的是电子 46 芯片，钥匙频率区分 315MHz 和 433MHz 两种，使用 VVDI 设备可以生成（图 11-7-6）。

图 11-7-6

防盗系统集成在 KESSY 模块中，属于大众旗下四代防盗系统，匹配方法和大众四代 KESSY 防盗系统匹配方法相同，读取防盗数据—生成经销商钥匙—学习钥匙（图 11-7-7）。

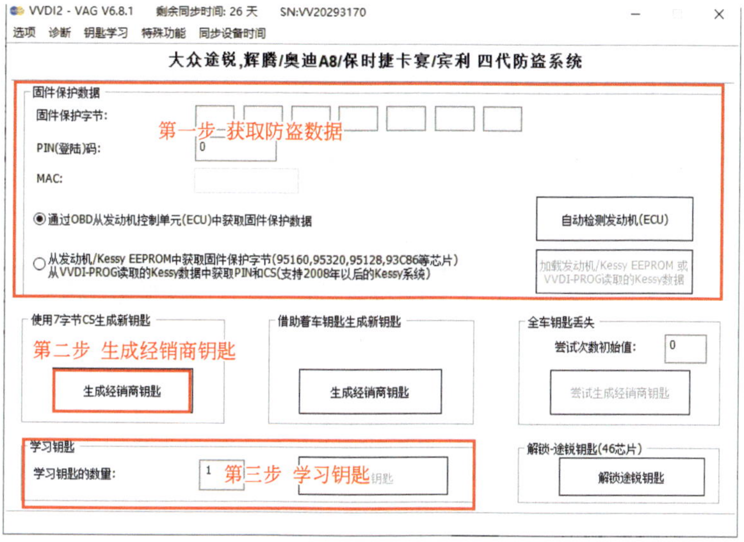

图 11-7-7

如果 OBD 中读不出数据，可以拆读发动机电脑八脚码片数据，或拆读 KESSY 电脑 93C86 数据。然后将数据加载到设备里面，就可以生成经销商钥匙并学习钥匙了。

3. 智能钥匙防盗系统

2010 年后的新车型使用的是专用智能卡钥匙，遥控器频率有三种，分别是 315MHz、433MHz 和 434MHz。防盗系统集成在车身电脑 BCM 中，如图 11-7-8 所示，从 BCM 中可以看出遥控器的频率。

315MHz、433MHz、434MHz

图 11-7-8

该类型钥匙的钥匙增加和全丢匹配方法相同，需要拆读车身电脑 BCM 数据来生成经销商钥匙。BCM 在方向盘下方护板内，拆下后可以用研华 ACDP 来读写数据匹配钥匙，或者用 VVDIPROG 编程器来读写数据。图 11-7-9 是使用 VVDIPROG 编程器读写数据的选项及接线图。

图 11-7-9

案例 2016 年保时捷 Macan 智能卡钥匙增加

车型：2016 年保时捷 Macan
防盗类型：新款保时捷 BCM 防盗系统
钥匙类型：专用 434MHz 智能卡钥匙
匹配方法：拆读 BCM 数据生成经销商钥匙并学习
匹配设备：VVDIPROG 编程器、VVDI2 阿福迪

图 11-7-10

❶ 从车上拆下车身电脑 BCM，位置在方向盘下方左侧。拆下后使用 VVDIPROG 编程器读写数据，数据储存在 CPU 中，型号是 1N35H（图 11-7-11）。

图 11-7-11

❷ 数据读取成功后，打开 VVDI2 软件，选择【保时捷】—【钥匙学习】—【新保时捷钥匙】—【生成经销商钥匙】，将保存的 D-FLASH 数据加载进去（图 11-7-12）。

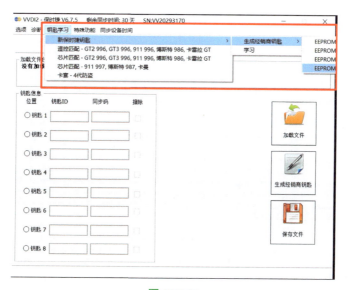

图 11-7-12

❸ 数据加载进去后，选择一个空白的钥匙位生成经销商钥匙（图 11-7-13）。

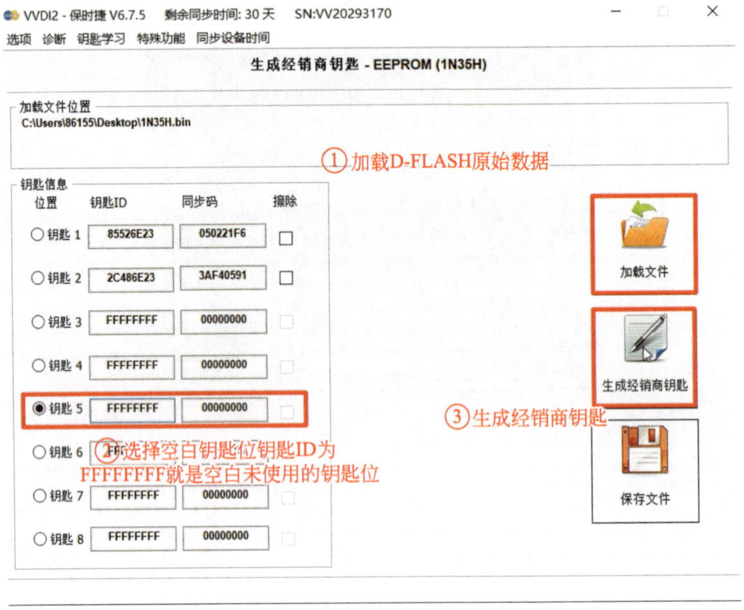

图 11-7-13

❹ 将新钥匙放入 VVDI2 感应区，然后点击生成经销商钥匙，设备左下角会有提示"正在生成经销商钥匙，请稍等……"（图 11-7-14）。

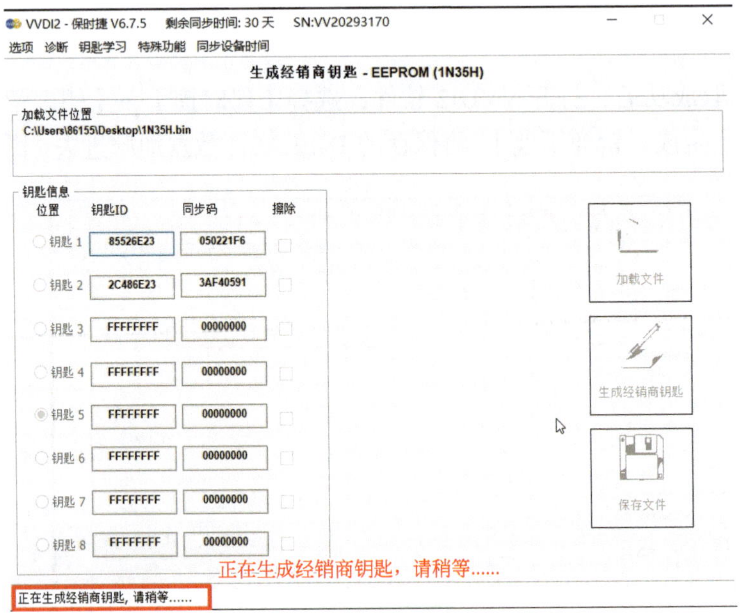

图 11-7-14

❺ 生成成功以后，软件会给出一个新数据，提示保存（图 11-7-15）。

图 11-7-15

❻ 数据保存成功后，软件提示"生成经销商钥匙成功，将新保存的文件写入车身电脑 BCM 即可，你也可以通过 OBD 将新钥匙学习到汽车中！"（图 11-7-16）。

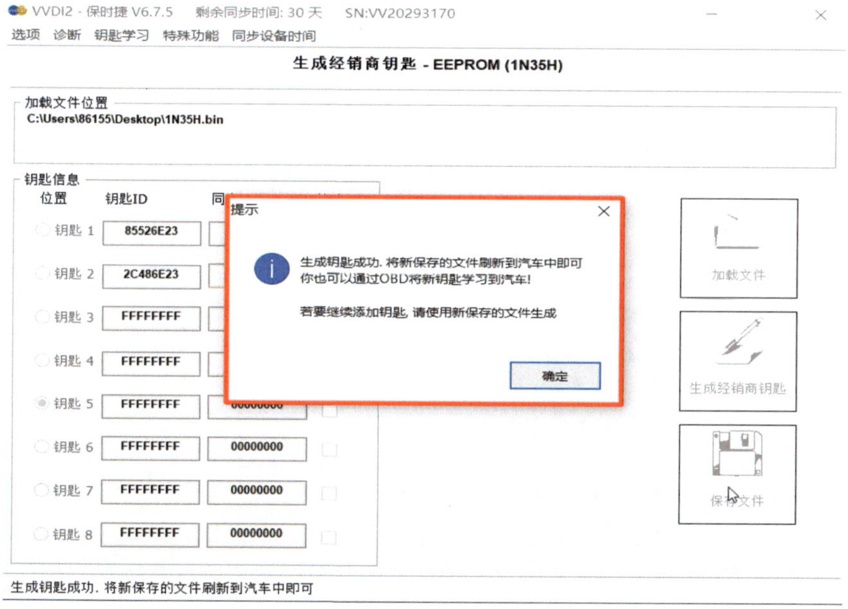

图 11-7-16

❼ 我们选择通过 OBD 方式将新钥匙学习到汽车中，新保存的数据无需反写，将车身电脑恢复装车。OBD 连接设备 VVDI2，打开软件选择【新保时捷钥匙】—【学习】（图 11-7-17）。

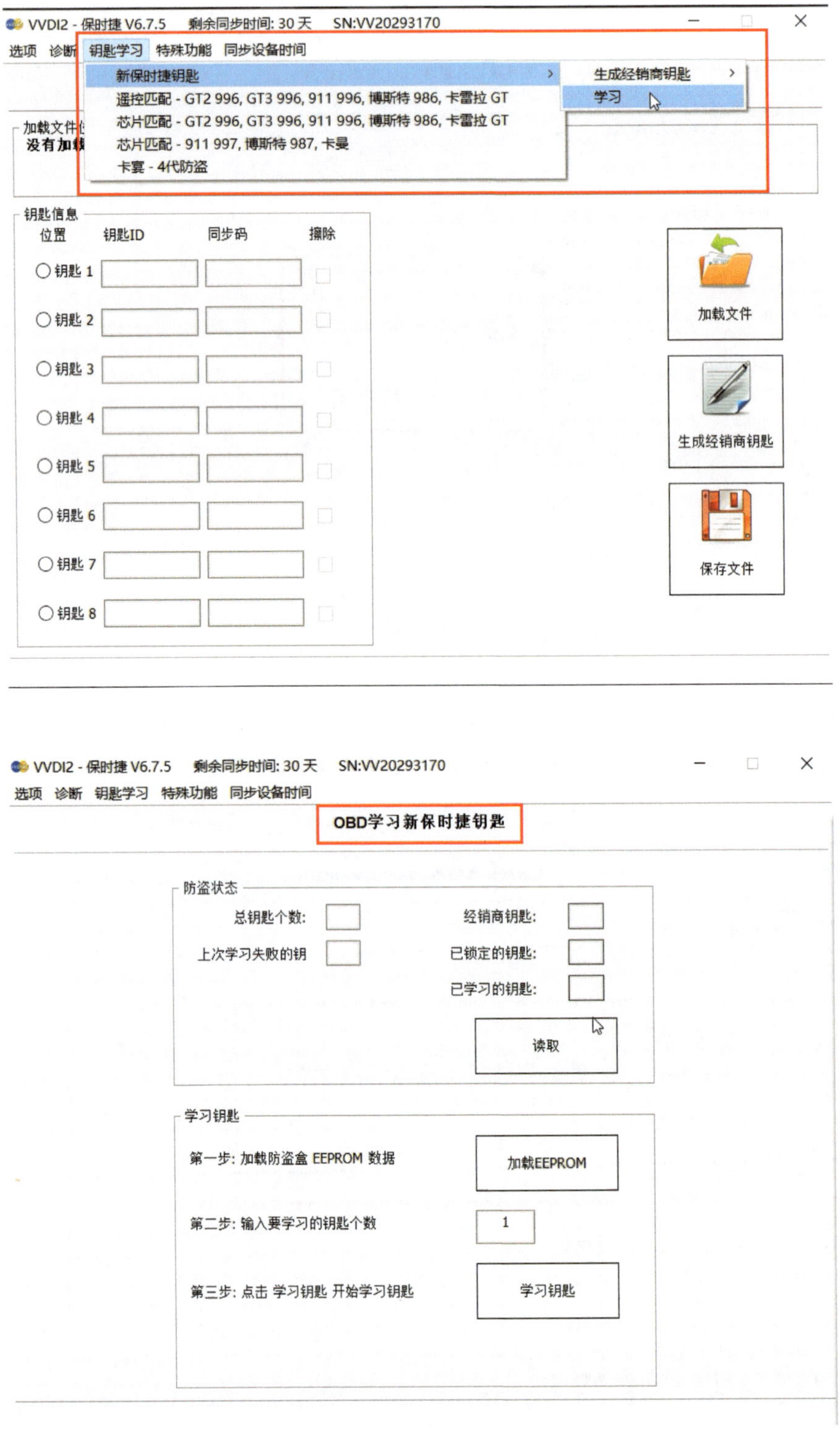

图 11-7-17

❽ 点击【读取】读取防盗状态信息，然后点击【加载 EEPROM】将之前读取的 BCM 电脑 D-FLASH 数据加载进去（图 11-7-18）。

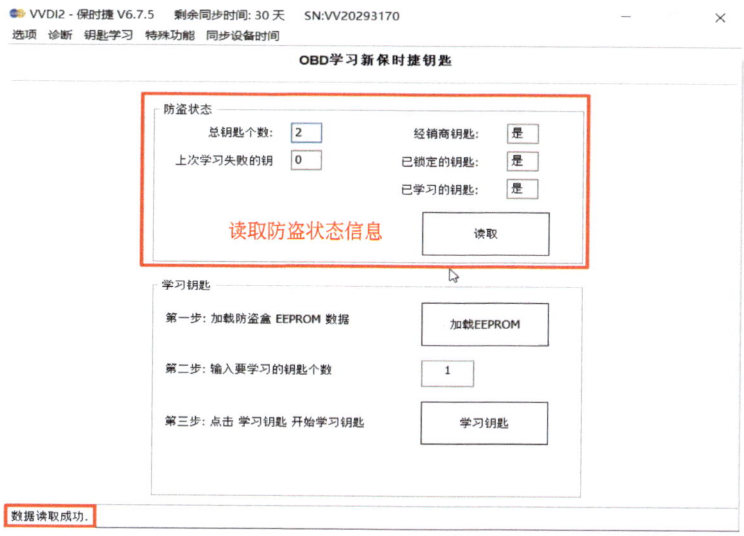

图 11-7-18

❾ BCM 的防盗数据 D-FLASH 加载成功，填写钥匙数量，开始学习钥匙。注意每把钥匙都要重新学习（图 11-7-19）。

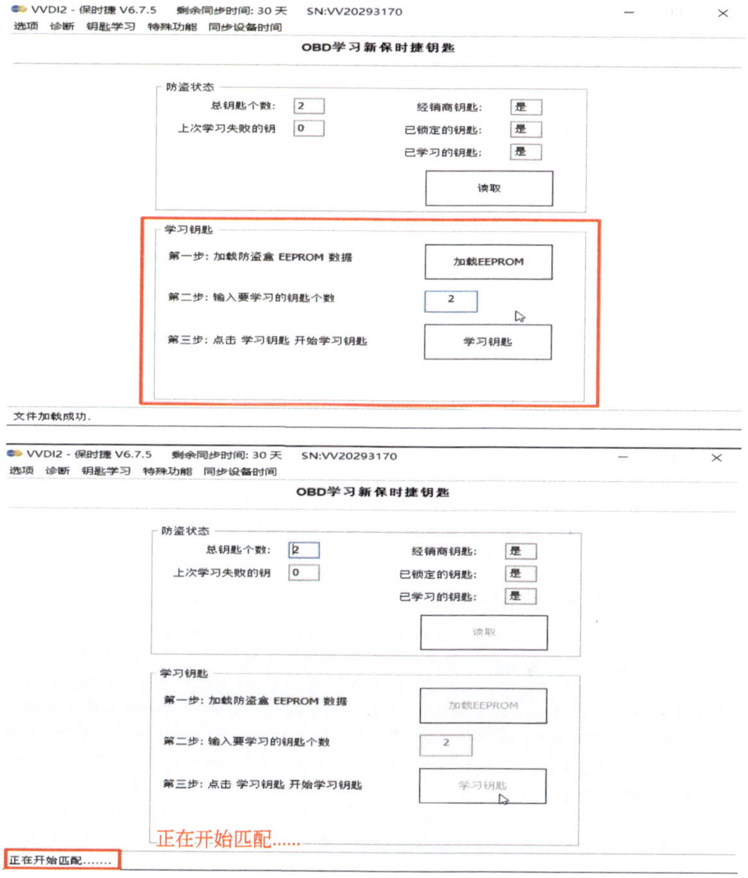

图 11-7-19

⑩ 按设备提示，使用第 1 把要学习的钥匙打开点火开关，开始学习（图 11-7-20）。

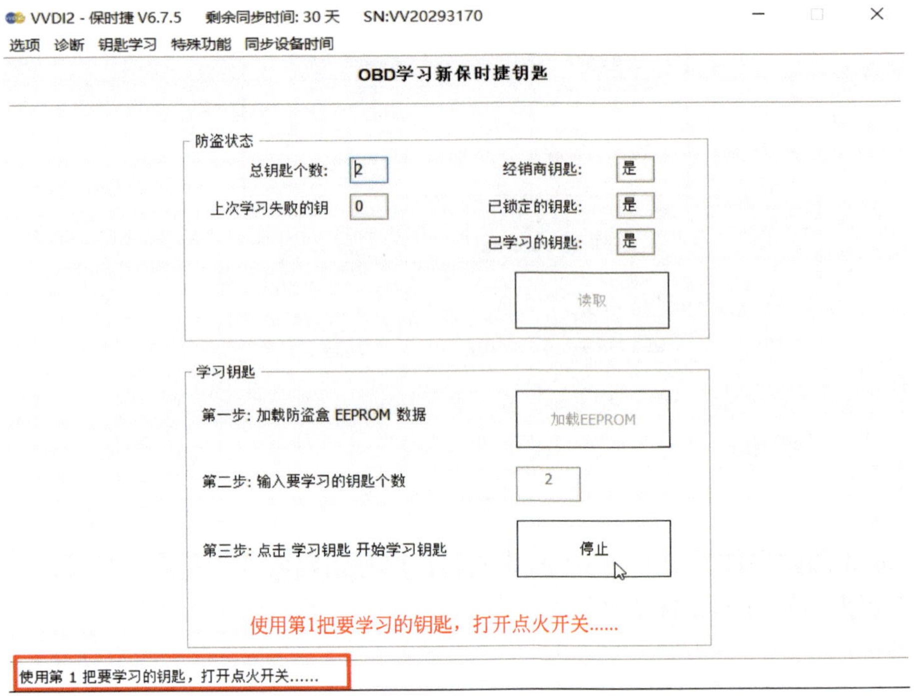

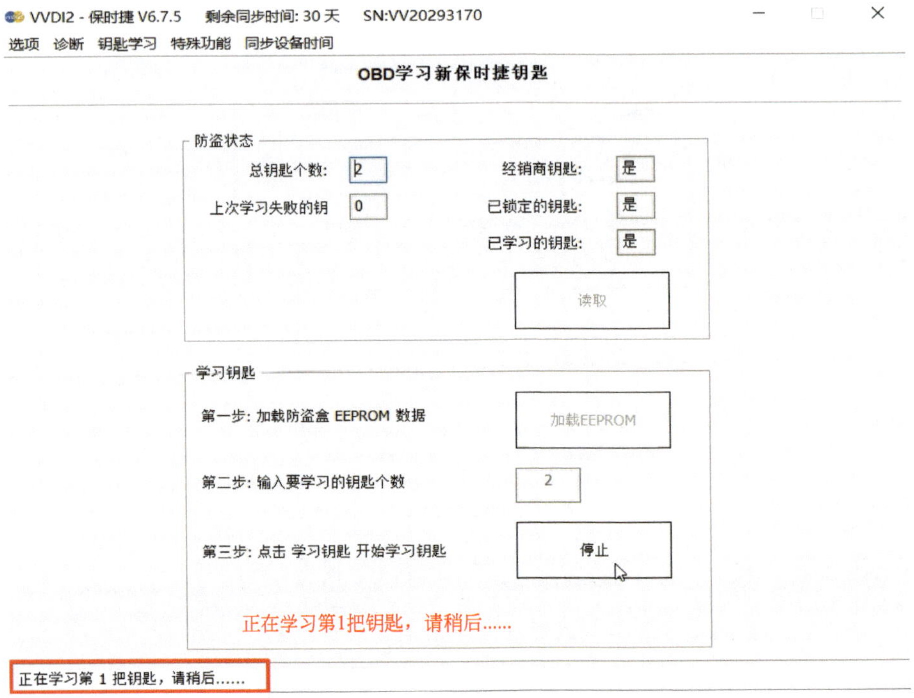

图 11-7-20

⑪ 按设备提示，使用第 2 把要学习的钥匙打开点火开关，开始学习（图 11-7-21）。

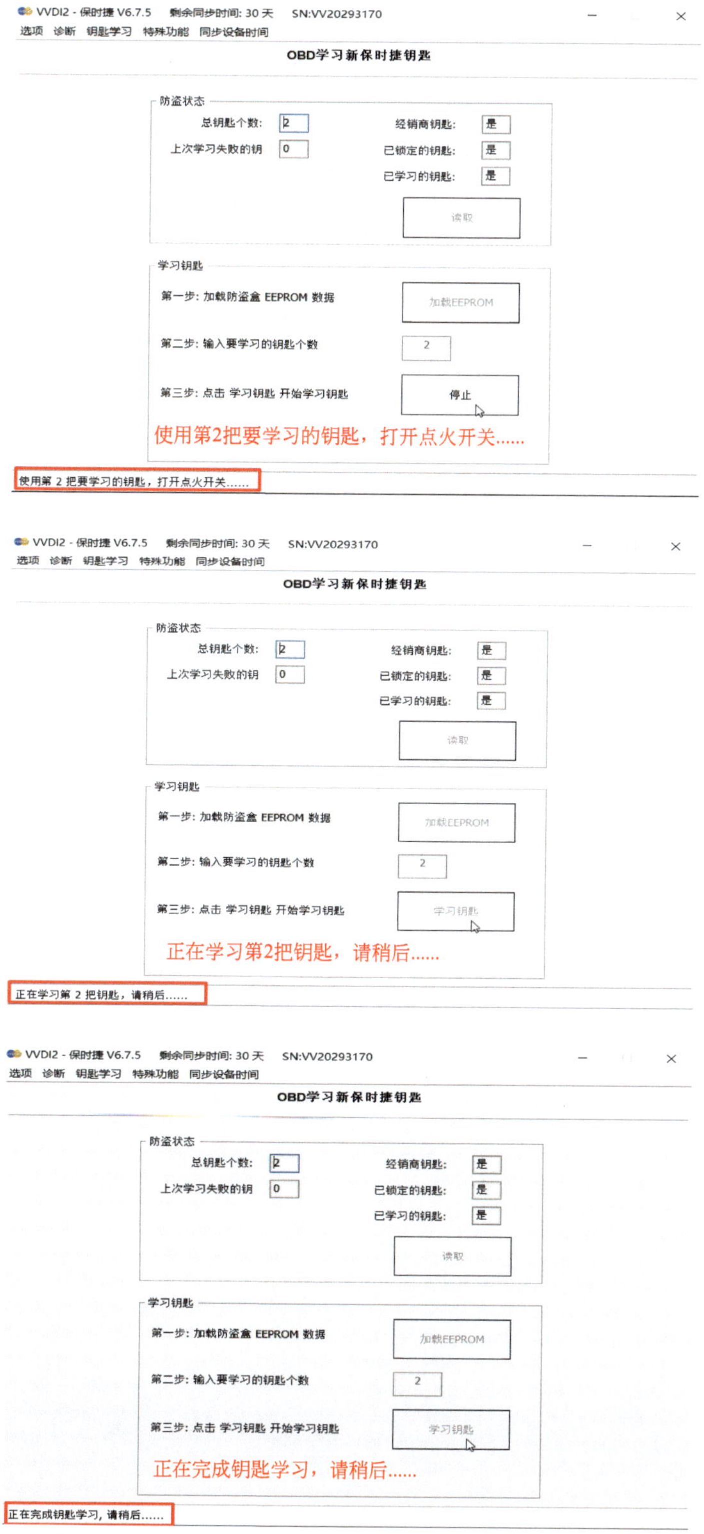

图 11-7-21

⓬ 钥匙学习完成（图 11-7-22）。

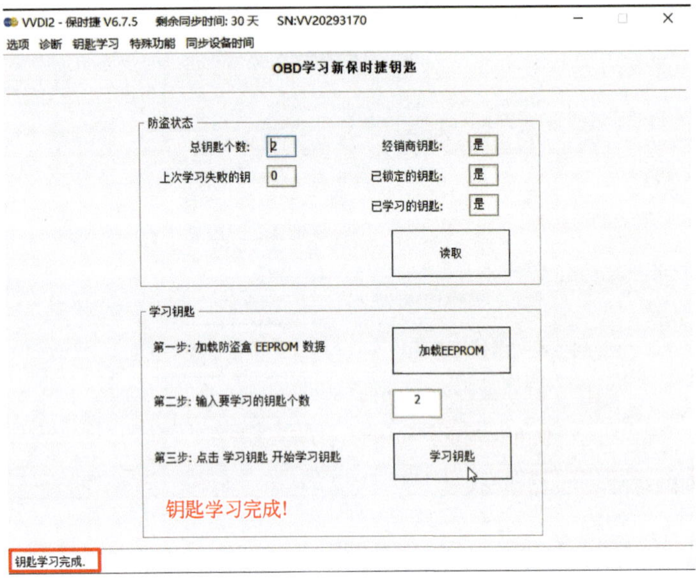
VVDI2 - 保时捷 V6.7.5　剩余同步时间: 30 天　SN:VV20293170
选项　诊断　钥匙学习　特殊功能　同步设备时间
OBD学习新保时捷钥匙
防盗状态
总钥匙个数:
2
经销商钥匙:
是
上次学习失败的钥
0
已锁定的钥匙:
是
已学习的钥匙:
是
读取
学习钥匙
第一步: 加载防盗盒 EEPROM 数据
加载EEPROM
第二步: 输入要学习的钥匙个数
2
第三步: 点击 学习钥匙 开始学习钥匙
学习钥匙
钥匙学习完成!
钥匙学习完成.

图 11-7-22